TENIM UN NOM

RAMON LLULL NARRATIVA

Editorial Planeta i el Govern d'Andorra organitzen i atorguen el Premi de les Lletres Catalanes Ramon Llull.

Aquesta obra ha obtingut el Premi de les Lletres Catalanes Ramon Llull 2010, concedit pel següent jurat: Ester Arana, Leonello Brandolini, Isabel Escudé, Pere Gimferrer, Gemma Lienas, Roser Porta i Carles Pujol.

Vicenç Villatoro

Tenim un nom

Premi Ramon Llull 2010

Planeta

CARRER PEU DE LA CREU, 4 - 08001 BARCELONA
PRIMERA EDICIÓ: MARÇ DEL 2010
DIPÒSIT LEGAL: B. 6.902-2010
ISBN: 978-84-9708-209-9
COMPOSICIÓ: VÍCTOR IGUAL, S. L.
IMPRESSIÓ I ENQUADERNACIÓ: EGEDSA

I, a vegades, ens en sortim.
I, a vegades, una tonteria de sobte ens indica que ens en sortim.
I, a vegades, una carambola de sobte ens demostra que ens en sortim.

Captatio benevolentiae. MANEL

I

Ha tornat Ulisses, per fi ha vingut i és a casa.

Odissea

—Per què has tornat?

En Jaume creu que els pares no han de trucar a la cambra dels fills, que la porta sempre hauria d'estar oberta. Bé, ho creia. És el que pensava quatre anys enrere, abans de marxar. Però llavors l'Albert tenia onze anys. Era una altra cosa. En Jaume acaba d'entrar sense trucar a la cambra de l'Albert i el troba assegut a l'ordinador, amb una música exagerada. La Rosa li ha dit que hi passés, sense ella, és millor que hi vagis tu sol. En Jaume ha fet que sí amb el cap i ha enfilat el passadís. Fa molts anys, havia estat en un temps el passadís de casa seva, el blanc de la paret s'ha esgrogueït una mica, hi ha un quadre que no hi havia. Però les coses importants encara són allà on eren, no han canviat tant. Al fons, a la dreta, al costat del lavabo, la cambra de l'Albert amb la porta tancada.

—Puc passar?

—Sí, esclar.

L'Albert no treu els ulls de la pantalla i a en Jaume li sembla que ha minimitzat alguna cosa, com si l'amagués.

—Voldria parlar amb tu.

—Ara?

—No, no cal que sigui ara. O sí. Com vulguis.

La cambra és un cau dels malendreços. Roba per terra. El llit per fer. Un prestatge de llibres i de miniatures de cotxes exòtics comprades en els viatges. La foto del Barça de la temporada passada, enmig de les banderes, l'estelada enorme amb el triangle blau i una bandera blava i grana de plàstic, precària, que regalaven potser en algun partit. El cartell de *Braveheart*. L'Scarlett Johansson a *Match Point*. Moltes fotos enganxades al suro, distorsionades, fetes de molt a prop, fent ganyotes a la càmera, amb amics desconeguts despentinats, amb cara de son, adolescents i pàl·lids, disfressats de punks, de dos en dos, de tres en tres. A la samarreta penjada del sostre hi ha el deu del Ronaldinho, però el nom de l'Albert. El nom. No pas el cognom: Cortès, el cognom de l'Albert i d'en Jaume. Tampoc el cognom de la Rosa, el segon de l'Albert: Mercadal. *Tenim un nom i el sap tothom.* Cadascú se'l tria, el nom per a la samarreta. El nom essencial: els futbolistes només en tenen un, de vegades un diminutiu, de vegades el cognom, de vegades el nom de pila, de vegades una mena de nom de guerra. En aquesta, hi posa Albert. És una elecció.

—Per què has tornat?

—Havia quedat amb la teva mare. I et volia veure.

—No vull dir avui, ara mateix. Vull dir després de tants anys.

—Vols que en parlem?

—Potser millor un altre dia.

Sí, millor. Ara en Jaume no sap què dir-li, al seu fill, no esperava aquesta pregunta. No la pot respondre de pressa. Potser: pel meu pare, que s'està morint. Per la teva mare. Per tu. Per la feina. Assaja algunes respostes sense dir-les en veu alta, però no li agraden.

—Sí, potser millor un altre dia.

L'Albert ha aixecat els ulls de la pantalla de l'ordinador. En Jaume se la mira, discret, i només hi veu un munt d'icones sobre una fotografia desenfocada, potser la gràcia és precisament que estigui desenfocada, potser evoca —malgrat la manca de focus— un instant secret i íntim, extraordinari. No sap què dir-li. De sobte no se sent amb forces per parlar de res transcendent, quina mandra. Per què has tornat? Això em pregunto jo, per què he tornat. Ja he fet tard a tot. No puc fer veure que no ha passat res. Per què has tornat? Si ja has fugit una vegada, pots tornar a fugir ara mateix. No me'n refio, de tu. No s'ho diuen, però potser s'ho endevinen. En Jaume s'atura un instant, perplex. Covard. Ets un covard. Sóc un covard. I si no li digués el que li he vingut a dir? Però sí. Cal dir-ho. Si no, després me'n penediré. Agafa aire, com qui salta al buit.

—Només volia dir-te que tinc un parell d'entrades per a la final de la Champions a París. M'agradaria molt que vinguessis amb mi, si et ve de gust.

Ho diu tímidament, com un diplomàtic. Com qui posa la poteta per sota la porta, a veure què passa. Li fa por una resposta tallant, seca. Però l'Albert no diu res. La Rosa s'ha quedat al menjador, davant de la tele, esperant, fent una cervesa i picant ondulades, és un vici. En Jaume té ganes de marxar cap a casa seva, la que ara és casa seva, la que ho era abans, la casa dels seus pares. Torna a mirar-se la cambra de l'Albert i no li sembla tan desendreçada. Plena, barrocament plena, però amb un cert ordre. Hi ha llibres, uns quants. No gaires. No en pot distingir els títols, s'hi hauria de fixar, seria poc discret. L'Albert s'ha estirat, porta una samarreta negra d'estar per casa, *No future* en lletres blanques com de grafits, uns pantalons baixos i amples, vagament militars, que li cauen. Els cabells més aviat llargs i mal pentinats, laboriosament mal pentinats.

—No cal que em contestis ara mateix. Pensa-t'ho, si vols, i ja em diràs.

—Molt bé. T'ho dic aviat.

En Jaume fa que sí amb el cap i somriu d'una manera moderada, no fos cas que semblés una proclamació de victòria. Prematura. Ajusta la porta amb cura darrere seu i torna passadís enllà, com quan fa molts anys tornava de dur un got d'aigua en plena nit a la cambra de l'Albert, descalç pel passadís, endormiscat i lleganyós, feliç sense saber-ho.

—

—Sort que has tornat. Si no, no sé com m'ho faria.

La Llúcia agafa la mà d'en Jaume, hi ha coses que s'han de dir tocant, el tacte explica coses, modula les paraules, els fa agafar el to precís. No, no sap com s'ho faria, la mare d'en Jaume, amb el marit allitat, febrós a estones, adolorit, absent. Però no és pas en això on li cal l'ajuda del fill, això rai, això ho ha fet tota la vida, hi ha un instint atàvic de protecció, un sentit genètic de la realitat davant de la malaltia i del dolor, fins i tot de la mort. L'han tingut totes les dones de la família, des de sempre, se l'han passat de mares a filles, o directament a les nétes. Quan li cal en Jaume és quan ve el metge i diu les coses d'aquella mena de manera que no saps ben bé què ha volgut dir i què has de fer i què passarà. En Jaume treballa amb les paraules, les entén. Les tradueix a la Llúcia, la seva mare, les converteix en horaris per a les pastilles i en símptomes concrets i comprensibles, previsions per a l'endemà, li farà mal la panxa, tindrà el cap carregat, li costarà respirar. Després, la Llúcia ja fa. Fer rai. La cosa és entendre. Saber què fer. Escoltar i parlar al metge de visita, sacerdot d'una veritat oculta, d'un secret que protegeix amb paraules recargolades. Això que ho faci el seu fill.

En Jaume ha tornat a casa dels pares, al pis del carrer de

la Rutlla, de tota la vida. S'ha instal·lat a la seva cambra, la que tenia abans de casar-se, la cambra d'infantesa. Se la mira i la compara amb la del seu fill. Hi ha encara les coses de quan ell era jove, no pas totes, alguns llibres seus als prestatges i els mobles que s'han fet vells, més vells que no pas antics, passats de moda. Les copes de quan jugava a futbol sala amb l'escola. No hi ha pòsters. N'hi havia hagut. No tan diferents dels del seu fill. Unes altres pel·lícules. Unes altres actrius, més lànguides i menys explícites. Una altra alineació del Barça, la del temps del Cruyff, quan va arribar d'Holanda, la de l'any del zero a cinc al camp del Madrid, del Sotil i del Rexach i de l'Asensi, potser sí que eren molts anys catorze anys sense una Lliga. Segur que hi ha el disc de La Trinca que ho cantava, en el fons d'alguna calaixera. Uns discos que ja no es poden sentir perquè no hi ha enlloc tocadiscos per posar-los, però que ningú no ha gosat llençar o dur a vendre al mercat de Sant Antoni. En Jaume deixa la jaqueta a la seva cambra de jove i la mare hi entra sense trucar, no es truca a la cambra del fill.

—És despert. La pastilla li ha fet l'efecte. Ara està bé.

Vol dir que el vagi a veure. Està estirat al llit de matrimoni, amb la persiana mig abaixada, que no hi hagi massa llum, que no arribi el soroll del carrer, és un carrer de molt de pas, sobretot cap al migdia. A la consola hi ha, entre d'altres, una foto de l'Albert quan era nen, vestit amb una samarreta de futbol, del Barça, amb una copa a la mà, una foto de retratista. El pare està una mica incorporat, amb uns coixins a l'esquena, com un convalescent en fase de recuperació. Però fa mala cara. Esgrogueïda, amb unes bosses fosques als ulls.

—Com te trobes?

—Malament. Com vols que em trobi —però no ho diu emprenyat, sinó fent un paper, teatral, el vell rondinaire.

—Doncs jo et veig bé.

—Perquè està molt fosc.

—Deu ser això.

Arriba la mare i es queda una passa enrere, no vol molestar, ja hi està prou hores, ella, dins d'aquella habitació. Hi porta tota una vida, de fet. Ara és l'hora del fill. Ella fa un paper d'introductora d'ambaixadors, el cordó umbilical amb el món de fora.

—Ve de veure l'Albert —informa la mare.

—Ah, sí? Tot va bé? —esperançat, el pare.

—Me'l vull endur a París, a veure la final del Barça.

—Això està molt bé. Jo també vindria si pogués.

—Ja la veuràs a la tele. Et saludarem quan ens enfoquin.

—No us enfocaran. Hi ha un fotimer de gent.

El pare d'en Jaume no va pair la separació. Hi ha parelles que no se separen per estalviar un disgust als pares. Hi ha pares que es pensen que si un fill se separa és que ells no han fet prou bé la seva feina. L'Antoni Cortès, el pare d'en Jaume, és d'aquells que sempre es pensa que tot és culpa seva, que si hi ha un silenci molt llarg en un sopar és perquè ell no sap què dir. Cada vegada que sap que en Jaume ha anat a veure el fill —i l'exdona, que a ell sempre li havia agradat com a jove— pensa que potser les coses tornaran a ser com eren, com no haurien hagut mai de deixar de ser.

—Necessites alguna cosa?

—No, aneu a dinar. No són hores.

—Una mica d'aquella gelatina fresca...

El pare fa que no amb el cap i es treu el coixí de l'esquena, l'aplana, es posa bé per dormir. No dormirà, ja ho sap. Anirà donant voltes a la cosa, a tota la vida, als detalls que voldria que quedessin per sempre, però que s'endurà per sempre. A les coses que haurien d'haver passat i no han passat mai. Ha estat una sorpresa, que en Jaume tornés de Buenos Aires. Una bona cosa. La posa també als balanços que va fent a ulls clucs, tot sol al llit, a la banda bona. Quan en Jaume ha sortit amb la seva mare, el pare es mira les fotografies de la consola, la del dia del casament, la del fill amb una copa acabada de guanyar; en un marc més petit, la dels néts, la Glòria i l'Albert, que fa tant temps que no l'han vingut a veure.

—

—Digues al pare que hi aniré, a París, amb ell.

—Em sembla que ets tu qui l'hi hauria de dir —maternal, la Rosa.

L'Albert sap que ha de trucar a son pare, d'acord, m'hi apunto, quan marxem? Però no té pressa. O, més ben dit, li fa mandra. No sap com dir-ho, en quin to de veu. No vol ser mal educat, ni injust ni agre. Però encara menys voldria ser llagoter, no vol vendre perdons a canvi d'entrades. Tot plegat és més complicat. La Rosa, la mare, l'hi ha dit sempre. Res no és senzill. Només sembla senzill el que està mal explicat. Si ho expliques bé, tot sencer, segur que es complica. En Jaume només apareix de tant en tant pel que havia estat casa seva, un pis massa gran per a dues persones, la Rosa i l'Albert, prop del cementiri vell, a l'altra banda de Vallparadís, fa anys que tot això està en obres per soterrar el tren. Un pis que ha envellit i s'ha gastat amb els anys, però l'Albert d'això no se n'adona, l'ha vist sempre igual. Si vingués, en Jaume, no sé, aquesta nit a sopar, li diria que d'acord, molt bé, com aquell qui no vol la cosa, sense fer cap lleig, sense fer-li mala cara ni cap mena de gest de menyspreu. Però que no sembli del tot normal. Perquè normal, normal, no ho és. Tants anys després, despenjar-se ara amb aquestes coses, com si res no hagués passat. I, a més, no vindrà, a sopar, son pare, aquesta nit. Ni la de demà. Ni l'altra.

—Ja teniu les entrades? —incrèdul, en Xavi.

—Sí, el meu pare les ha tret. No sé com.

Un parell de la classe de l'Albert, als Escolapis, volen anar a París. Ja hi comptava. El germà gran d'en Xavi diu que es plantarà a la porta de l'agència la vigília que posin a la venda les entrades i els bitllets per al viatge, que es passarà la nit dormint a terra davant de la porta per ser el primer quan obrin i estar segur que les tindrà. Una per a en Xavi. Un parell per a altres amics. L'Albert n'ha parlat amb ells, del viatge a París, abans de donar resposta al seu pare, per dir-li que sí, que endavant. Que el pare de l'Albert en pugui tenir, d'entrades, abans no s'obrin les agències, té pinta de privilegi. Però el privilegi és admirat, envejat. No hi ha en aquest cas revolucions contra els privilegis. És periodista, el teu pare, oi? Sí, però no pas d'esports. No parla de futbol. Li agrada molt, però no escriu d'això. Però segur que les té per ser periodista. I quant li deuen haver costat? No en tinc ni idea. Potser fins i tot les hi han regalat, que bé que viuen els periodistes. Jo ho vull ser, de periodista. No s'ha d'estudiar gaire, oi? Però d'esports. O de música. Dels que fan les cròniques dels concerts. No dels que se'n van a les guerres.

A classe, n'hi ha alguns que només pensen en el futbol. En el Barça. En Xavi sembla un d'aquests. L'Albert, no ben bé. De fet, no s'hi ha parat mai, a pensar en què pensa. Sí, esclar, hi ha el futbol. És una manera de saber-se part d'alguna cosa, de tenir conversa amb els amics, de sentir-se membre d'una tribu ancestral i profunda, amb himnes i colors propis. No una obsessió. Mai no ha triat ser del Barça, ho és i prou. No hi ha cap decisió, cap conversió, un dia que decidís, després de pensar-hi molt i de contrastar-ho amb altres possibilitats d'un pes semblant, que seria tota la vida del Barça. S'hi ha trobat, com tothom, per la força mateixa de les coses, per la força de la tribu. Al camp hi ha anat molt poc. El pare l'hi havia dut alguna vegada, de petit, abans de marxar, no se'n recorda gaire. Hi ha tornat unes quantes vegades després, amb coneguts que li han deixat un carnet. Li ha agradat. Més al camp que a la televisió. Res d'obsessiu. Si fan els partits, te'ls mires. L'Albert és més aviat callat, no crida gaire, ni quan juguen a futbol al pati ni quan surten els vespres dels dijous. Per als companys de Can Culapi, és un noi com els altres, no ben bé un raro, una mica més silenciós i una mica més autista que la mitjana, a la seva bola. Per a un observador adult extern, aquestes diferències amb relació al comú de la classe serien imperceptibles. No és amic de tothom. No és solitari. És més llarga la llista de les coses que no és que no pas la llista de les que és.

—Si no, quedem per anar a veure'l junts. Segur que posen pantalles a la Plaça Vella. O, si no, a Barcelona.

—Podeu venir a casa. Hi ha una tele al soterrani. Estarem sols. Els meus pares s'ho miraran al menjador.

En Xavi i l'Arnau, també la Laura, parlen per quedar si al final en Xavi no va a París. Han quedat altres vegades, per veure el partit de cada setmana o per sortir a un bar de Sabadell o per pujar junts a la Mola un matí de dissabte. De vegades, l'Albert hi ha anat, amb ells. Són els qui porten a la carpeta les fotos del Barça plastificades, com les seves, però també porten les fotos dels mateixos grups, la mateixa estelada, els actors de *Ventdelplà*, la princesa de *Star Wars*. Són del mateix món, del món on l'Albert se sent protegit, amb escalf. A la panxa del bou, que no hi neva ni plou. I si es quedés aquí, amb ells? Simplement, només es tractaria de dir que no a son pare. En el fons, el futbol tampoc no li agrada tant. O sí. Tant se val. Però no els diu res. No va amb ell, allò. Ni la pantalla gegant ni el televisor al soterrani. Ell anirà a París. Serà dels que aniran a París. Amb son pare. Afortunat.

Per un instant, quan en Xavi se l'ha mirat incrèdul, envejós del privilegi de son pare, del viatge i de les entrades, a l'Albert li ha semblat trobar, en el fons de molts sediments de terra sobreposada, el fòssil d'una edat antiga i perduda. Un sentiment infantil i primitiu, gastat però no del tot caducat, una forma sorprenent i senzilla d'orgull. Sí, és el meu pare. Les ha tret el meu pare. Hi aniré amb el meu pare. Per un instant.

—

—Encara no t'ho puc confirmar. Tinc temps?

—Sí, però no gaire. Me les han reservat al teu nom, de l'agència del Barça, perquè som nosaltres. Però no les podem anul·lar la vigília. Van molt buscades.

La noia de producció d'esports és superamable, de les que s'acomiada de tothom amb un petó quan truquen per telèfon i els diu «guapo» i «carinyo». A en Jaume Cortès li cau bé, no la coneixia de res, fins que li va demanar el favor. Però ara sembla tenir la mosca al nas, no tens tot el temps del món, ens les guarden perquè som de la ràdio, però no se'n pot abusar. A esports tots són joves, no queda gairebé ningú dels qui coneixia en Jaume abans de marxar a la corresponsalia. De fet, els d'esports són sempre una mica a part, estan en una altra planta, a la seva pròpia redacció, s'han de pujar més escales. En Jaume hi va pujar ara fa uns quants dies amb timidesa, a ell sí que el coneixen, és un veterà de la casa, una veu familiar, Jaume Cortès, Buenos Aires, i li van dir que oi tant, que ja farien la gestió amb l'agència de viatges oficial des de producció, segur que trobarien un paquet de viatge i entrades, abans que no les posessin a la venda. Avió? No, millor amb tren. Dues entrades i dues lliteres. Una cosa discreta. Normal.

Li sabia greu dir per telèfon que per favor s'esperessin encara uns dies, els favors es demanen en persona. Per això ha vingut. No hi ve gaire, a la ràdio, d'ençà que va tornar. És una situació estranya. És de la casa, però no hi té feina. Ha tornat perquè ha volgut, no pot venir ara amb exigències. Segur que acabarà a internacional, de redactor o potser de sotscap, però calen unes setmanes per poder ajustar-ho tot. Mentre, s'espera des de casa. Saluda la noia de la recepció, el de seguretat, puja les escales perquè les ha pujades tota la vida, però allà dintre no hi sabria què fer si hi hagués d'estar gaire estona. Passa a veure els d'internacional, però no els entretindrà amb converses metafísiques, tenen feina, la ràdio no para mai, sempre s'ha d'entrar en el pròxim butlletí, no és com un diari que amb una vegada al dia ja n'hi ha prou. Avui ha anat directe a esports, no hi ha gairebé ningú, el redactor és a baix, a l'estudi, fent el butlletí. Els del programa del vespre arriben havent dinat. Hi ha la gent de producció.

—Ja han marxat, els de París? —intenta ser agradable.

—Uns quants. Hi va un munt de gent. S'han de fer moltes coses, ens en demanen per a tots els informatius. I han d'entrar cada nit, al programa. A més de la retransmissió, esclar.

—I tu? No hi vas?

—Què més voldria! No em treuen a passejar per res. Semblo un supletori del telèfon. Mira, aquí, al braç: podria tatuar-m'hi Bang & Olufsen, com si fos un contestador automàtic sense fils. Una màquina de trucar i de rebre trucades.

Els d'esports tenen la redacció arrebossada de fotografies seves a tots els estadis del món, a totes les celebracions, cascos a les orelles, micro amb esponja a un dit de la boca, al costat del Koeman a Wembley, jugador i redactor agermanats en la festa damunt la gespa. Amb l'Eto'o al camp del Llevant, l'any passat, el dia que es va guanyar la Lliga. Pengen de les parets acreditacions històriques, jocs olímpics, mundials d'atletisme, finals de Champions, són records, fa angúnia llençar-ho, són unes coses plastificades i sofisticadíssimes, amb les fotos de carnet amb cara de saber-ho tot de tot, les lletres PRESS ben grosses. De tots els esports, aquí no ens dediquem només a parlar del Barça, tot i que és el que la gent es pensa. Aquí parlem de tot, de piragüisme i fins i tot d'hoquei herba, tu que ets de Terrassa ho hauries de saber.

Potser li hauria agradat a en Jaume, de jove, dedicar-se als esports. De fet, del periodisme li agradava tot, ja llavors, és periodista perquè va sortir així de fàbrica, tafaner i inquiet, ho era abans d'estudiar-ne. Veu el món en forma d'articles, de cròniques, d'editorials. Mentre viu, pensa com ho escriuria, quin en seria el titular. També podia anar a esports, per què no? Però tampoc tries, en aquesta feina. Acabes fent el que toca, sovint per casualitat. Ell va anar a raure a política, no en té bon record, i després li va tocar manar una mica: quan manes, de periodista, has d'acabar fent una mica de tot. Has de poder valorar i ordenar totes les notícies. Jerarquitzar-les, en diuen a les facultats. Però com collons decideixes si obres amb la semifinal del Barça, la vacuna de la sida o el bombardeig a l'Afganistan? Com ho compares? En Jaume s'hi atabalava, quan manava. I això que només manava una mica i a estones. Millor fer de corresponsal. Estàs tu tot sol. Els qui manen són lluny. Ideal per als solitaris. Sense haver-te de carregar damunt de les espatlles la feina dels altres. Només la teva. En Jaume és un solitari. De vegades li han dit covard. No li agrada manar. Ni que el manin.

Potser per això va tenir aquell merder, abans d'anar-se'n a Amèrica. Ell era el responsable dels vespres, llavors. Ja no hi era, passaven de les onze, ni el cap d'informatius ni el director, normal a aquella hora. Llavors va haver-hi aquell atemptat al País Basc i el vam donar en un butlletí, vam ser dels primers de donar-lo, vaig treure el corresponsal del llit perquè en fes un avanç i una crònica. Però no va gosar obrir l'informatiu de les dotze ni aturar la programació per fer un especial. Va trucar al cap d'informatius, però «el telèfon a què truca està desconnectat o fora de cobertura». Li va semblar que era exagerat, tot és opinable.

Després, quan hi va haver tot el merder, les cartes dels oients, la protesta dels diputats, tothom es va espolsar les puces i li va caure tot al damunt. Interpretacions polítiques, histèries diverses. Això és cosa del responsable dels vespres, en Cortès. No li va passar res. Ni acomiadat, ni expedientat ni res de res. Només faltaria. Però va quedar oficiosament establert i generosament divulgat que havia estat culpa seva. Que havia fet alguna cosa malament. Que no te'n podies refiar. Va haver-hi molt escàndol, se'n va parlar molt, els bars dels periodistes n'anaven plens, tota la professió. La competència s'hi va apuntar a fons, també, i va sortir pertot arreu. A casa va mirar de no parlar-ne gaire, el posava de mal humor. Li semblava injust. Indecent. Ell havia fet una cosa raonable, pensava. Hauria plegat, fart de tot, però hi havia la hipoteca i no era el millor moment per buscar una altra feina, amb el que deien d'ell pels passadissos. Sense cridar gaire, li costava molt cridar, en Jaume es va queixar al director:

—Collons, no em fotis la merda per sobre. Discutim-ho, parlem-ne, el que vulguis. Però no facis que quedi com un imbècil, perquè tu saps que no va ser culpa meva. En aquesta feina no tenim res més que el nostre nom. Tenim un nom, res més. Vivim del nostre nom. Si me'l taques, em mates. Ho puc aguantar tot, fracassar, triomfar, anar fent, menys que m'embrutin el nom. Si hagués fet una cosa malament, d'acord. Però vaig fer el que s'havia de fer. Tu ho saps.

Després d'allò se'n va anar a Buenos Aires. Gairebé de seguida, tan aviat com en va tenir l'ocasió. I ara ha tornat. Pot ser que encara se'n recordi algú, de tot allò? Quan surt de la redacció d'esports, a mitja escala, es troba amb el cap d'informatius, el nou, no ho era quan ell va marxar, llavors estava a economia. Li hauria de preguntar com està el seu cas, quan tindrà destí. El cap d'informatius li hauria de dir que encara no ho sap. En Jaume li hauria de preguntar si tot allò de fa tants anys encara hi pesa, si no li troben destí per culpa d'allò, si el seu nom va quedar tacat. El cap d'informatius tampoc no sabria què dir-li. A tots dos els fa una mandra terrible, un duel a mitja escala.

—Diu que te'n vas a París a veure el Barça?

—Bé, sí, suposo. Amb el meu fill, però encara no és segur.

—Hosti, tu, quina enveja!

De vegades el Barça va bé per poder parlar d'una altra cosa. Per evitar baralles. Per camuflar conflictes. Per conversar sense compromís amb algú amb qui et trobes a l'ascensor o a l'escala de la ràdio, sortint de la redacció d'esports.

—

—No tornis tard. I si hi tornes, com a mínim no costa res trucar i avisar.

D'ençà que la filla gran, la Glòria, se'n va anar a estudiar a Dublín, la vida de la Rosa Mercadal descansa en l'Albert, com si en fos un esquelet cada vegada més tènue, més trencadís, però més imprescindible. No és que visqui només per l'Albert, però el fill ha esdevingut la gran font de sentit, la preocupació necessària, la causa o l'excusa de totes les seves decisions. Per exemple, viure sola. Sola amb ell. Sense cap home. Quan va marxar en Jaume, va estar a punt, amb en Gabriel, només va faltar un pas, però van preferir estar-se cadascú a casa seva, fins que els fills fossin més grans. I quan els fills van ser prou grans, llavors ja no feia falta, s'hi havia acostumat, a estar sola, i tot plegat es va anar esllanguint com un matrimoni gastat: no sempre és cert que la vida s'espatlla fent-la servir. De vegades s'espatlla de no fer-la servir, precisament.

Ara en Jaume ha tornat, i ella no el voldria a casa de cap manera. Tampoc ell l'hi ha demanat, ni tan sols l'hi ha suggerit. Ni la Rosa creu que ho vulgui. Diu que ha tornat perquè el seu pare està molt malalt. Potser sí. Però ha vingut de seguida a veure l'Albert. I ara, això de les entrades per a París. Segur que a l'Albert li fa gràcia, ja li ha dit que sí. Però què deu ser el que li fa gràcia? Anar a veure el partit o fer el viatge amb el pare, després de tant temps? Sí, esclar, l'Albert està boig pel futbol, no pensa en cap altra cosa, totes aquelles fotos penjades al seu quarto, els dissabtes al vespre que queda amb els amics per anar a veure el partit. No fan falta més explicacions. És la final de la Champions, oi? El *no va más*. No s'ho perdria per res del món.

Mentre estava a Buenos Aires, de corresponsal, en Jaume li trucava poc, a l'Albert. I a ella encara menys. Escrivia, això sí, de tant en tant. Sempre ha pensat que en Jaume és dels que diuen les coses per escrit, que se sent més segur escrivint que parlant, potser perquè no vol veure els ulls de la persona a qui es dirigeix. No és valent. Tira la pedra i amaga la mà. O potser no. No és just. La Rosa es va proposar no ser mai injusta amb en Jaume davant dels nanos, i mira que en tenia ganes, de ser-ho, al començament. No tan sols per bondat: era una manera de demostrar que ella era l'equilibrada, la justa, de carregar-se de raons, d'aspirar a la categoria reconeguda i admirada de màrtir. Mai no havia malparlat de son pare a l'Albert. Sempre havia insistit —sense gaire èxit— d'anar a veure de tant en tant els avis, els pares d'en Jaume, encara que ell no hi fos. Ara l'empenyeria tant com calgués per anar-se'n a París amb son pare. Que ningú no pogués retreure-li res. Més justa que ningú, com tots els del signe de balança. Equànime i serena. Adolorida.

—Per què no vas a veure els avis? No et costaria gens. Entrar i sortir. Els faria il·lusió.

—Perquè no sé què dir. I ells tampoc. Només em parlen del pare. De quan el pare era petit, de si jugava a futbol, de quan ja volia ser periodista...

La Rosa hi havia anat alguna vegada, després que en Jaume va marxar, a casa dels sogres. Va ser una mica violent. No pas per culpa d'ells, pobra gent, bona gent, al contrari, també els devia ser molt difícil, però van fer el cor fort i es van desviure per ella. Però la Rosa tampoc no sabia què dir-hi. No sabia ni què dir-se ella mateixa. En Jaume va explicar-li que se n'anava a Buenos Aires, que hi havia una plaça de corresponsal a la ràdio i que no sortia ningú més: tothom diu que se n'aniria on fos, però quan arriba l'hora de la veritat tots tenen fills petits i pares malalts i coses per fer, tothom diu que fa un any sí que li hauria anat bé, o que l'any que ve en podríem parlar, però ara, precisament ara, no em va bé.

Quan en Jaume li va comentar tot això, allargant-ho, sense saber com acabar-ho de dir, a la Rosa el món li va caure als peus. No per la sorpresa. De fet, ella ja li havia dit d'anar-se'n, potser hauríem de passar un temps separats, potser ens ho hem de repensar, potser ens anirà bé. Però la Rosa estava convençuda que en Jaume mai no faria el primer pas, ni aquest ni cap altre, o se n'anava ella o ell continuaria fent el de sempre, ni sí ni no, ni dins ni fora, amb ella i amb les altres. Va ser quan ella va conèixer en Gabriel. I quan va dir a en Jaume: ens hauríem de donar un temps per pensar, potser ens convindria... Figurava que com a molt se'n tornaria tres mesos a casa dels seus pares, amb qualsevol excusa. Era una petita empenta cap enfora, molt suau, però la resposta d'ell va ser exagerada. Me'n vaig a Buenos Aires, m'ha sortit un lloc de corresponsal. La Rosa va pensar que se n'hi anava amb algú, llavors n'estava gairebé segura, ara en dubta.

No es van arribar a separar mai, de fet. Si més no, no van fer papers, només van separar comptes corrents, les llibretes de la Caixa, les targetes de crèdit. Mai no van parlar de la casa ni dels fills. No es van repartir res. Ni tan sols van fer servir mai obertament la paraula separació. Era com si tots dos estiguessin igual que abans, però l'un a Terrassa i l'altre a Buenos Aires. Una ficció. I els pares d'en Jaume jugaven encara a aquesta ficció, ja veien que no era veritat, però s'hi agafaven. Una generació que no ho entenia, tot allò, que no ho podia entendre. Que ja veien que els temps anaven per aquí, però que no ho podien entendre. La mare d'ella, de la Rosa, tampoc no ho havia entès. També feia veure que s'ho creia, a en Jaume li ha sortit una feina molt bona, a Buenos Aires. I tant! Però no els cabia al cap. O potser no era cosa de generació. La Glòria i l'Albert no ho van entendre mai, tampoc. La Glòria es va anar tancant, cada vegada més, i al final va desaparèixer. L'Albert hi patia. Hi pateix encara. Hi ha dies que no en vol saber res, del pare. Altres dies fa preguntes.

—Però, mare, de veritat, tu vols que hi vagi o que no hi vagi, a París?

—Si a tu et fa il·lusió...

—No et pregunto això, ja ho saps.

—Doncs sí, vull que hi vagis.

Però la Rosa fa una pausa: una cosa és ser balança i una

altra desaprofitar les ocasions. I afegeix, amb una magnanimitat impostada, artificial:

—Al capdavall, és ton pare. Sempre serà ton pare.

—

El temps canvia i els llocs queden. Però el temps retoca els llocs. En Jaume ha fet centenars de vegades aquest camí a peu, d'allà on era casa seva a allà on ha estat sempre casa dels pares, del cementiri vell a la Rutlla, són de fet quatre cantonades. Però ara fa temps que no hi passa, tot el temps de l'exili, de la fuga, de Buenos Aires. Ho troba canviat, exageradament canviat. Potser no n'hi ha per tant. Ho troba pitjor, però no ha empitjorat, al contrari, figura que tot és més nou i més net i més pràctic. I menys seu.

Traspassa el pont damunt del Torrent de Vallparadís, no pas el pont del Passeig, solemne i altíssim, sinó el de més avall, industrial, pràctic, sense estètica. L'envolten algunes naus antigues, reciclades en dipòsits municipals, i damunt d'una porta d'uralita hi ha una pintada amb una estrella i quatre barres que diu *Crema Espanya*. A sota, Vallparadís. En la seva infantesa, el torrent era la selva. Alguna estranya intuïció deu tenir la canalla: ara que hi estan fent forats per passar-hi el tren, han trobat al fons del torrent ossos de rinoceronts i de girafes, restes d'arbres tropicals altíssims. No hi anava pas a jugar, de petit. No se li hauria acudit mai, des de la Rutlla. Però sí d'adolescent, en aquella època de la dèria arqueològica, quan anava els diumenges al matí amb en Ramir de Masdéu i de Castellet, arqueòleg autodidacte, a excavar la Vil·la Moderata, prop de Can Jofresa, i entre setmana pensava que podria trobar fragments de *sigillata* i altres tresors als abocadors del torrent sota les esglésies de Sant Pere, un espai salvatge de fonts i camins i reguerons de xena que queien dels tubs de les fàbriques de Sant Antoni. Però com distingir la noble ceràmica ibèrica d'un orinal petat fa trenta anys? Llavors Vallparadís era encara un torrent medieval, antic, africà. Ara és un parc nòrdic de bancs i camins ben fets, de piscines i basses. En Jaume se'l mira des del pont amb nostàlgia. Està tou. Ja fa dies que està tou. D'ençà que ha tornat. Potser d'abans i tot: i per això va tornar.

Quan puges per Sant Quirze, hi ha estona i estona sense cap botiga. Ni una. De res. No n'hi ha cap fins al forn de la cantonada amb Topete. Mira per Sant Quirze, pel carrer de la Torre, pel carrer de la Riba, i tot són cases baixes, menestrals, que sembla que siguin aquí de tota la vida, i bé que hi deuen ser: només han canviat l'antic quarto de reixa per una entrada automàtica de garatge, si no aquí no hi hauria manera d'aparcar. Són cases sense vocació d'estil, tampoc lletges, pràctiques. Algunes, les més velles i les més abandonades, tenen o han tingut okupes, hi ha pintades en forma de llamp i banderes negres als balcons. Altres les deuen fer servir de magatzem de malendreços gent que hi vivia i s'ha comprat un pis al centre, a la casa vella hi van tots els trastos i hi ha un garatge perquè els nanos puguin jugar sense emprenyar amb el soroll, primer jugar, després cantar, després el que més convingui. És en aquestes cases de casal i dos pisos que hi ha a la balconada no pas la bandera negra dels okupes anarquistes, sinó la bandera blaugrana —i potser alguna estelada— dels cadells de la tribu mesocràtica. És un carrer sense amenitats, en Jaume s'hi avorria de petit i hi comptava rajoles de la vorera, llavors no eren rajoles, eren unes lloses de pedra sempre trencades, primitives. Les voreres dels carrers entre vapors, austeritat industrial.

El seu món de veritat comença, començava, passat el carrer Topete. A la dreta, de seguida, el darrere de Cals Matalonga, una casa de senyors, espectacular. No pas pel darrere: però es notava la grandesa, s'hi nota encara, en les dues palmeres altíssimes del pati. I a partir d'aquí, la barreja de les cases i de les fàbriques. Aquest era el món de la infantesa d'en Jaume. Aquí, anant cap al Vapor Gran, o més amunt a la Farinera del carrer Cervantes, o a la Rasa, o al carrer dels Àngels. Fàbriques i fàbriques, antigues, laberíntiques, amb una mena de carrerons interns desendreçats i esbarrellats per on entraven les furgonetes. No una arquitectura serena i quadriculada, com a Aymerich i Amat, a la Rambla, sinó una arquitectura de naus sobreposades, afegitons com a les velles masies, ampliem per aquí, aixequem per allà, i passatges que les travessen i cases obreres pel mig, tot amb regust de fum i soroll de teler i un fred d'hivern camí de l'escola. No en queda gairebé res.

Al Vapor Gran hi estan fent un hotel i moltes botigues i ja hi ha una plaça, el que serà una plaça, on nens asiàtics juguen a pilota amb la samarreta del Barça, com qui porta un certificat d'empadronament o un passaport. Tot el món és diferent. Dels vells vapors no n'han deixat cap rastre. Alguns fòssils perduts en llocs inversemblants. L'un a la dreta, abans d'arribar a Puignovell. Més endavant, a l'esquerra, el que queda del Vapor Gran, ara amagat darrere de la tanca d'unes obres eternes, en Jaume ja no l'ha vist mai com una sola fàbrica gran, o no se'n recorda. Ja era un espai trinxat de tallerets i magatzems, on es podrien ambientar novel·les de crim, era ben fàcil d'imaginar-t'hi algú apunyalat en una raconada. En Jaume i les amistats hi entraven d'estranquis, els qui hi treballaven no hi volien canalla, i jugaven a amagar, de vegades a pilota. En queden alguns fòssils, i en queden sobretot algunes xemeneies, sembla que els faci cosa tirar les xemeneies a terra, com si fossin l'únic monument d'aquesta ciutat sense monuments, d'aquesta ciutat de cases i fàbriques barrejades. L'única cosa que cal que resti. Passa el temps i de vegades passen també els llocs.

Al final, abans de tombar cap a la Rutlla, cap a casa dels pares, a mà dreta, enganxada al darrere del Sant Esperit, la barreja de l'esperit i la matèria, de la religió i de la fàbrica, el vapor de Cal Ros, aquí hi havia treballat de petita la seva àvia. De petita, petita. Em sembla que era nuadora, és el que feien quan entraven a la fàbrica, abans dels deu anys, perquè tenien els ditets fins i els sortien més bé els nusos. Es va casar amb un teixidor, l'aristocràcia de la classe obrera del teler. D'això venim. De les cançons que li cantava l'àvia de petit, sobre els genolls, versions ingènues dels èxits de la Pilar Alonso, el món del futbol i del carrer, dels envelats i les festes, del poble. Cançons apreses a crits entre les nuadores de Cal Ros, elles se sentien, sembla mentida, enmig d'aquell xivarri, al final totes van acabar ben sordes:

Quan s'enlairen els foguets
i el Zamora amb calçotets,
l'Alcàntara tira un xut
i el Zamora ja ha rebut.
I l'Espanya ja ha guanyat
una copa de conyac.
I l'Espanya ja ha perdut
una copa de vermut.

Cal Ros té una portalada de ferro forjat amb una lletra R cal·ligràfica i antiga i és un vapor més petit, però ben fet, pulcre. Hi ha de tot, a l'antic vapor. Gimnasos i botigues, oficines i cases. Però té l'aire del vell temps. No és gran cosa, tot plegat. Això no és Buenos Aires. Això no és Barcelona. Mira que voltar el món per acabar tornant aquí, a tocar del Vapor Gran, del torrent de Vallparadís, del pont del Passeig, de coses com n'hi ha tantes. I de molt millors, que n'hi ha, i les ha vist voltant pel món. Però potser aquest és l'únic sentit d'un retorn: haver-hi estat abans. Haver-hi estat en el temps precís de la pròpia construcció. Trobar-hi les empremtes de l'àvia nuadora i de l'avi teixidor i de l'altre avi que va arribar d'Andalusia de rellogat a casa d'uns parents que havien arribat abans, instal·lat amb tota la família en una única habitació passat el pati, al barri del Poblenou, com els moros d'ara.

Sense aquestes empremtes, què seria tot això? Sense les xemeneies, què serien aquestes places? Sense el passat, perquè anar a peu des del cementiri vell a la Rutlla, de cals fills a cals pares, si tot plegat no tingués un aire de pelegrinatge? En Jaume pensa que és el darrer supervivent d'un món que està condemnat a desaparèixer, un món de vapors i xemeneies, el paisatge de la seva infantesa. De moltes més coses. I que ha tornat per alentir-ne la desaparició, per allargar-ne la vida, perquè el fil no es trenqui. Dels pares als fills. És un pelegrí, es confessa, sorprès. Ho és a Terrassa. Ho serà a París, amb l'Albert, darrere del Barça. De pares a fills. S'ha tornat insuportablement sentimental, i no li fa res que sigui dit.

—

—Me'n vaig a veure el partit a casa d'en Xavier. No vindré a sopar.

Però no és veritat. Se'n va al Miramunda, a tocar de la Creu Gran, prop del Passeig, d'allà on viu l'àvia, la mare de sa mare. L'Albert té ganes d'estar sol. No sap per què. I de vegades el millor lloc per estar sol és enmig de gent que no coneixes. És veritat que en Xavier li ha dit d'anar a veure'l a casa seva, això sí, el fan en *pay per view* i ells en tenen. Però no hi va, no per res, és que no té ganes de xerrar. Al bar hi ha una gentada, molt fum, no veus a qui tens al costat, si no vols veure'l, sembla un cine antic amb totes les cadires a les fosques. Al Miramunda fan tots els partits del Barça, encara que siguin als canals de pagament. És un bar bigarrat, vagament caribeny, juvenil. Hi ha anat alguna vegada, sempre acompanyat, en colla. Mai en parella, encara no, ja arribarà. Potser avui hi coneixerà algú, però s'asseu tot sol. En un racó. Hi ha anat de tarda, les altres vegades, en dies sense partit, quan hi ha gent de la seva edat, potser una mica més grans, al vespre ja és una altra cosa: grans de veritat, llavors. Avui el partit comença amb claror de dia, s'ha de deixar temps després per a la festa de celebració de la Lliga, ja som campions. L'Albert hi arriba d'hora, demana una cervesa, com si estigués interpretant un rebel de pel·lícula antiga, sembla més gran del que és, a aquesta edat els límits entre les quintes són indefinits, els més grans van disfressats de més joves; els de la seva edat, de més grans.

No ho fa mai, això de dir a sa mare que va a un lloc quan sap que anirà a un altre. En tot cas, no li diu res, és millor amagar que mentir. Tampoc mai no es mira tot sol els partits, sempre ho fa amb gent o no se'ls mira, tampoc li ve d'aquí, depèn del partit. Al contrari, el Barça és l'excusa per trobar-se una colla, una cosa que es pot fer en comú, que s'ha de fer en comú, un joc tribal. Però avui l'Albert està confús. La invitació de son pare li ha complicat la vida. Ja abans, el retorn de son pare li ha complicat la vida. No el trobava a faltar. Hi havia una vida construïda, estable. No calia fer preguntes, perquè no hi havia ningú per respondre-les. I ara, goita, tot aquest merder.

—Per què va marxar, el pare?

—Per feina. Li va sortir una feina...

—Mare, que ja tinc quinze anys.

—Són coses que passen. Passen perquè passen, perquè sí. No hi donis més voltes. No és culpa de ningú.

Culpa? Mai no li ha passat pel cap que això tingués un culpable, i encara menys que algú pogués pensar que era ell.

Ningú no en té la culpa, quan plou o quan hi ha un tsunami als mars del sud. Passa i prou. Ell no preguntava pas per les culpes. Preguntava per les causes. Que no és ben bé el mateix. Però sa mare li mastega les respostes, l'atabala amb les culpes, el veu encara com un nen, sempre el veurà com un nen. I ja no ho és. És un noi confós. A qui han complicat la vida, com si no fos ja prou complicada tota sola.

El partit, tant se val, és poca cosa. El Barça ja ha guanyat la Lliga d'aquest any passi el que passi, però els de l'Espanyol li han hagut de fer el passadís en començar i després hi haurà una mica de celebració, sense passar-se, falta poc més d'una setmana per a la final de París, no és l'hora de perdre el món de vista, ara el més important és París. Més que la Lliga. La Lliga només és per fotre el Madrid. A part d'això, per classificar-se per a la Champions de l'any vinent. Però l'èpica és la Champions. El món. El gran món. El que hi ha allà fora. Sí que ha vingut pel partit, l'Albert, esclar, li fa gràcia mirar-se'l. Celebraran la Lliga, serà una festa, és un partit alegre i sense pressió, tant se val com acabi. Però ha vingut fonamentalment a estar sol. Sol enmig de la gent. Sol enmig de gent més gran que no pas ell, com si piqués a la porta d'un món nou, d'un món diferent, que tot just endevina, que se li ofereix. Però no et donen llibret d'instruccions quan hi entres, com quan et compres un programa de software o una impressora nova. Potser el llibret d'instruccions és el pare. Potser per als seus companys és el pare qui guia. Però el seu pare no hi era. Però el seu pare ha tornat.

—Ja tinc quinze anys.

—I què vols dir, amb això? Quan jo tenia quinze anys...

Ja tinc quinze anys. Ha esdevingut una mena de lema, una resposta universal. Un contraatac contra qualsevol prohibició, o qualsevol obligació, o qualsevol secret que l'Albert consideri el fòssil sense sentit d'una infantesa superada. Ja tinc quinze anys. Ja sóc un dels vostres, ja he de ser com vosaltres. Ja m'heu de tractar com si ho fos. Ja puc fer-ho tot, ja puc entendre-ho tot, ja he de saber-ho tot, ja no se'm pot obligar a fer res perquè sí. La mare no li accepta, de vegades, l'argument. Quan jo tenia quinze anys a les deu havia de ser a casa. Ja feia el dinar quan ma mare no hi era. No em deixaven anar al cine segons la pel·lícula que fessin, tot i que jo hi acabava anant, semblava més gran que no pas era, no em preguntaven res a la porta. L'Albert ha dit una gòfia a la mare i se n'ha anat sol a un bar. Perquè ja tinc quinze anys, però estic fet un embolic, però em deixaria tallar els dits del peu —que al capdavall no serveixen per a res— abans d'admetre-ho, però vull coses noves, però no sé quines coses noves vull, he dit que me n'anava a veure el partit a can Xavi i me n'he anat tot sol al Miramunda i m'he demanat una cervesa amb posat de foraster al *saloon* i aquí m'estic, sense parlar amb ningú, cridant quan tothom crida, les mans al cap, com és possible, sort d'en Jorquera, avui l'han posat de porter, reservem en Valdés per a París. Guanya el Barça però ha estat un gol sense crits, un gol de l'Espanyol en pròpia porta, d'aquells que no tenen èpica.

—Porta la pilota Deco, a l'alçada del mig del camp de l'Espanyol. Pica per Larsson, que es desmarca dins de l'àrea; arriba a Larsson; Larsson tot sol davant de Gorka... Atura Gorka! El que ha fallat Larsson! Però la jugada de perill no s'ha acabat. Refús als peus de Ronaldinho. Controla, finta Ronaldinho... Gol! Gol, gol, gol, gol, gol del Barça! Gol de Ronaldinho! La màgia del Gaucho. Aquest home és màgic. Ha controlat a l'àrea després d'una errada de Larsson i una bona intervenció de Gorka, ha fintat al porter, l'ha deixat assegut a terra i ha posat la pilota allà on ha volgut. Als cinc minuts de la segona part, el Barça sentencia el partit.

La Lliga ja estava sentenciada. Aquest Barça és capaç de tot. Ara toca la Champions. Ara toca París.

Alça les mans l'Albert, s'abraça amb el veí del costat, que no coneix de res, tothom està dret i salta, el Miramunda com la marabunta. Molts duen la samarreta del Barça, amb el seu nom, amb el d'en Ronaldinho. Es mouen les cadires, com de col·legi. L'Albert torna a seure, després de la comunió. És una missa, això. L'instant de la comunió, tots drets. I a seure. I tornem-hi. Allà on érem. En un cert sentit, hi ha més celebració que no pas emoció. Com si fos un assaig per al dia de la veritat. Això és el que farem quan marquem, quan guanyem.

Ja tinc quinze anys. L'Albert ho porta tatuat en una part visible del cervell, el disc dur de les actituds i les revoltes. Li fa l'efecte que tot el que ha viscut fins ara és una mena de pròleg, un aprenentatge, un joc preparatori, i que les coses de veritat encara no han passat, però que començaran a passar ben aviat, de seguida. I perquè ja tinc quinze anys me n'aniré amb mon pare a París, a veure el Barça. Perquè vull ser a la final, veure la final, cridar i patir de veritat, no pas al Miramunda ni al garatge d'una casa, no per la tele, virtual, sinó a l'escenari de veritat de les coses. On passen les coses autèntiques, les coses dels grans, la veritat i no la seva representació. Perquè potser a París, o camí de París, o tornant de París entendré alguna cosa important, essencial. Senyor Albert Cortès? Encantat. Com que vostè ja té quinze anys, li faig lliurament del llibret d'instruccions de la vida dels adults. De la vida. Tingui.

—

—Pagaria el que fos per venir amb vosaltres.

—L'Albert encara no m'ha dit si ve.

—Vindrà, ja hi pots pujar de peus.

L'Antoni Cortès té hores bones, però no ho són totes. Quan ho són, s'incorpora al llit o fins i tot es pot arribar a posar un batí vermell sobre el pijama clàssic, amb botons, i recórrer a poc a poc tot el passadís amb la mà damunt l'espatlla del fill per anar a seure al menjador, a la butaca de davant del televisor apagat (o encès, molt poques estones) o a la taula de dinar. Fa unes setmanes semblava que estava pitjor, però la malaltia va i ve. Quan seu a la butaca o s'estira al sofà, en Jaume mira de quedar-se per fer-li companyia. De vegades a l'Antoni se li'n va el cap, potser per l'efecte de les pastilles. Però de vegades té el cap més clar que mai i recorda amb nitidesa coses de fa molts anys, millor que no pas les de la vigília. I de vegades sembla que la malaltia, o les pastilles, o totes dues coses alhora hagin eliminat filtres, diu les coses tal com les pensa, sense passar-les pel sedàs, caiguin com caiguin.

—Vas ser molt burro, de marxar.

Llavors la Llúcia fa un soroll amb la llengua, ves quines coses de dir, no li facis cas, a ton pare, no sap el que es diu. Vol dir que havíem quedat que d'això no se'n parla, ja és prou gran, en Jaume, ell sap el que li convé, en les coses dels matrimonis més val no ficar-s'hi perquè no es pot tocar d'oïda, cadascú se sap les seves coses, què en sabem nosaltres. Però en Jaume es posa a riure i diu que sí, que va ser molt burro, sí senyor, què vols fer-hi, déu nos en guard d'un ja està fet. Tot i així, tot i que en Jaume es posi a riure, la Llúcia està més tranquil·la quan no parlen d'això, quan recorden altres coses del passat, les vacances d'estiu a la platja, la infantesa feliç, els vells temps.

—Pagaria el que fos per venir amb vosaltres a París —repeteix l'Antoni; des de fa algun temps repeteix les coses moltes vegades—, poder venir, entre altres coses perquè voldria dir que no estic tan fotut com em penso.

—Estaria molt bé. Tres generacions...

—Te'n recordes quan et vaig dur al futbol, la primera vegada?

—Sí. Jugàvem contra l'Atlètic de Madrid. Vam guanyar, una panadera. Estàvem darrere una porteria...

—No, no. Et fas un embolic. El dia de l'Atlètic va ser més endavant. Estàvem darrere d'una porteria i vam guanyar, i de molt, però aquell dia, la primera vegada que vas venir, era amb el Betis.

En Jaume s'adona que no pot distingir entre els records reals i els construïts, de vegades amb trossos empalmats d'esdeveniments diversos. Tampoc no es refia gaire de la memòria del seu pare. Però és fàcil que tingui raó, i que sigui la memòria d'en Jaume la que barreja, inventa, cuina i amaneix. En la seva memòria, el que ha quedat acreditat com el primer record al camp del Barça és una imatge confusa i fràgil habitada de ratlles vermelles i blanques; com en una seqüència alentida i fragmentada, una mica onírica, recorda també moltes alegries, el seu pare que l'abraça. Creu recordar més coses, com va vestit el pare, que fuma, que són drets darrere una porteria, que hi havien anat amb el tren de Terrassa i després una estona amb metro, i encara després caminant al voltant de tot l'estadi per buscar la porta que tocava. Que havien sortit molt d'hora, un diumenge a la tarda, i que la mare els havia embolicat uns entrepans amb paper de diari. No duien ni banderes ni bufandes, llavors no se'n devien dur. Anaven molt abrigats. Pot ser que ell dugués un pràctic al coll? Sí, un pràctic: una mena de bufanda cordada amb unes borles, com russa, i en mossegava sistemàticament el folre brillant. Però no està segur de res. Pot ser que siguin retalls de records diversos, de partits diferents, un record fos amb les restes de molts records, un castell de cartes.

—Ja era el Camp Nou? —ni això recorda d'una manera clara.

—Sí, esclar. Estem parlant de l'any seixanta-quatre, l'any que vas fer la comunió —el pare n'està del tot segur, les lligues del Barça, les nevades i les riuades, les festes i les operacions serveixen per endreçar els calendaris familiars.

—No me'n recordo, de la comunió.

Se'n recorda de les fotos de la comunió, i a partir de les fotos —un hàbit blanc, una mena de rosari i un llibret nacrat, un missal o una cosa semblant— podria construir, si s'hi hagués posat, un record viu, en moviment. Però no ho ha fet mai, no ha sentit la necessitat de fabricar un record de la seva comunió per a l'àlbum intangible de la memòria. De les anades al camp del Barça no hi ha fotos. Hi ha fotos amb els coloms de la plaça de Catalunya, tirant-los veces, però era molt més petit. Per tant, les imatges de l'anada amb el pare al camp, la primera, han de ser reals —tot i que barrejades i canviades de dates— o simplement inventades del no-res, imaginades. No poden ser adaptacions de fotos. No n'hi ha.

—Jo t'hi vaig dur de petit, al futbol. I ara tu hi portes el teu fill. És això, tot plegat.

—Sí, també és això. El fil...

—No, no. Només és això. No hi ha res més que això.

—No li facis cas, a ton pare —el talla la Llúcia, esbufegant—. D'un temps ençà no troba res bé.

—Jo el recordo sempre així —arronsa les espatlles en Jaume.

La mare no els va acompanyar mai, a futbol. No és que hi anessin gaire. Quatre o cinc partits cada temporada, i no eren els millors. Tampoc en Jaume recorda que mai hagi decidit solemnement fer-se del Barça, ho és des de sempre, com li passa al seu fill, però això ell no ho sap, mai no n'han parlat. Com de tantes altres coses. Per anar al camp, quan era petit, els deixaven els carnets de soci uns parents del pare. I el dia del Madrid, esclar, hi anaven ells, els legítims propietaris del carnet. Els Cortès ho aprofitaven per anar a partits que estaven bé, però on mai no s'hi jugaven gran cosa, no era el final de la Lliga o una eliminatòria avançada de la Copa. És veritat, el record: sortien de Terrassa just havent dinat, amb el tren dels Catalans, i dinaven aquell dia molt més aviat que els altres diumenges. El futbol era una cosa de diumenge a la tarda, *resultados de hoy, compruebe su quiniela* en sortir del cine. *Marcador simultáneo Dardo*. O potser això era més tard, en Jaume es fa un embolic. Només recorda que hi va començar a anar amb son pare i que era una sensació agradable. Feia molt fred, al camp. T'havies d'abrigar. Però també hi podia fer molta calor. Tot era extrem. Hi havia homes que cridaven i quan feien un gol era com si tothom fos de la família. Recorda el pare amb barret, però el pare no hi ha anat mai, amb barret. Es recorda ell mateix menjant pipes, però el pare mai no li havia deixat menjar pipes —quina brutícia, escopir les esclòfies, fa xarnego—, i seria inimaginable haver-ho fet al seu davant, en tot cas d'amagat.

Potser tot plegat són records construïts, ficticis, records fets a mida. Però aquests records no són més falsos que els veritables. Dit d'una altra manera, no deixen un pòsit menys significatiu. També construeixen el present i el futur.

En Jaume pensa que potser se'n va a París amb l'Albert, si és que finalment vol venir, si es deixa, per construir records per al futur. Records per sempre, per això té aquest punt de nervis, d'inquietud. Records que quedaran, potser l'única cosa que quedarà. Veritables o inventats, tant se val.

2

...rememoraré les fetes dels herois d'antic llinatge, els quals més enllà de l'entrada al mar Negre i del pas de les roques Ciànies, per mandat del rei Pelias, darrere del Velló d'Or, van impulsar la seva nau, la ben cenyida Argos.

Argonàutiques. APOL·LONI DE RODES

La Rosa els ha dut amb cotxe fins a l'estació de França, quan començava a fosquejar. No porten gairebé equipatge, una motxilla cadascun. De fet, són poques hores fora de casa, demà passat ja tornaran a ser aquí. Hi han anat amb temps, amb molt de temps, això és cosa de la Rosa, que sempre té por de fer tard, en Jaume és més fresc, més impuntual. Periodista. És en Jaume qui ha decidit d'anar-hi amb tren, qui ha comprat els dos paquets de tren i entrades per al partit, via producció d'esports de la ràdio, però pagant ell, que consti. Podien marxar amb cotxe, però li fan por les hores de silenci, l'un al costat de l'altre, sense dir-se res. La tensió d'un cotxe callat. La tensió d'haver de decidir quina música posem, la teva o la meva. La tensió de discutir la temperatura, la calefacció o l'aire condicionat, les finestres obertes o tancades. Dos en un cotxe, tanta estona, és una prova. Massa dura, per començar. Per recomençar. Però tampoc no hi volia anar amb avió, massa de pressa, no haurien pogut xerrar, massa de grans, poc a la mida de l'Albert, en tot cas a la seva mida, a la d'en Jaume.

—Truca quan arribis —la Rosa ho diu només a l'Albert, en Jaume que faci el que vulgui, per qui pateix és per l'Albert, que quedi clar, això no és una reconstrucció feliç d'una família trencada, això és una mare que acompanya el fill a l'estació. L'Albert fa que sí amb el cap, una mica absent, perplex.

El tren surt de l'estació de França, naturalment. Va a París. Potser n'han organitzat d'especials per a l'ocasió. Potser són els que surten cada dia, però aquesta vegada van plens de gent del Barça. D'altres, la majoria, surten de Sants. Segur que són especials, no n'hi hauria prou amb els de sempre. En Jaume pensa que el tren fa adolescent, evoca les excursions d'adolescència, els inter-rails i tota la pesca, la novetat i la descoberta. I el tren és compartit, fa colla. La Rosa l'ha passat a buscar per casa dels seus pares, ha tocat el clàxon des de la Rutlla, sense baixar, i ja duia l'Albert al cotxe. Un Renault Space negre, monovolum, familiar, que es noti que sóc jo la que aguanto i transporto la família, la que he hagut d'apetxugar amb tot, canalla i paquets de la canalla. Sóc jo la que ha necessitat un cotxe gros, no ell, que només ha mirat per ell. En Jaume s'ha posat una bufanda del Barça, una cosa discreta, l'únic distintiu. No tenim edat per a segons què. Però l'Albert sí que en té l'edat, ha sortit de casa amb tot el kit patriòtic dins de la motxilla: una estelada enorme, una gorra antiga que segur que no es posarà, la bufanda necessària, fins i tot s'ha agafat la samarreta penjada de la seva habitació, Albert en lletres grogues damunt de les ratlles blaugrana de l'uniforme d'una temporada anterior, aquest any van diferent, cada any van diferent, així venen més samarretes. A l'Albert li feia vergonya sortir de casa amb tota la disfressa, pel mig del carrer. Al camp serà una altra cosa. Ho porta dins de la motxilla, per treure-ho en el partit, potser abans, si escau.

—Vols que busquem el nostre vagó?

Porten dos bitllets de lliteres, compartiments de sis, vés a saber qui ens tocarà de company.

—Prefereixo esperar-me aquí fora, que arribi la gent.

L'Albert no es vol tancar a soles amb son pare tan aviat. No és un viatge de dos. Són dos entre la gent, la gent del Barça, *tant se val d'on venim si del sud o del nord*, etcètera, etcètera. Una marea humana, confia. Però de moment no hi ha encara marea. La mania de la Rosa de no fer mai tard, d'arribar als llocs amb temps de sobres. L'Albert està incòmode, estrany. L'estona se li fa llarga. No diu res i no sap cap on mirar. Fa com si estigués sol. Surt a l'andana, es mira el tren encara buit, no pas buit del tot, hi ha gent que ja ha conquerit el seu compartiment i treu les banderes per les finestres. Ell també hi entraria si això no volgués dir tancar-se amb son pare i haver-se de dir alguna cosa, cara a cara, no s'estaran tots dos callats com dos estaquirots. En algun moment hauran de parlar. Ja ho sap, ja ho entén. Però no encara. Se li fa una muntanya, ara.

L'Albert fa com si estigués sol, però és son pare qui porta els bitllets. Surt al *hall* amplíssim de l'estació, la bellesa d'aquells espais antics, d'aquestes construccions del temps del ferro i el tren. Pel passeig de Colom van arribant cotxes i els primers autocars, aparquen en doble filera, en triple filera, davant de l'estació. Comença a baixar gent que crida, que vénen en grup, la penya de Mataró, la de Tarragona, la de Lleida, és gent jove sobretot, pintats i disfressats. Banderes catalanes com la capa de superman. Més nois que noies. Crits i més crits, com els antics exèrcits abans d'entrar en combat.

Pensa en Jaume que són com els Argonautes embarcant-se a la recerca del Velló d'Or, l'expedició dels homes a buscar una copa, com si fos el sant Graal. Un clàssic de tots els temps. Abans era la guerra, ara és el futbol. No és tan diferent. La conquesta. La copa com a símbol de la victòria: el Graal, la Champions. Ho pensa però no ho diu a ningú, a qui ho hauria de dir, a l'Albert? Encara se l'imaginaria més estrany del que és. Sí, devien ser més o menys així les velles sagues de gesta i de repte, els homes sols en expedició a terres llunyanes i desconegudes, amb els càntics de batalla per fer-se tots un, per ajuntar-se sota la bandera de la tribu, amb els seus colors pintats a la cara com els guerrers celtes de les pel·lícules, els colors totèmics, tribals, repartits pertot arreu. Així s'ho mira en Jaume, li agradaria haver anat amb algun amic de la seva quinta, com ell també de la quinta del rei Pepet, per fer aquests comentaris esnobs i periodístics, un pèl irònics, no del tot, però va amb el seu fill i no ha d'escriure res. El fotut costum de mirar-se el món en forma d'articles, de veure en els fets embrions i pinzellades d'articles, titulars periodístics, la partida dels Argonautes, la tribu puja al tren. No, no és això el que ha de dir al fill. Li ha de dir alguna cosa?

—Si ens perdem, amb la gentada, ens trobem a la porta del vagó onze, de lliteres. Onze, d'acord? Per si ens perdem.

L'hi diu entremig de la cridòria, repetint-ho amb signes, com els qui fan en els informatius de la tele les traduccions per a sords, fa l'onze com els àrbitres de bàsquet, un puny tancat i l'u a l'altra mà, llegeix-me els llavis. L'Albert s'ho mira d'una altra manera, atabalat, fascinat. També a ell li agradaria anar-hi amb un amic de la seva quinta amb qui pogués comentar les coses, dir-se confidències, posar puntuació a les noies, de l'u al deu, malparlar de son pare, no gaire, només una mica, la sang en vol dir però no sentir. Se li acosten nois de la seva edat, agafats per les espatlles, *oeé, oaà, ser del Barça és lo millor que hi ha*, gots de cervesa de plàstic a la mà, barrets blaugrana ridículs, com d'antics bufons de pel·lícula medieval, banderes lligades al coll, samarretes oficials i oficioses, i li somriuen, com si el convidessin, *madridista el qui no boti*, i ell bota i somriu i busca a la motxilla i en treu la bandera i la samarreta i s'ho posa per damunt, no s'ajunta amb els xicots ni els agafa per les espatlles, però bota al mateix ritme que ells. L'Albert, sempre tan callat, això és el que li sembla a son pare, però ja fa molt temps que li va perdre la pista, comença a botar i a barrejar-se amb la gent, però sense marxar de lloc, sense allunyar-se del seu vagó.

En Jaume pensa: sempre diem que els adolescents es volen afirmar, ser ells mateixos, descobrir-se com a individus, i, de fet, del que tenen ganes és de fondre's en una tribu, formar part d'alguna cosa, diluir-se en la colla, o amb els amics, o amb l'exèrcit dels Argonautes que van a París a buscar el Velló d'Or, el sant Graal, la copa de la Champions. Ho pensa en Jaume, i somriu cap endins. Collons, ja estic fent un altre article. L'Albert no hi pensa, en aquestes coses. Va arribant gent i tot va agafant colors, els mateixos colors. Sap qui són, els Argonautes? Sap qui són, els tres mosqueters? Si ho sabés, potser pensaria que els Argonautes i D'Artagnan no viatjaven amb son pare, sinó amb els companys. Amb els que són com ell, de la seva edat i condició. Els vells herois no sortien d'aventures amb el pare, sinó en un cert sentit contra el pare, deixant-lo enrere, disputant-li el lloc, substituint-lo, superant-lo. El cavaller Tirant. Els tres mosqueters. Si ho sabés, l'Albert... Però com que no ho sap, simplement somriu amb la felicitat secreta de ser entre la gent, de sentir-se'n part, de saber-se'n part.

—

—Salut, companys. Som els pesats que haureu d'aguantar tota aquesta nit. L'Oriol ronca, sapigueu-ho. Encara sou a temps de fugir-ne.

Abans que el tren es posi en marxa, mitja dotzena de nois arriben a la porta del compartiment. Deuen tenir vint-i-tants anys, fa de mal dir, ara entre els disset i els trenta tots van vestits iguals. Porten els cabells curts, la majoria, i n'hi ha quatre que han entrat al compartiment, han saludat i s'han presentat, han deixat les bosses per terra i damunt dels seients i han tornat a sortir a explorar el tren, cridant i cantant. A fora n'hi ha d'altres com ells, no està clar si es coneixen, si vénen tots junts. Van carregats de banderes, amb samarretes d'un groc fosforescent o del blaugrana de tota la vida i *gadgets* variadíssims, inversemblants. L'Albert, assegut al costat de la finestra, davant per davant d'en Jaume, se'ls mira amb un estrany respecte.

—Vés amb ells si vols.

—No, no. Van tota una colla. Després.

Quan tornen, tots quatre, el tren encara no s'ha posat en marxa. Demanen permís sense gaires compliments per parar la barraca, tal com s'estan parant els compartiments contigus: banderes desplegades sobre les lliteres, la finestra oberta amb més banderes com a domassos perquè les vegin des de fora, una escampada triomfal de símbols. Decoren el compartiment per a l'exhibició abans d'habilitar-lo per estar-s'hi o per dormir-hi. Primer, marcar l'espai amb els senyals de propietat, com el gos que pixa damunt dels neumàtics dels cotxes aparcats. En Jaume se'ls mira encuriosit. Li cauen bé, pertanyen a alguna cosa compartida, no pertanyen a un munt de coses no compartides, però en definitiva no són com ell. Tampoc com l'Albert. En algunes coses, l'edat posem per cas, són a mig camí. Podrien ser el pont.

—Hola, em torno a presentar —el mateix que ha parlat abans, com si fos el portaveu constant del grup—, sóc en Ramon i venim de Lleida, de la penya de Lleida. Visca el Barça i visca Catalunya, etcètera, etcètera. Mirarem de no emprenyar gaire, però una mica sí que haurem d'emprenyar, em sap greu. Això no és un creuer pel Carib, sinó una expedició guerrera, i ja se sap que els guerrers han de poder entrompar-se una mica abans d'entrar en combat.

En Jaume s'hauria alarmat amb el llenguatge bèl·lic d'en Ramon, i pel visible avituallament de cerveses de tota la *troupe*, si no es veiés d'una hora lluny que només és una manera de parlar, un joc. Comença a distingir-los, individus enmig d'una massa, cadascú amb les seves coses. Només parla en Ramon, i en Jaume ja li ha après aquest to de paròdia, aquesta conyeta ponentina, fer veure que parles com un locutor de la tele. És el més extravertit, potser. Els altres riuen, darrere seu.

—I els teus companys... —convida en Jaume.

—Aquest és l'Oriol, mon cosí. El que ronca. On s'ha de fer dormir algú que ronca? Dalt de tot o a baix? Puja amunt, el soroll? Jo crec que és millor que dormi a la llitera de dalt, amb el risc que ens caigui damunt a mitjanit. Diuen que també és somnàmbul, no en tenim cap prova.

—No és veritat que ronqui. Jo no m'he sentit mai —protesta d'esma l'acusat.

—No et sents perquè estàs dormint com un soc. Som els altres els qui et patim. I paro de tocar-li el potet, al meu cosí, perquè no està d'humor, per raons particulars que no fan al cas. Coses seves. Passem a la resta. Aquests dos bons amics i companys no sé com es diuen, de fet ens hem conegut a l'autocar que venia de Lleida, i ara mateix no en recordo els noms, però són sens dubte molt trempats, barcelonistes de pedra picada i serà un veritable plaer viatjar en la seva companyia.

En Ramon es gira cap als al·ludits, que somriuen sense ganes d'ocupar l'escenari en què el seu portaveu natural es mou amb tanta alegria.

—Hola, sóc l'Ignasi. De Lleida, és clar. Ja se'm nota. També ronco una mica, es veu —un xicot alt, fort, tímid sota les seves pintures de guerra.

—Jo em dic Àngel —encara més tímid, un de més jove. No porta la cara pintada. Fa un gest amb el cap, com una mena de reverència oriental. És l'únic que du els cabells llargs, podria fer-se una cua.

—Jo sóc en Jaume, i aquest és el meu fill, l'Albert —subratlla la paraula fill, amb un èmfasi artificiós, si els altres fossin més grans i s'hi fixessin més, haurien endevinat alguna cosa problemàtica.

L'Albert s'adona que ell és l'únic que no ha dit res, que no ha parlat en aquesta ronda de presentacions. Se sent culpable dels moments de silenci (una herència potser de l'avi patern o potser simplement coses de l'edat) que tenen com ara un punt d'artificials. Fins que el tren es posa en marxa. Llavors, vés a saber per què, per un instint d'ordre i de disciplina, el passadís estret del vagó queda buit i tothom entra al compartiment que li toca, treuen el cap per la finestra, criden als que els han vingut a acomiadar com si fossin passatgers del *Titanic* o, encara millor, com si fossin soldats que se'n van al front. No hi ha mocadors blancs, de fet no hi ha res de color blanc, color prohibit, el color de l'enemic, sinó banderes i bufandes, que es fan voleiar. Potser hi ha càmeres de televisió, amb alguna cosa han d'omplir les hores fins al partit i escalfar l'audiència, fent imatges de la sortida dels herois.

A fora ja és fosc. Quan surten de l'estació de França, el tren va encara molt a poc a poc, per vies suburbials i invisibles. No hi ha ningú a qui saludar i passa fresca; la penya de Lleida recull les seves pertinences simbòliques, apuja la guillotina de la finestra i s'asseu, finalment, com en qualsevol viatge amb tren, tres a cada banda, en Jaume i l'Albert a les puntes. Llavors torna el silenci i l'Albert torna a pensar que encara no ha dit res, a veure si el prendran per un nano, arrapat als pantalons del pare. En Jaume no se n'adona i, veterà, creu que és ell qui ha de trencar el gel.

—Hi aneu sovint, a fora, a veure el Barça? —per dir alguna cosa.

En Ramon salta com si hagués estat esperant precisament aquesta pregunta, com si fos la que s'hagués estudiat per a l'examen.

—Perdoni, però no anem a veure el Barça. Anem a animar el Barça, que no és ben bé el mateix.

—A ajudar-lo a guanyar —intenta traduir en Jaume, una mica ofès.

—No, no. A guanyar. A guanyar nosaltres. A cridar, a animar, a fer soroll per guanyar. El Barça som nosaltres —didàctic, en Ramon—, no pas ells. Ells, els jugadors, són uns ocells que avui penquen aquí i demà allà. Avui són del Barça i demà de l'Arsenal. O al revés, com l'Henry, que diuen que vindrà l'any que ve. Els qui som sempre del Barça som nosaltres. Ells juguen en nom nostre. Però els qui guanyem o perdem som nosaltres. Ells són mercenaris, sense ànim d'ofendre. N'hi ha de millors i de pitjors, de més simpàtics i de més antipàtics. Aquest mateix, el Ronaldinho, a mi em queia la mar de bé, però ara no sé què dir, el veig diferent. Tant se val. En resum, nosaltres no anem a mirar. Anem a fer. No som els espectadors, som els veritables protagonistes. Oi que sí, nois?

Però els nois ni se l'han escoltat. Només una mica l'Oriol, sang de la seva sang. I l'Oriol ja ho té molt sentit, tot això. En Jaume sí que s'ho ha escoltat, i quan li ha passat la mala llet de la rèplica, no li agrada gens que el repliquin, ni en les converses amistoses, ho troba divertit. Fals, però divertit. Només l'Albert se l'escolta com qui s'escolta el predicador d'una bona nova, el venedor de bíblies de les pel·lícules de l'Oest, el profeta d'una religió insòlita.

—

Com ha vingut a parar aquí, a un tren ple de gent més jove que ell, que no van vestits com ell, que canten cançons que ell no sap i que no saben les que ell cantaria?

En Jaume Cortès, periodista en excedència temporal, a l'espera de destí després d'haver tornat per voluntat pròpia de la corresponsalia de l'Amèrica del Sud amb seu a Buenos Aires, separat sense haver fet papers de separació, pare de dos fills, nascut fa gairebé cinquanta anys a Terrassa, s'ha quedat sol al compartiment quan el tren s'ha posat en marxa. L'Albert, ara sí, se n'ha anat amb els de la penya de Lleida a voltar per tot el tren, a ajuntar-se uns quants a les plataformes entre els vagons, per treure el cap i les banderes cada vegada que passen per una estació solitària, mai solitària del tot, sempre amb algú a l'andana, a qui saluden i saluda, ves quin remei. D'aquí a una estona tornarà cadascú al seu compartiment, a menjar-se els entrepans, a beure una cervesa i a preparar les lliteres per a la nit, molt curta, del camí a París, on es juga l'endemà la final de la Champions entre el Barça i l'Arsenal, aquest any sí, ja tenim equip, és a les nostres mans, aconseguirem la segona Champions de la nostra història.

Com hi ha vingut a parar? Pel Barça? Sí, esclar, però no del tot. No n'hi ha prou. Ell no és un *hooligan*, algú que viu per a això, com figura que ho deuen ser tots aquests xicots que omplen el tren. Hi ha d'haver més coses. El Barça també.

A casa són del Barça, de tota la vida. Sa mare preguntava el resultat, volia que guanyés el Barça, però no tenia ni idea de si jugaven onze jugadors o setze, amb prou feines veia els gols i mai no ha entès el fora de joc. Son pare era del Barça perquè sí, perquè és d'aquí, perquè tothom ho és, si no és expressament una altra cosa. En Jaume havia anat al camp de petit, amb el pare, i els diumenges escoltava el «Carrusel Deportivo» al cotxe quan tornaven de la platja i començava a haver-hi caravanes. Se sabia les alineacions i es mirava els partits i feia col·lecció de cromos i els reis li havien portat una samarreta del Barça. Havia jugat a futbol sala amb l'equip de l'escola —a casa dels pares encara guarden una copa que va recollir com a capità— i va arribar a somiar alguna vegada, de molt petit, ser jugador del Barça. Com tothom, un dia o altre. Sabia de qui era. Però sense obsessions. Sense haver-hi de pensar ni haver-ho triat. Atmosfèricament. Perquè el món que l'envoltava ho era d'una manera natural.

En el quinto del Social, per festes, quan sortia el número u, el lloro cantava *el més petit*, i tot el públic a cor responia *el real madrid*. I quan sortia l'onze deien els més vells *les cames d'en Muntanyola*. I als casaments la gent acaba cantant l'himne del Barça, *tenim un nom i el sap tothom*, de les poques cançons que tot el món sap, que serveix per a un casament i per bressolar la canalla. I a la carnisseria de Llívia, darrere de les cortines de plàstic amb els colors del Barça que porten a l'obrador, lliguen les botifarres amb un cordill blaugrana. I a Can Pallarès, al carrer d'Urgell, a Barcelona, fan cada any una mona de Pasqua enorme amb el jugador del Barça de moda, i a tots els nens els han comprat els padrins, un any o altre, no sols la palma i el palmó, també una pilota de xocolata negra amb una cinta brillant amb blau i vermell i un barrufet amb la samarreta del Barça. N'hi ha a totes les pastisseries. I hi ha cases que fan el primer carnet del Barça del fill amb la foto del néixer. Tot plegat és el mateix, Nadal i el Barça, els casaments i el quinto i els batejos amb confits, la Santa Espina i en Kubala i la mona i el palmó, la família i la tribu. Un barcelonisme atmosfèric, tribal, a estones kitsch. El d'en Jaume.

Potser s'hi va afeccionar més quan era a Buenos Aires. No al futbol, al Barça. No és el mateix. A penes seguia la Lliga argentina, que apassionava fins als crits i les bufetades els seus veïns, si no és que n'havia de fer alguna crònica per a la ràdio. En canvi, amb uns quants catalans, quedaven els diumenges per veure els partits per televisió, els partits del Barça, i tothom li feia bromes quan perdien i tothom el felicitava quan guanyaven. Per a la gent de Buenos Aires que coneixia, els que no eren catalans, era com si el Barça fos propietat d'en Jaume, com si ell en fos el president o el davanter centre, el beneficiari dels èxits i a qui s'havia de donar el condol pels fracassos. A Buenos Aires, el Barça va esdevenir per a ell un tema de conversa, un signe d'identitat, un enllaç sentimental amb tot de gent que no volia parlar de política ni de religió, però que eren catalans fora de casa, enyoradissos, sentimentals, i per tant es donava per descomptat que eren del Barça. I era un tema també per a les trucades als pares o als fills, o per a les cartes, o més endavant per als mails. Què ha fet el Barça, vas veure el gol del Ronaldinho, aquest any sí, aquest any tampoc.

Ara ha tornat i gairebé la primera cosa que ha fet és aprofitar les amistats de la gent d'esports de la ràdio per demanar dues entrades per a París, pagant, naturalment, només faltaria, i dur-hi el fill. Sense el fill no seria aquí. Perquè, on duria el fill, si no? Al cine? A Port Aventura? A un musical de Broadway? A un concert de rock? Intueix que en aquest tren hi ha una de les poques coses certes i tangibles, abastables, que el poden lligar amb el fill sense fer comèdia. Sense fer-la ell, sense que n'hagi de fer l'Albert. Que no està aquí pel Barça? Doncs depèn de com es miri. Que el que menys li interessa és el futbol? Doncs no ben bé. Sense el futbol no hi podria ser. Però el futbol no és mai només futbol. És aquí pel Barça, pel futbol, pel fill, per ell mateix. Fins i tot pel pare, que s'està morint, i a qui agradaria ser-hi. És aquí per un fil, per retrobar un fil, per no perdre'l, per evitar que es trenqui. Per una qüestió de pares i fills. Potser, en el fons, això del Barça és per damunt de tot una qüestió de pares i fills.

Collons, ja hi tornem a ser!, s'adona en Jaume. Ja torno a pensar en la vida com si n'hagués de fer l'editorial per a l'endemà. La malaltia de fer articles. La malaltia de preguntar per què. Com fan els nens, de ben petits.

L'Albert torna al compartiment, rient, amb la bufanda al cap com un turbant, al costat dels xicots de Lleida.

—

—Aquest paio és una màquina! —en Ramon, excitat, assenyala l'Àngel, que s'arrauleix com un cargol a la graella—, un veritable fenomen de la naturalesa!

S'han assegut al compartiment i comencen a treure els entrepans de la motxilla, cadascú al seu lloc, de sobte altra vegada individus, després d'haver estat una estona fent la tribu, confosos pels passadissos del tren, a les plataformes des d'on cridaven quan passaven per cada estació. L'Àngel desfà pulcrament el paper de plata i no replica la presentació entusiasta de l'*speaker* del grup.

—Ho sap tot. Absolutament tot. Per exemple, tu mateix, que ja tens una edat, mal m'està el dir-ho —és com si passés a en Jaume un micròfon inexistent—, pregunta-li alguna cosa, qualsevol cosa que tingui a veure amb el Barça, de qualsevol època. De la teva època i tot, si vols.

—Qui va fer els gols del zero a cinc al camp del Madrid, va... —resignat, en Jaume.

—Hosti, no! Això és massa fàcil. Això fins i tot ho sé jo. Cruyff, Sotil, Juan Carlos i Asensi, que en va fer dos. Va, una altra cosa més complicada —ho invalida en Ramon. Torni a jugar, hi ha milers de premis.

En Jaume repassa la seva memòria sentimental i en Ramon està més excitat per la prova a la seva descoberta del jove prodigi que no pas el mateix Àngel. En Jaume es mira l'Albert i li sembla un nen, més nen que mai, un nen a punt de deixar-ho de ser, a la porta de ser l'Àngel o en Ramon, a la porta d'entrar en un món on s'agafa el tren amb els amics per anar-se'n a París a emborratxar-se i veure un partit de futbol... Perdó, perdó, perdó! No a veure un partit, miserable funció passiva dels espectadors, a disputar un partit de futbol en l'imprescindible paper de forces de suport, en la feina essencial i permanent d'animadors i embolcalladors amb banderes, principi actiu de la victòria. Perdó, perdó, Ramon. Ja ho havia entès. No ho he oblidat. Sou els joves guerrers de la tribu, que es desplacen al camp de batalla, a la planura de cacera, després d'haver passat la cerimònia d'entrada a l'edat adulta, que deu ser si fa no fa a l'edat de l'Albert.

(En Jaume ho ha vist, endormiscat, en els documentals del trenta-tres havent dinat, no sé a quin carai de tribu d'Etiòpia que els nois han de saltar per damunt d'unes vaques, amb el cos despullat cobert de fems, mentre les noies, pintades de vermell, xisclen i els altres joves que encara no s'han casat —però ja han saltat les vaques de rigor— piquen de mans i salten. Doncs això.)

Segur que ho vol, en Jaume, que l'Albert se li faci gran? Sí, sí que ho vol, els pares volen els fills adults, les mares els prefereixen infants. Però abans que l'Albert es faci adult, a en Jaume encara li queda una feina per fer, no fos cas que quan hagi saltat les vaques el perdi per sempre més. Ell va marxar. Ell porta al damunt una mena de pecat original. Ell ha de construir i de reconstruir, el doble de feina. Ha perdut ja la Glòria, la filla gran, que se n'ha anat a viure a Dublín per no veure'l?

(A Etiòpia, segons sembla, les noies no salten vaques. S'hi posen bé perquè els xicots les fuetegin i els deixin marques damunt de la pell. Ho va veure en Jaume en l'únic tros del documental que el va mantenir mig despert. Aquest i aquell en què a una vaca li tiraven una fletxa al coll per beure'n la sang.)

—Qui va fer el gol de la victòria a la final de la Copa del Generalísimo de l'any 1971, entre el Barça i el València, al Bernabéu? —ha regirat en Jaume en els seus records i en troba un de somort i latent, de quan tenia l'edat que ara té l'Albert.

L'Àngel es concentra, com els ordinadors quan es carreguen i treuen aquella mena de rellotge de sorra d'estar pensant. Ha trobat la fitxa mental. Triga una mica.

—Alfonseda. A la pròrroga. Van quedar quatre a tres.

—Resposta correcta? —tens, en Ramon, per l'exhibició del seu patrocinat.

—Pel que jo recordo, absolutament correcta. Jo el vaig veure, el partit, per la tele. Tenia catorze anys...

Però això ja no interessa a ningú. En Jaume intenta lluir edat, coneixement directe, tradició, currículum, però l'estrella és l'Àngel, que no hi era, que òbviament no hi podia ser de cap manera, però que s'ho sap tot, una veritable enciclopèdia blaugrana, un fitxer a la memòria. Després d'haver-ho dit i d'haver-ho validat el jurat unipersonal d'en Jaume, l'Àngel es torna a encongir, somrient i satisfet al seu racó del seient, mossega l'entrepà, beu un glop d'aigua. El públic l'aclama.

—Ja ho deia jo, que és una màquina, millor que el Google!

—Com és que saps aquestes coses? —pregunta en Jaume, perplex.

—M'agrada. I m'hi fixo.

Però l'Àngel és llest, s'adona que la pregunta és una altra, quin sentit té hipotecar no sé quantes neurones en un coneixement inútil, què cony fa a la vida aquest xicot que tingui temps i ganes d'estudiar-se partits que van passar abans que ell hi fos, quina passió malalta hi ha darrere d'aquesta obsessió. És massa tímid per explicar-ho. És de Térmens, de prop de Lleida. Estudia amb beca a Barcelona. El pare té un bar, al poble, amb una tele, la gent hi va a veure el Barça i ja hi anava quan ell era petit. El futbol s'ha de mirar entremig de gent. No té sentit estar-s'hi tot sol, davant de la tele, si ningú no et sent cridar. Ell s'hi ha passat moltes hores. Ara, a Barcelona, estudia químiques. Complicat. Però té cap. Té molt cap. I moltes hores tot sol. Llegeix força. I quan es cansa de les fórmules i dels llibres, es baixa partits antics. N'ha fet fitxes, literalment, com si fossin uns estudis complementaris, sense cap objectiu, per gust, per afició.

Va començar amb els partits que havia vist a la tele del bar de son pare: a casa expliquen que quan el Marcos va fer el gol a l'últim minut d'aquella final de Copa contra el Madrid —l'any 83, ho sap ara, perquè s'ho ha estudiat— i tot el bar es va posar a cridar i a abraçar-se, l'Àngel, que tenia pocs mesos, va tenir un ensurt terrible i va començar a plorar desconsoladament, fins que tots els parroquians del cafè van anar a consolar-lo i agombolar-lo. Ho van considerar una mena de predestinació. Ell també, potser. Als vespres, tot sol, de Barcelona, no li agraden les farres, és tímid (però eficaç) amb les noies, se sent un xicot de poble enmig d'un món que no és el seu, es mira els partits vells i repassa retalls de diaris antics, potser perquè li sembla sentir llavors els crits dels homes de Térmens els vespres al bar, amb conyac i caliquenyo, i torna a un espai càlid i protegit, marronós de fum i de tabac, l'espai de casa, de la infantesa, de la companyia. La panxa del bou. Les fórmules químiques, els llibres i els gols del Barça de tots els temps. Els millors anys de la nostra vida. La memòria amable.

—Atenció, pregunta. Va, a veure qui s'anima...

En Ramon voldria allargar l'espectacle, va, feu-li més preguntes, ja heu vist que s'ho sap absolutament tot; l'Àngel ho atura, no ho fa per ser una atracció de fira, no es presentarà mai a cap concurs, ja ha estat dit i ja ha estat fet. En Jaume no li pot fer la pregunta que voldria, per què carai tanta erudició inútil, per què posar una tonteria així al centre de la pròpia vida, però intueix en la timidesa del noi, en el seu silenci, en alguna cosa de la mirada, que hi ha una raó de veritat, una raó raonable, per dir-ho així. No en té ni idea de quina. Però hi ha de ser.

—

Han deixat per unes hores la vida suspesa, la casa i la feina. S'han embarcat en un tren cap a París, amb l'entusiasme de l'aventura, de l'excepció. Com els Argonautes. És festa. I si guanyen, festa cinc vegades, o més. És un dia per a la memòria, hauria d'estar marcat d'una manera diferent als calendaris, no ben bé com la Mare de Déu d'agost o l'Onze de Setembre, no com un festiu laboral, en números vermells i amb una advocació patriòtica o santa. Més aviat com els dies diferents, una mica Sant Jordi, que és festa i no és festa, o els dies d'eleccions, però encara una mica més. El dia que va jugar el Barça la final de París de la Champions. Tots se'n recorden, d'on eren i què feien el dia que el Barça va guanyar la final de Wembley, podrien dir fins i tot com anaven vestits, on van veure el partit, amb qui, què pensaven quan passava l'estona i no marcava ningú. Com el dia que va morir Marilyn, o el dia que van matar Kennedy, o quan els dos avions es van estavellar contra les torres bessones. Dies per a la memòria, cadascun per a les seves coses, a la seva manera, segons la seva generació. Bastint-se un calendari personalitzat, propi.

—Jo el vaig veure a la redacció de la ràdio, em tocava guàrdia —evoca en Jaume el dia de la Samp.

—Jo tenia un any. No me'n recordo de res —que infinitament jove és l'Albert, sense memòria de Wembley.

Per als Argonautes del tren de París, la vida ha quedat suspesa i se'n van d'expedició guerrera nord enllà. Però també està suspesa d'una altra manera a banda i banda de la via, en aquell món obscur que estan travessant, que podria semblar buit, que és ple, la gent encara no se n'ha anat a dormir a aquesta hora. El tren travessa un món, el paisatge de la tribu, els paisatges. Havent sortit de l'arquitectura metàl·lica i solemne, com un balneari del XIX, de l'estació de França, ha creuat pels darreres d'un món suburbial a estones, crescut a batzegades, metropolità, de pisos en blocs i *obra sindical del hogar*, el Clot-Aragó, després Sant Andreu Comtal, Besòs amunt cap a Montcada i Reixac i la Llagosta i Mollet-Sant Fost, fins a arribar a Granollers, primer al centre, després les Franqueses, oi que en Sergi Barjuan era d'aquí? Era? Encara ho deu ser. Un país dens i barrejat, una *banlieu* que ha anat engolint com una taca d'oli antics poblets pagesos, llocs d'estiueig benestant, ciutats de mercat i dissabte a la tarda: empassant-se-les, de vegades només envoltant-les.

Per les finestres obertes cap a la via, il·luminades, algun argonauta xafarder hauria pogut veure els menjadors obrers amb la taula parada, alguns pisos amb multituds de mascles marroquins que es fan el sopar en un forn de butà i fan torn per als llits, la tele encesa on l'Aida Yespica ensenya un tanga estiuenc de *superviviente en el Caribe* per Telecinco, importació berlusconiana i eròtica, o on americaníssimes dones de sa casa es desesperen i psicoanalitzen en la primera cadena. A les estacions encara hi ha gent, però el tren no s'hi atura, i alguns Argonautes encara tenen humor per cridar i ser cridats als qui s'esperen a l'andana, amunt i avall, alguns de còmplices, d'altres d'adversaris, aquest és el món del contrast i de la barreja, on cadascú decideix a cada hora qui és i qui vol ser, al costat dels altres, en contra dels altres.

—Aquí hi viuen uns cosins del meu pare —saluda l'Oriol el pas per Mollet—, i hi ha un dels fills que és del Madrid. I son germà del Barça. Imagina't.

—I de què parlen el dinar de Nadal?

—Ells fan la *Nochebuena*. I no tinc ni idea de què parlen. Però quan vénen a Lleida, de futbol, ni una paraula. *Verboten*. Territori minat.

Passat Granollers, el tren puja cap a Cardedeu, cap a Llinars i Palautordera, cap a Sant Celoni, pel lloc per on han passat tots els camins des dels temps que hi ha camins, les vies romanes i les autopistes de peatge, les altes i les baixes velocitats, un passadís entre muntanyes, potser per això, si els Argonautes s'hi haguessin fixat, ara les llumeneres exteriors es distancien, els pobles ja no estan tan enganxats els uns amb els altres, Gualba, Riells i Viadrer, camí de la Tordera, la darrera frontera interior mínima, més aviat una frontera mental. El món ha canviat, allà fora. Sí, encara hi ha barreja. Però és un món més posat, més acabat. De ciutats amb noms de batalla de la guerra dels remences o dels segadors, de cases de pagès benestants com de pessebre, quan arriben a Breda potser estan fent *Ventdelplà* per TV3, o potser encara no han acabat l'edició especial d'«Alguna Pregunta Més» sobre la final de la Champions, en directe des de París, darrere de cada llum que es podria veure —però no se la miren— des de la finestra del tren hi ha algú que demà es mirarà el partit jugant-s'hi un tros de la vida, els Argonautes són els seus enviats especials, potser no ho saben, segur que ho saben. Hostalric, Maçanet-Massanes, Sils, Riudellots, Fornells de la Selva. Fins a Girona. Girona es veu molt, lluminosa i alta, nova. Aquí sí que saluden per la finestra.

—Està ple de pericos, Girona —informa en Jaume, que de tot té teories.

—Girona? Jo em pensava que tots eren independentistes, aquí —se sorprèn en Ramon, afeccionat a la sociologia recreativa.

—Pericos independentistes. Perquè no poden veure els de Can Fanga. Amb vocació de minoria selecta.

—No ho havia sentit mai, això. Jo em pensava que tots els pericos eren de les *Brigadas Blanquiazules*. O una cosa així.

—El món és més complicat. Bonic, però complicat —això és una cançó d'Els Pets? L'Oriol no se'n recorda.

Passat Girona, camí de la frontera, sembla que el tren se'n vagi cap a mar. De dia, travessaria els paisatges de la bellesa serena, l'ideal noucentista, la Catalunya harmònica, però de tant en tant arrauxada de tramuntana. Celrà, Bordils-Juià, Flaçà, Sant Jordi Desvalls, directe cap al nord, directes cap a França, Camallera, Sant Miquel de Fluvià, Vilamalla, i a partir de Figueres ja decididament cap a mar, cap a la costa, passant per Vilajuïga, trobant la mar de Llançà, buscant la frontera per Colera i Portbou i Cervera de la Marenda. L'Empordà. El mite fundacional. La plana riallera, la sirena i el pastor, ara a les fosques. Però aquí ja sí que no mira ningú per la finestra, només potser el moment just de passar la frontera, als més grans encara els fa efecte això de les fronteres, del temps que s'havien de passar amb passaports i carta verda i a l'altra banda hi havia la llibertat i la vida, els cines de Perpinyà amb els pits menuts de la Kristel, les llibreries de París, els formatges i les eleccions, on diuen que la gent és culta, desvetllada i feliç.

—Ja som a França —xiuxiueja l'Ignasi, que s'ha quedat tota l'estona al costat de la finestra.

—A la Catalunya Nord, perdona —políticament correcte, en Ramon.

—Ara rai, que les fronteres ja no són el que eren —en Jaume, a la seva bola.

Llàstima que el viatge hagi estat de nit. Ha travessat un país. Un trencaclosques de país. Com tots, diferent de tots. Cap semblança, dels pisos atapeïts de Montcada a la mar calmada de Llançà. Una coalició de mons diferents. Un aiguabarreig. Uns mons de pas i uns mons d'arribada, passadissos i refugis, origen i destinació, com les estacions dels trens. I a tots ells, arreu, dins i fora del tren, la vida en suspens, perquè algú juga demà en nom seu un partit de pilota. Una tribu estranya. Una tribu en estat de vigília, en estat d'excepció sentimental, a l'espera de la gesta. Per sortir al carrer i perquè el cosí barcelonista de l'Oriol, a Mollet, pugui dir quatre coses al seu germà merenga. I per cridar i per saltar i per ser. I per saber que s'és. Els Argonautes, eufòrics, alegres, entusiastes, embriacs com els guerrers la vigília de la batalla, lliures com tothom qui se'n va, són els ambaixadors de la tribu, els delegats dels qui dormen al pas del tren als suburbis i a les masies, sota les catedrals i sota les xemeneies. I alguns, a més a més, ho saben. I tots ho intueixen.

—

Quan sona un mòbil en un compartiment de tren, tothom es posa la mà a la butxaca, fins i tot els qui saben perfectament que el seu mòbil no té aquest so, fins i tot algú que no en porta. Ha sonat un mòbil en el compartiment del tren que va a París i tothom es busca el seu, no és l'himne del Barça, és un so estrident, una mica xinesc, molt alt, *childhood*, fins que l'Albert baixa la motxilla i el treu —sort que sona molta estona abans de sortir la bústia de veu— d'una butxaca lateral, un mòbil de coloraines, vagament pop art.

—Ei, hola! Un moment, que surto.

Fa aquella veu de sorpresa agradable, ets tu!, ves quina

sort, ara mateix no t'esperava, que es fa quan reconeixes el número de qui truca, i obre la porta del compartiment i camina uns passos fins a la plataforma, sense sortir-hi del tot, hi ha massa soroll: es queda davant del lavabo, amb el tren tombant-lo a banda i banda, però lluny de son pare, que es pregunta qui cony deu ser que li truca, si és sa mare o algun amic o alguna amiga, i per què carai se n'ha d'anar a fora per trucar, a veure què s'han de dir que sigui tan secret.

És la Glòria. Son pare no ho sap, i no l'hi dirà; és sa germana, des de Dublín.

—Què tal? —alegre, còmplice.

—Una passada. Això és ple de gent, cridant, amb banderes i tota la pesca. Està ple de gent rara. Molt bé.

—Jo m'ho miraré per la tele, aquí a Dublín, en un pub, amb uns amics.

—No és igual. Molt millor al camp —l'Albert llueix el seu privilegi.

La mare ha anat explicant a la Glòria la invitació d'en Jaume per anar a veure el partit, els dubtes de l'Albert, els mateixos dubtes d'ella, el seu entusiasme final, és millor que hi vagi, no pot viure com si no tingués pare, això no és normal, els nanos ho necessiten, si no acaben estranys. Síndrome d'alienació parental, es veu que en diuen. La Glòria hauria replicat, va replicar de fet la primera vegada que l'hi va dir, ella no creu necessitar-ho, al contrari, ha estat millor així. Però ella és a Dublín, lluny de tothom, sola. No ben bé sola. Sola de família, tornant només per Nadal i per vacances. A l'Albert no li dirà res, esclar. Ella no hi hauria anat, a París, amb en Jaume. De cap manera. Li hauria estampat les entrades a la cara, o potser no, però en tot cas tanca els ulls i s'imagina l'escena, melodramàtica, pel·liculera, ara ja te les pots confitar, les teves entrades, ara ja has fet tard. S'ho imagina i li agrada. No ho hauria fet, segur que no ho hauria fet, però li agrada. A més, l'Albert és un noi. No és ben bé igual. Li costa d'admetre-ho, perquè no hauria de ser així, però no és ben bé igual. És un noi i està en una edat tonta, delicada. I, a més a més, hi ha això del futbol, a ella no li interessa gens, no entén què hi troben, però l'endemà anirà al pub a veure la final, li han insistit molt, també li fa gràcia, potser fins i tot es pintarà la cara, o com a mínim portarà alguna cosa per identificar-se, vés a saber quina, no en té cap a casa, algun amic l'hi haurà de deixar. No, ella no hi seria mai, en aquell tren. Mai a la vida.

—I què tal en Jaume? —no li sortiria dir-li *el pare* ni volent, però és que, a més, no vol, fa anys que no l'hi diu, ni quan en parla amb la mare.

—Res. Va a la seva. Estem amb molta més gent, gent que no conec —difús, l'Albert, no té ganes de parlar-ne.

—No et deixis entabanar, sobretot.

—No pateixis.

—No pateixo. Ja sé per què t'ho dic. Segur que ho intentarà. Segur que voldrà parlar amb tu d'home a home, en un moment o altre.

—Ja ho sé. Ja sóc prou gran —una mica tallant—, tinc quinze anys.

—Això és veritat. Perdona —la Glòria intenta posar-hi una veu divertida, pròxima—, ja sé que has fet bé d'anar-hi, encara que sigui amb ell.

—Et trucaré des del camp.

—Va, sí, truca. No m'ho imagino, com deu ser. Tot l'ambient.

—Fantàstic. Deu ser fantàstic.

—Fins demà.

—Fins demà.

L'Albert penja i somriu. La Glòria té tota la mala llet que no té la mare, que hauria de tenir, de vegades una mica massa pàmfila. De qui li deu haver sortit? Potser d'en Jaume. Tampoc no diu *el pare*, ni quan no diu res i només pensa, però pensem també amb paraules. Ja seria una conya, que precisament la Glòria fos tal com és perquè s'assembla al pare. Que la mala llet li vingui d'ell. La mare ha fet sempre de dona justa i sacrificada, tot i que sovint les deixava anar com qui no diu res, mentre la Glòria feia de consciència i de crítica, però de vegades anant tant de cara i dient-les tant de l'alçada d'un campanar, que ja la veies venir d'una hora lluny i no li acabaves de fer cas. Foc d'encenalls. L'Albert pensa que entre la Glòria de fiscal i la mare d'advocat de la defensa, podrà fer ell perfectament de jutge. Però no sap ben bé què ha de jutjar. No sap quins són els càrrecs. No sap què vol. No sap quina sentència li agradaria. Només sap qui és l'acusat.

Torna al compartiment. En Ramon està explicant les aventures de l'últim viatge amb l'equip, amb autocar, al camp del Celta, el dia que ens vam proclamar matemàticament campions de Lliga, molt bon rotllo, els esperaven els celtarres, ell en coneix una pila, bona gent, va a tots els desplaçaments que pot, vaja, a tots els que fa falta. En Jaume fa com si se l'escoltés. Els altres mengen i riuen, a estones.

—Qui era? —en Jaume.

—No res. Una amiga —misteriós, mentider, l'Albert. No, no l'entabanarà.

El tren dels Argonautes a la recerca del Velló d'Or ha travessat fronteres i estacions buides, ha apagat els llums dels passadissos, ha tancat el vagó del bar i ha concentrat els passatgers als compartiments, de sis en sis, quan vulguin poden començar a muntar les lliteres, dormiran vestits sobre els llençols. Des de fa estona, ningú ja no surt a les plataformes a cridar quan travessen les andanes il·luminades de França. Hi ha compartiments on potser ja dormen o si més no han parat els llits. En aquest, estan tots asseguts, com a la vora del foc, sense foc, explicant-se velles històries. És en Ramon qui fa de presentador i d'animador; l'Albert comença a endormiscar-se.

—Por, el que es diu por, jo n'he passat només una vegada que vam anar al camp del Madrid, tota una colla, i van aparèixer uns paios alts com sant paus, pelats al zero i amb unes samarretes arrapades, que semblava que els hagués de sortir a pressió tota la musculatura embotida. Jo em vaig amagar les banderes, com si la cosa no anés amb mi. Però n'hi havia dels nostres que feien també força basarda, de fet anaven vestits si fa no fa com els altres, però amb els colors diferents, la mateixa ganya: jo diria que en algun moment es van arribar a enganxar, no ho sé pas, perquè, com comprendreu, vaig mirar de ser-ne tan lluny com fos possible.

Tothom s'escolta, una mica fatigat, les fantasies narratives d'en Ramon, aventures d'estar per casa, exageracions. Només l'Albert se'l creu una mica, amb descompte del deu per cent. Fins que parla l'Ignasi, que ha estat callat tota l'estona, al costat de la finestra al començament, després al costat de la porta, com si estigués controlant qualsevol cosa que passa a fora, al passadís.

—Jo hi era —xiuxiueja l'Ignasi.

—Tu hi eres? On? —se sobta en Ramon de la interrupció.

—A Madrid, el dia que dius.

—Bé, potser no va anar exactament com he explicat... —comença la retirada en Ramon, que ha parlat des de la convicció absoluta de no poder ser contradit, des de la impunitat narrativa del testimoni únic.

—Doncs una mica, sí. Per damunt. Els detalls ja són una altra cosa.

Sí, parlen del mateix any. Fa un parell de temporades, al camp del Madrid, la Lliga que va acabar guanyant el València. No hi va gaire gent del Barça, al Bernabéu, però en Ramon i l'Ignasi hi van anar cadascú per la seva banda. No ben bé al mateix.

—Va ser l'endemà de Sant Jordi. Va guanyar el Barça per un a dos, gols del Kluivert i d'en Xavi —erudit, l'Àngel.

—Aquell any —no se l'escolta l'Ignasi, que parla amb ell mateix, amb els ulls mig tancats—, jo anava a molts partits de fora amb un grup de gent, no tots de Lleida, també de Barcelona i d'altres llocs. Ens trobàvem per anar-hi tots junts. No érem Boixos Nois, ni Almogàvers ni cap cosa organitzada. Hi anàvem pel nostre compte. Però buscàvem baralla. Hi anàvem per això. Uns més i uns altres menys. Però tots. Jo també. Els anàvem a buscar. No anàvem a apallissar gent, a buscar qualsevol paio indefens per fotre-li una mà d'hòsties. Anàvem a buscar els que eren com nosaltres, però dels altres. Com una batalla. Teníem estratègies i tot, estàvem organitzats, cadascú sabia el que havia de fer. Érem una quadrilla d'imbècils. Jo ja ho he deixat córrer.

L'Ignasi parla mirant per la finestra, gairebé sense tombar-se cap als companys de compartiment. Ningú no li diu res. Ni en Ramon, que tendeix a dir coses de tot i de tothom. L'Ignasi té vint-i-tants anys. Porta els cabells curts, no és gaire alt, però se'l veu fort, treballat. Va deixar els estudis, fa de mecànic a Lleida, a casa estaven desesperats. Els pares, grans, fill únic, una família que s'havia guanyat bé la vida, sense cap luxe, no sabien què feia, i quan ho endevinaven no ho entenien, com hi hem arribat, què hem fet malament. Es va ajuntar amb uns amics de Lleida per anar a veure el Barça, per parlar-ne als bars després dels partits de la tele. Fins aquí anàvem bé. En algun desplaçament, per casualitat, van quedar embolicats en una baralla. Els va agradar. L'excitació, l'adrenalina, els companys, els enemics. Hi havia en tot allò una emoció complementària al partit de futbol, no era el mateix, tampoc no era el contrari. Ser els qui van davant de tot d'alguna cosa. Defensar-la a hòsties. El que al començament havia estat un accident, una baralla casual, va anar esdevenint un objectiu. Buscar-se. Estudiar-se. Va durar una temporada i mitja. Per a l'Ignasi. D'altres encara hi són, a la cosa. Ell va tallar. A un amic seu li van clavar una pallissa de pebrots, el van haver de dur a l'hospital, no sé quants dies s'hi va estar i en va sortir amb molts punts i un ull que no hi veia del tot. Però no és que s'acollonís, l'Ignasi. Se'n va cansar.

—De vegades ho trobo a faltar, què voleu que us digui. Anar al partit era el més gran que ens passava en tota la setmana. I quan vas a pegar-te al costat d'una gent, és com si fossin els teus germans, ells et defensen i tu els defenses a ells, hi ha una cosa especial. Però era una animalada. Ja ho sé. No cal que em digueu res ni que em claveu cap sermó. Ja ho he deixat. Vaig a veure el partit i punt. En acabar, cap a casa. No tenia cap ni peus —no està clar que parli amb ningú, no mira ningú, parla fluixet, com en un confessionari.

Al compartiment, se l'escolten amb indiferència. N'estan fins als pebrots dels qui van als partits a buscar pinyes. No et deixen anar a futbol tranquil. La gràcia és poder anar a futbol a animar, relaxat, amb els nanos, sense tenir por de rebre una hòstia o qui sap si una ganivetada. Això és de folls. No en diran res a l'Ignasi, però no els agrada. Passem pàgina. Parlem dels gols i dels fitxatges i del Madrid. Del que sigui. Però no d'això. No ens agrada. No ho volem saber. No ho volem veure. No volem creure que n'hi hagi, així, entre nosaltres, dels nostres, de la nostra tribu. Els animals són sempre dels altres. En Ramon agafa la paraula, introdueix records, fa conyes, passa full. Només l'Albert s'ha quedat mirant l'Ignasi, fascinat. En Jaume se n'adona.

Mentre parlava, l'Ignasi no ha deixat de mirar cap al passadís, des del costat de la porta. Com si tingués por d'alguna cosa. Com si volgués controlar perfectament qui passa, qui ve, qui no ve. Com si esperés algú. O temés algú. Amb una mirada d'alerta, una mirada de cacera, de caçador o de presa, vés a saber. En Jaume ja ho ha vist i ho ha interpretat així. A la vida, com a periodista, ha viscut algunes estones d'electricitat estàtica, gent que es tensa, que mira d'una determinada manera a banda i banda, quan l'aire agafa una tensió que es pot tocar amb els dits. I ha conegut gent que ha après o s'ha avesat a viure així, seient sempre als restaurants amb l'esquena cap a la paret i la mirada cap a la porta, mirant sota el cotxe abans d'entrar-hi. Gent que sap que el món és violent, un dia de caça. L'Albert no ho sabria diagnosticar, però queda fascinat pel gest de l'alarma, per l'electricitat de la violència. Se l'ha quedat mirant sense dir res, bocabadat, com un nen davant d'un heroi, com l'espectador d'una pel·lícula èpica.

—I ho vas poder deixar sense que et passés res? —l'Albert, com si sabés com van aquestes coses, més que no pas els altres, les regles del joc, els codis.

—De moment, res —somriu l'Ignasi amb tristor, com els herois dels westerns tardorencs, el pistoler que ha esdevingut predicador.

En Jaume es mira l'Albert i s'inquieta. Per favor, que no vagi cap aquí. Per favor, ell no. Té una edat difícil. És un moment complicat. Per favor, que no s'hi emboliqui, en aquests mons procel·losos, hostils. És massa jove. És massa ingenu, no sap distingir els amics dels enemics, no sap detectar les amenaces. Per favor, que no li passi res.

S'adona, de sobte, que no suporta la idea que a l'Albert li pugui passar alguna cosa, que pugui prendre mal, que li puguin clavar un mastegot o una navalla. Que la simple idea esdevé insuportable. Quan era a Buenos Aires no ho havia pensat, que li podia passar res a l'Albert. Era molt lluny. No hi havia detalls, i per tant no hi havia perills. Ni li passava pel cap. Si li haguessin dit que havien enxampat el seu fill en una baralla, no ho hauria volgut creure, hauria pensat que era culpa dels altres, que s'hi havia vist embolicat sense voler. Ara el veu, el mira, el té al davant, li llegeix als ulls la fascinació juvenil per la camaraderia i la batalla. I té por. Ara sí que li passa pel cap. Ara s'ho pot imaginar. Per favor, no. Que no passi. Que no passi mai. No és tan sols que l'Albert s'hagi fet gran. És que alguna cosa molt grossa ha canviat dins d'en Jaume, i se n'adona. Alguna cosa que el fa més vulnerable.

—

El tren avança per la nit francesa amb un soroll de metall i de greix, a batzegades. No hi deixen fumar. L'Oriol ha dut una ampolla de whisky i se la passen en rotllana per veure a galet, en Jaume només es mulla els llavis, l'Albert diu que no, hi ha son pare davant. Es passen l'ampolla i la paraula, com en un foc de camp o en una cerimònia índia, és molt d'hora per posar-se a dormir. Demà serà un dia intens. Hi ha nervis. Hi ha solidaritat d'escamot la vigília de l'operació. En Jaume ha agafat la paraula. Per allunyar-se de les narracions èpiques de l'Ignasi. Contra l'èpica, la lírica. O encara millor, el drama. Cadascú intenta exhibir allò que té en propietat, si pot ser en exclusiva. La saviesa, les cicatrius de les batalles, l'antiguitat. En Jaume intenta lluir l'edat i el glamur del periodista, que, sense ser res, ha conegut i ha tocat tots els qui són alguna cosa. Per a tots els públics. Sobretot per al públic que li interessa, l'Albert, silenciós i endormiscat, amb els ulls oberts.

—Jo trobo que el futbol és ple d'històries, no sé per què no se n'han fet més pel·lícules.

—Quan jo era petit, feien l'Oliver i Benji per la tele, al Super3 suposo. O no, perquè ho recordo en castellà: «Los magos del balón». Una cosa japonesa molt rara, que es passaven l'estona corrent l'un al costat de l'altre. El camp no s'acabava mai, devia tenir quilòmetres i quilòmetres —es posa nostàlgic en Ramon.

—Jo volia dir pel·lícules. O novel·les. De veritat. Suposo que és perquè els americans les fan de beisbol, amb el Kevin Costner fent de veterà que juga el seu últim partit o muntant un camp enmig del no-res perquè el seu fill hi jugui... No me l'imagino de futbolista, el Kevin Costner. Li falta cintura. Però com que no l'entenc de res, el beisbol, tampoc no hi sé veure la punta.

Quan en Jaume estava a Buenos Aires, recorda haver-se adormit en vetllades literàries a casa d'amics d'amics —o potser alguna vegada fins i tot davant de la tele, en un programa de xerrera sobre llibres— amb inacabables debats sobre la Gran Novel·la Futbolística Argentina, el qui en parlava ho deia així, amb majúscules. No sobre quina era, sinó sobre per què no hi era. Algú deia que no hi seria mai, que no hi podia ser. Que el futbol no admet la ficció. Que és el regne de la realitat. Aquí es on es va adormir, i per tant no sap com continuava l'argument. En tot cas, no és una cosa per treure ara, aquí, enmig d'un compartiment ple de gent que va a viure un partit. Ha de trobar alguna altra cosa per ocupar la seva quota d'escenari.

—El futbol és ple d'històries dramàtiques —veu en Jaume la seva oportuntiat—, de tragèdies gregues. Jo vaig conèixer força un xicot que va acabar sent del Barça, però que quan jo el coneixia jugava amb el Terrassa, que llavors estava a segona. En aquells temps jo feia de periodista al *Tarrasa Información* i ell era un xicot que acabava d'arribar del Brasil i que es deia Bio. Era bon paio. Vaig llegir que havia estat molt malalt i que se n'havia tornat al Brasil.

—Williams Silvio Modesto, Bio —l'Àngel engega la seva enciclopèdia mental—, va jugar amb el Barça un parell de temporades, a partir de l'any 1977. Venia del Terrassa i després em sembla que va estar amb l'Espanyol, però potser era abans, no ho sé. Va fer set gols i va jugar bastants partits, no sabria dir quants. El va fitxar en Rinus Michels, però l'havia recomanat en Cruyff, que l'havia vist jugar amb el Terrassa, diria que en una eliminatòria de Copa.

—Quin ocell, en Cruyff —galleja en Ramon—, i les seves recomanacions! No va ser ell qui ens va encolomar aquella tòtila infinita del Roberto Dinamita? I l'any aquell que va fer tots els possibles perquè el seu fill i el seu gendre, la força de la família, fossin les estrelles, a base d'apagar qualsevol altre jugador que els pogués fer la més mínima ombra al seu voltant?

—En Cruyff és el paio que més entén de futbol al món. Un respecte —polemitza l'Oriol. Ja s'ho porten discutit de casa.

—El Roberto Dinamita el va fitxar en Núñez, no el Cruyff, amb en Quimet Rifé d'entrenador —puntualitza la saviesa de l'Àngel.

—Bé, el que us deia —reclama en Jaume el centre de l'atenció general, especialment la de l'Albert, el seu torn al foc de camp, que li ha estat arrabassat a mossegades—, vaig conèixer el Bio quan jugava al Terrassa. Jo feia de periodista, però portava informació municipal. M'agradava sortir de nit, de bars, i me'l trobava moltes vegades, a qualsevol hora de la matinada, sempre ben acompanyat. Li deien el perla. Estava fet una bona perla, realment. Totes li ponien. També li deien el punta de diamant, i no perquè jugués en punta, ja m'enteneu. Era molt individualista, a la brasilera, com si jugués tot sol, amb una pilota només per a ell, però tenia una habilitat enorme, va fer un munt de gols. Era bon xaval, però amb un caràcter molt a la seva.

Tot això és una introducció. Vol explicar una història. Una història on surti ell, encara que sigui indirectament. En algunes religions, esdevé sagrat tot allò que està en contacte amb el sagrat. Com en el joc de la pesta, de nens: si tu toques una cosa mítica, passes a ser mite. Ho ha vist en cerimònies ortodoxes, però tampoc això s'ha d'explicar aquí. És complicat parlar quan hi ha tan pocs sobreentesos compartits, tan poques informacions conegudes per tothom sobre les quals descansar. Ell ha tocat sagrat. Participa, encara que sigui tangencialment, del sagrat.

—Un dia va aparèixer en Bio a la redacció del diari amb un company brasiler que també jugava al Terrassa, en Guarascy. Venien a veure el company que feia les cròniques dels partits de fora, un nano jove que després va ser escriptor, bastant conegut, i que havia publicat que en la mitja part del partit al camp del Celta en Bio havia estat negociant per fitxar per ells. Ell deia que això era del tot fals i entre tots dos es van emportar aquell noi de la redacció, el van ficar en un cotxe, absolutament acollonit, com si fos una pel·lícula de gàngsters, i el van dur a un descampat prop del camp del Terrassa, llavors allà tot eren descampats. El van fer baixar del cotxe i li van fer jurar que rectificaria la informació o li farien una cara nova. En Bio era un paio primari, molt supersticiós, portava sempre una goma de pollastre al canell, perquè deia que li duia bona sort, atreia els diners: la feia servir per no perdre els bitllets. Les coses li van anar bé. Va fer molts calés, el va fitxar el Barça, hi va jugar un parell de temporades, però no va acabar de quallar.

—Va fer un dels penals en el partit de tornada contra l'Anderlecht, l'any de la Recopa de Basilea —a la seva, erudit, l'Àngel.

—Devia tenir la mà molt foradada —continua en Jaume, com si no l'hagués sentit—, vés a saber en què s'ho gastava.

Bé, ja ho suposo. Va jugar amb altres equips de primera i de segona, em sembla que amb el Màlaga i amb l'Espanyol, però cada vegada de més avall. El vaig tornar a veure per Terrassa molts anys després. Jugava amb el Can Jofresa, un equip de barri, per un entrepà. Literalment per un entrepà. Va estar molt malalt, diria que una tuberculosi. Em sembla que els veterans del Barça li passaven uns diners perquè pogués anar al metge i perquè no es morís de gana. Al final se'n va tornar al Brasil, sense ni un duro i malalt, em sembla. Molt bèstia.

En Jaume ha quedat esgotat pel seu monòleg memorialístic. No està clar que els companys de compartiment l'hagin escoltat. Sí, el deuen haver escoltat, perquè tothom comença a explicar històries, en Jaume continua gratant en la seva memòria de veterà, te'n recordes del Bustillo? S'ho havia de menjar tot, l'havíem fitxat del Saragossa, era un crac. En el primer partit amb el Barça, contra el Madrid, al Bernabéu, als deu minuts ja els havia fet dos gols. Cinc minuts després va el De Felipe, li clava una coça i cap al quiròfan. Se li ha acabat la carrera. Drames. Tragèdies gregues. Ascensions sobtades i descensos vertiginosos.

—I n'està ple, d'històries d'aquestes. Ho ets tot i de sobte passes a no ser res. M'ho deia un amic meu futbolista, que va jugar molts anys a segona, també. Un dia estàs jugant amb el Barça i quan tens una mica de mal a l'ungla del peu surt a la portada dels diaris. L'endemà ho has deixat, i no surts ni en un breu ni que tinguis un càncer de pulmó. Les peles els arriben molt joves. Tothom els va al darrere. Bona gent i mala gent. Perden el món de vista. En Guardiola també m'ho va dir una vegada: per triomfar al Barça has de tenir el cap molt ben posat. Véns d'un equip petit, allà tothom t'ha dit que ets la pera, un monstre. I aquí no pots perdre el món de vista, no et pots deixar arrossegar, el cap t'ha de servir per a alguna cosa més que per rematar els córners...

En Jaume ja ha dit el que volia dir. Ha deixat caure com de passada això d'en Guardiola. Però sobretot ha estat parlant a l'Albert. Li ha dit a l'Albert: vigila. No facis res del que et puguis penedir. Ni en el futbol ni en la vida et pots emborratxar d'emoció ni d'èxit. Després del triomf ve la derrota. No sempre acabem sent el que volíem ser. La vida fa moltes voltes. Vella filosofia rància i arnada de sobretaula geriàtrica. Ha fet servir el cas del Bio, perquè el va conèixer, perquè en aquesta competició de barcelonistes argonautes ell només pot lluir edat i coneixences. Ha conegut jugadors. Hi ha parlat. Això els ha d'impressionar, a aquests nanos. Encara n'hi ha que el saludarien pel carrer. Coneix en Xavi, que és de Terrassa. Coneix en Sanjuan, aquest sí que no sabran qui era, un defensa que va jugar amb el Terrassa i l'Elx, i també amb el Barça, li deien «el Potes» perquè sempre acabava traient una cama quan ja no hi comptaves, ara fa de boscater a Matadepera, amb el seu quatre per quatre. Va conèixer en Guardiola, van tenir una conversa, un dia que el va moderar fent de periodista convidat en un acte del Fòrum Samitier a l'Aliança del Poblenou...

En podria haver parlat, de tots aquests, per lluir encara més les seves coneixences. Però s'adona, quan ha acabat de monologar, que ha parlat només de desgràcies, que li agrada massa parlar del fracàs. Que troba el fracàs massa literari, massa fotogènic, massa noble. Què n'haurà acabat entenent, l'Albert, de tot plegat? Un advertiment? Un elogi del fracàs? Una confessió? I si l'Albert ha arribat a pensar que parlant del fracàs d'en Bio, de la desgràcia d'en Bustillo, volia parlar d'ell mateix, de la seva fugida a Buenos Aires, del seu retorn, del que havia anat a buscar i no va saber trobar? I si, a més, resulta que té una mica de raó?

—

Al seu pis de Terrassa, l'Antoni Cortès s'està morint, ho sap i s'ha fet a la idea. Li sap greu deixar-ho tot confús i desendreçat, a mig fer, però tampoc no es veuria amb cor d'arreglar-ho, a aquestes alçades. Tampoc no sap ben bé què voldria dir, deixar-ho arreglat, com voldria que tot plegat quedés per al futur. La tornada d'en Jaume ha estat una alegria, potser no està tot tan desendreçat com es pensava. A estones, l'Antoni Cortès, pensant en la mort, repassa la seva vida, més pel·lícula que no pas balanç, a estones repassa el món que el sobreviurà, els futurs que tem, com si fos culpa seva.

—Deixa el telenotícies, home. Per saber què passa al món... —suplica la seva dona, davant del televisor, havent dinat, al migdia; tota la vida han vist el telenotícies, com un ritual.

—No m'interessa gens el que passa al món. Pots comptar. Desgràcies.

No és que no li interessi, és que l'espanta. I com que és ell qui té el comandament, busca a la dos o al trenta-tres magnífics documentals sobre els elefants que l'ajudin a trencar el son, no res, cinc minuts. Però han de ser sobre elefants o sobre lleons, no res del canvi climàtic, o de la desertització, o dels asteroides que impactaran o que van impactar damunt de la terra. En general, no li agraden els de geologia, els troba catastròfics, encara que siguin catàstrofes molt antigues, tot allò que ha passat una vegada pot tornar a passar una altra. No vol desgràcies. No vol problemes. N'està fart, dels problemes. És l'única estona del dia que s'aixeca del llit, per seure al menjador, així s'airegen els llençols. Li hauria agradat deixar als seus néts un món calmat, plàcid, habitable. Segur. I no els hi deixarà. Se'n sent particularment responsable. De vegades pensa que aquesta mena de malestar difús forma part d'una estratègia de la naturalesa, una fórmula química per a la resignació: si el món ja no t'agrada, no et farà tanta ràbia haver-lo de deixar. Si no tens forces ni alè per canviar-lo, et sabrà menys greu jubilar-te'n. Però en qualsevol cas, no vols saber. No cal que t'ho empastifin tot pels nassos tot el sant dia. Que em deixin morir-me en pau, rondina, i la Llúcia ja no s'escandalitza perquè fa anys i anys que el coneix, sempre ha fet igual, ja es queixava de tot de jove, imagina't ara de vell.

—Com et trobes? —intenta endolcir la Llúcia.

—Fatal. Com sempre. Igual que cada dia.

—T'has pres les pastilles?

—Davant teu. Ho has vist perfectament —però ho diu enriolat, perquè no sembli que renya.

—Què vols fer-hi, em despisto.

—No hi pateixis. Qui no té un all, té una ceba. Ja m'agradaria a mi, només despistar-me —finalment conciliador.

S'intenta convèncer que el món està molt malament. S'intenta convèncer que ja està preparat per morir, que vingui quan vulgui. S'intenta convèncer que la seva vida, comptat i debatut, no ha estat ben bé el que s'esperava, se la imaginava més gran, ara li sembla tot plegat molt breu, tot ha passat volant, però tampoc no ha estat tan malament. Les tardes triguen a passar, però els anys han passat volant. És discutidor de mena i ho ha estat sempre. Ara que no té amb qui discutir, discuteix tot sol i es vol convèncer del que li convé. De vegades ho aconsegueix. Sí, senyor, el món s'ha espatllat, però sobretot s'ha allunyat, no l'entenc, ara ja no m'hi sabria moure. Sí, senyor, estic preparat, fa uns anys m'hauria revoltat amb totes les forces, ara em sembla inevitable i fins i tot necessari, quan hagi de ser, tampoc no cal que sigui ara mateix. Sí, senyor, m'han passat coses, he viscut. No en passaré revista, me'n deixaria, seria injust. Però, de fet, poques coses li semblen prou memorables, prou solemnes per tenir un apartat en aquesta pel·lícula antològica. La Llúcia, molt, sobretot al començament i al final, enmig és diferent. Els fills i els néts, la infantesa químicament pura, aquella manera de somriure que tenen els nens —cinc minuts abans de ser del tot cruels— que no té cap mena de ganga, és felicitat pura. En Jaume. La feina, a estones: portar números de fàbriques tèxtils, sense passió, però amb vocació de minuciositat, de fer bé les coses, de sortir-se'n. Els viatges, ja de grans. La música. El futbol, per què no. El Barça. El seu escalf de companyonia, de cosa compartida, els triomfs, quan n'hi ha. I altres coses que han passat i que no necessita rememorar, ell les sap, no les sap ningú més. No tot s'ha d'explicar. Tothom s'ha de poder morir amb algun secret.

—Si no t'ho mires! Tant te fa una cosa com altra. I jo volia veure les notícies —li retreu la Llúcia, obligada a empassar-se la vida de l'elefant al desert del Namib, són els únics retrets que es permet, però de vegades per aquesta porta passen moltes hores de soledat i cansament.

—Sí que m'ho miro. Però fes el que vulguis. Ho acabaràs fent...

Li cedeix el comandament, ara que les notícies ja s'acaben i només parlaran d'esports i del temps, del Barça a París, de coses que no el molesten ni l'angoixen, al contrari. Les catàstrofes van a la primera part de l'informatiu, per norma.

Trenca el son al sofà, només una estona, i quan fosqueja se'n torna al llit, avui en Jaume és fora, se n'ha anat a París. Li agradaria que vingués l'Albert, també. La Glòria, ja sap que és a l'estranger. Li agradaria morir envoltat per tothom, tots entorn del llit de matrimoni, com a les velles estampes, seria com si no s'hagués trencat el fil, potser no s'ha trencat, qui sap. Sí, senyor, sap que es morirà i està preparat. Però tampoc no cal córrer, no hi ha cap pressa. Com els nens al llit, de bon matí, que saben que han d'anar a escola, però està plovent i demanen cinc minuts més, només cinc minuts més. Com la vella aquella que mai no volia morir-se perquè cada dia aprenia una cosa nova. Com a la pel·lícula del Joe Black, la que feia el Brad Pitt, la passen cada dos per tres per la tele, que la mort ve a buscar algú i pacten una petita pròrroga.

L'Antoni Cortès intenta pactar, no sap amb qui, cinc minuts més, ja sap quin és el desenllaç, però li agradaria tornar a veure el nét, que no passi abans que no torni en Jaume. Ara mateix, seria ben ximple morir-se sense saber si el Barça guanya la Champions. Pactes. Cinc minuts més. Poder acomiadar-se d'algú. Poder respondre una pregunta. Poder acabar un llibre que té a mitges. Poder respondre una curiositat antiga. Poder tenir una prova que no s'ha trencat el fil. Voldria morir-se amb tot acabat. Però el món no s'acaba. Continua. I passaran coses que ell no sabrà mai. A estones, això l'emprenya. A estones, això el consola. Hi ha coses que segur que no voldria veure.

—

L'ampolla de whisky de l'Oriol ha anat rodant i torna gairebé buida a les seves mans. Alguns compartiments ja han apagat els llums. En d'altres, encara canten himnes guerrers. En aquest, s'expliquen velles històries alcohòliques. Han estat escoltant les desgràcies del Bustillo i del Bio i la persecució al Guardiola a Itàlia per la cosa aquella del dòping. I altres històries de derrotes, de tristeses, dies que anaven al camp sota la pluja, tardes malenconioses i nits de mala llet per la derrota, no us en feu el càrrec de fins a quin punt et pots arribar a posar de mala llet. L'Oriol fa l'últim glop de l'ampolla abans de posar-la cap per avall, eixuta.

—Mira que sou rarots, tots plegats! —comenta de sobte.

—Rarots? Una ampolla per a sis, i tampoc no era tan dolent com per deixar-ne —en Ramon, que encara reparteix joc.

—No és per això. És per tot el que expliqueu. Cony, jo sóc aquí per oblidar-me de les misèries, no perquè me n'expliquin més. Ja n'he deixat prou, a casa. Sembla que anem a un funeral. Que si un jugador que s'enfonsa en la desgràcia, que si un altre que li trenquen la cama, que si anaves al camp per trencar-te la cara amb no sé qui, que si ton pare, que si ta mare. Ningú no és del Barça per res de normal? —l'Oriol està sincerament escandalitzat.

—Potser tot això és normal —aventura en Jaume.

—I un be negre. El normal és anar a veure el Barça per passar-s'ho bé, per cridar, per beure una ampolla de whisky amb els amics al tren. Vosaltres sembla que aneu al psiquiatre.

—Estimat cosinet, et recordo que no anem a veure el Barça, a París. Que anem a guanyar la Champions. Nosaltres. Som un exèrcit que ha sortit de conquesta. Mira'ns, a tots plegats. Som els cinc mosqueters i D'Artagnan, no tinc ni puta idea de qui és D'Artagnan entre nosaltres, probablement jo mateix. Anem a cantar i a cridar, no a mirar.

—Això tu, que ets un motivat —replica l'Oriol, que també ho és.

—I tu per què ets del Barça, doncs? —picat encara en Jaume.

—Perquè sí. No ho he pensat mai. I no conec ningú normal que es faci aquesta pregunta...

Doncs en Jaume no deu ser normal, perquè sí que hi ha pensat. *A posteriori*, es clar. Com tothom. Ser del Barça és la manera més senzilla, més fàcil, més barata, menys compromesa, més assequible, més oberta, més transversal, de ser de la tribu. De ser-ne o de fer-se'n. No costa gairebé res. Tots els altres senyals són complicats, s'hi ha de pensar massa estona. Aquest és directe, net, accessible. Ets del Barça perquè ets d'aquí o perquè has decidit que en vols ser. Ets del Barça per immersió, perquè te'l trobes pertot arreu, perquè és present en totes les converses, omnipresent als diaris i a les pantalles, un paisatge permanent. Al que més es deu assemblar és a una religió. Rebaixada, aigualida, amb poc grau, però amb les maneres d'una religió. Amb una litúrgia i unes cerimònies i uns símbols. Amb una fe. Potser és això, el Barça és la religió laica dels catalans i de tots aquells que s'hi volen convertir. Sí que hi ha pensat, en Jaume, sobre per què és del Barça sense haver decidit mai que ho volia ser.

Però en Jaume no té ganes de discutir. I l'Oriol tampoc, perquè de seguida es posa a riure, per fer-ho tot una mica més suau, o potser perquè ha begut molt. Es va fer del Barça pel seu cosí. Son pare, andalús, arribat de molt jove a Lleida, era del Bilbao, vés a saber per què. Potser perquè era l'equip que duia sempre quan jugaven al poble a futbol amb botons. Es va casar amb una lleidatana, la germana del pare d'en Ramon. Cosins germans, per tant. Al fill li van posar Oriol i el pare es va anar fent del Barça, a poc a poc, sense una conversió immediata i sobtada. I del Lleida, però d'una altra manera.

Com el camaleó que es tenyeix sense adonar-se'n dels colors del seu paisatge. L'Oriol, i son pare també, van anar-se fonent en un món de cosinades, cargolades, casaments i batejos que s'acabaven cantant a cor l'himne del Barça i el meu avi va anar a Cuba i visca Catalunya i visca el català. L'únic repertori compartit per tothom. Un món d'entesos i sobreentesos, de complicitats i de picades d'ullet, on es donaven per descomptades unes quantes coses, malparlar de Franco —especialment quan ja era mort—, queixar-se d'aquesta xafogor que no es pot viure, estalviar, pencar, renegar, fer determinats acudits escatològics, no anar a missa i ser del Barça. Tot en un paquet, però sense dir-ho ni haver-ho de dir. De fet, son pare era un andalús absolutament allunyat dels tòpics andalusos: seriós, silenciós, una mica tímid, no li agradaven els toros, no sabia ballar ni un trist pasdoble i no tenia cap mena de gràcia explicant acudits. La dona li va encomanar de seguida el català de Lleida, i si no fos pel cognom, Moreno, ningú no se n'hauria adonat que no era ben bé d'allà. I amb el temps ni el cognom no els va semblar estrany.

—El meu pare? Ara és més del Barça que jo. Dels que no sopen.

—Dels que no sopaven. Això és de les velles èpoques que sempre perdíem. Ara això ha canviat. Guanyem sempre. Sopem sempre.

En aquestes cosinades de primera comunió i d'orxata i de confits, de batejos de fills de parents que no saps de qui són parents, de trobar-se un cop l'any per l'aniversari de la padrina, es van fer amics l'Oriol i en Ramon, i el Ramon va dur l'Oriol al cau, i als bars on anava després i a la penya blaugrana de Lleida i als concerts d'Els Pets a les festes majors. Per això són junts en aquest tren, en Ramon li fa d'introductor, com un germà una mica més gran, més madur, més fet, tot i que tenen la mateixa edat, tralà, tralera.

—Benvolguts senyors, potser que fem un pensament. Demà tenim una feinada, ens toca guanyar una Champions —convida en Ramon a retirar-se a les seves lliteres respectives.

—Una mica ens hauríem d'entrenar —l'Oriol Moreno ha begut més whisky que la mitjana, per alguna cosa n'era el propietari.

—Potser que ho deixem per a demà al matí. O encara ens tiraran per la finestra del tren, i allà fora és molt fosc i, al damunt, parlen francès.

—Només una vegada —suplica l'Oriol.

—Però fluixet.

—Fluixet. Tot el camp...

Xiuxiuegen la cosa, com si estiguessin en una conspiració carbonària, en veu baixa. Per acabar-ho d'adobar, ajunten totes les mans en una pinya enmig del compartiment, juramentant-se sense juraments. *Tant se val d'on venim, si del sud o del nord.* Però cantat amb sordina, sense que ho senti ningú, ballant amb tot el cos, com una dansa ritual. Te'n recordes quan va sortir en Serrat a cantar-la enmig del camp, l'any passat? Em vaig fer un tip de plorar. La pell de gallina. L'Ignasi mira de tant en tant cap al passadís, encara com si esperés algú. L'Albert s'endormisca. L'Àngel és el darrer d'afegir-s'hi. En Jaume intenta fer una cara de distanciament brechtià, jo sóc més gran que tots aquests, jo sóc un adult, no em toca participar d'aquesta litúrgia adolescent, fins i tot dins de ser del Barça a mi em toquen unes altres cerimònies, ho fa com si fes una paròdia d'ell mateix, però és allà al mig i cantant amb els altres malgrat la paròdia. *Tenim un nom, el sap tothom...* A tots plegats els agrada sentir-se, borratxos, com els víkings embarcats en una expedició masculina enllà de l'Oceà. Camarades units per la causa i el Velló d'Or. Homes en el camí. Masculinament sentimentals. Masculinament exagerats.

—

Potser ve del temps del col·legi de capellans o potser de després, de quan es pensava que era comunista, que en Jaume va agafar el costum abans d'adormir-se de fer una mena de balanç del dia que se'n fuig, una forma d'examen de consciència sense consciència plena, un exercici d'autocrítica privada moderat en la crítica, ja ho fa gairebé sense adonar-se'n, sense programar-s'ho, un hàbit automàtic que l'ajuda a agafar el son. S'ha estirat a la llitera, damunt la manta ferroviària, sense treure's la camisa ni els pantalons, només les sabates, panxa enlaire, ell que dorm sempre de bocaterrosa. La mà al clatell, els ulls oberts, sacsejat per les vies i per aquest fregadís de ferro de les rodes i els èmbols i les bieles. Se li fa estrany, ser aquí, dormint, no dormint, provant de dormir, entre jovenalla llunyana, al costat del fill perdut i retrobat, no recuperat, no del tot recuperat. No fa per a ell, tan fred, tan distant, aquesta expedició almogàver de banderes i penons guerrers, adolescents ingènuament borratxos, o potser sí, potser és justament el que calia per tornar del tot, la pista d'aterratge necessària després de l'exili a Buenos Aires. La millor manera o l'única per tornar a fer un nus al fil que s'havia trencat o que estava a punt de trencar-se. No és que hi hagi pensat gaire, no és una estratègia adoptada després de llargues reflexions. És una intuïció, un impuls. No és la primera vegada que es deixa dur, en qüestions essencials de la seva vida, per impulsos sobtats. No sempre li ha anat malament.

D'habitud, l'Albert s'adorm de seguida, només de posar el cap al coixí, però aquí no hi ha coixí i hi ha algú que ronca, potser és son pare, o no: sembla que ve més aviat de la llitera de sota, com si algú s'estigués ofegant i després, just abans de quedar-se sense aire, obrís els pulmons en una cascada sorollosa. A veure si és veritat el que deia en Ramon i l'Oriol té el rècord mundial de roncada juvenil. No és que estigui nerviós, l'Albert. No és que tingui ganes de donar voltes a la llitera, s'ha estirat de costat, s'ha tapat amb el llençol fins a la cintura, espera simplement que arribi la son, sense angoixa. Sí, és cert, participa d'una certa excitació de vigília de la batalla, la novetat, el tren, la gent. Son pare. Anar amb son pare, qui l'hi havia de dir, fa només uns mesos? L'havia perdut de vista. Es pot dir que l'havia oblidat, era algú que enviava mails i cartes, però en un cert sentit inexistent, un personatge de ficció. Ni el trobava a faltar ni la distància li provocava cap dolor. Tampoc no l'odiava, com la Glòria. I ara el té aquí, a la llitera del costat, no és pas ell qui ronca, compartint una expedició, després d'haver cantat junts, una mà damunt l'altra, un himne en veu baixa. Alguna cosa n'haurem d'endreçar, de tot això. Alguna cosa haurem d'anar posant a la seva carpeta, cada cosa al seu lloc, a veure si ens aclarim d'una vegada, abans que no s'acabi el viatge. Però no pas ara. Ni demà. Demà, la Champions contra l'Arsenal. I París. No hi ha estat mai, a París. París amb el seu pare.

Pensa, en Jaume, que potser fa una estona hauria d'haver fet un truc a casa per preguntar com està el pare. Quan ha marxat, a mitja tarda, dormia, però no havia passat un bon matí. Esclar que segons a quines hores truques encara els espantes més. Tenen el mòbil. Si hi ha qualsevol cosa li trucaran, o li enviaran un missatge, ha explicat a la mare com es fa, perquè ella es veu amb cor de fer trucades, però no ha entrat en els sms, troba que són una llauna, que no s'acaba mai d'escriure, no trobes les lletres, sempre t'equivoques. Trucarà demà al matí, tampoc ben bé a primera hora, deixa que la mare descansi, vés a saber com hauran passat la nit. Té mala pinta, això del pare. Ell, el pare, se n'adona més que no pas la mare. Pateix per ella. Hauria d'haver tornat abans. Potser aquesta expedició de bojos la podrien haver fet, només uns mesos enrere, tots tres junts, pare, fill i nét. Esclar que fa uns mesos no hi havia una final de Champions a París, però una cosa o altra haurien trobat. No, no serviria un cap de setmana a Port Aventura. Ja està bé que sigui el futbol, el Barça. Aquesta és la via correcta, l'eficaç. Demà trucarà cap a les deu. Ni massa aviat ni massa tard.

Pensa, l'Albert, d'enviar uns quants sms a Terrassa, als amics que s'han quedat, a sa mare. Als avis? No, els avis són fora del circuit dels sms i dels correus electrònics, són al circuit de les telefonades i de les visites, són una altra cosa. Per dir-los què? No res, que és al tren, que demà serà al camp, fardar del privilegi, compartir les descobertes, una gent nova, uns mons diferents. El món de l'Ignasi, posem per cas, trobar-se amb els companys per anar a pegar-se als camps de fora uniformats com una unitat de xoc. Li repugna i el fascina alhora. El món de l'Àngel, de l'obsessió, el Barça com a malaltia. El món de l'Oriol i del Ramon, la festa, l'alcohol, la camaraderia alegre i efervescent, senzilla i de poble, campetxana. L'Albert no és de res de tot això, però és una mica de tot. Ja té quinze anys. Li sembla que hauria d'anar triant. Triar qui ets. Triar de què ets. D'acord, sí, del Barça, de Catalunya, de casa meva, però què més? Amb quins matisos? Amb quins companys? No som mai sols. Som al costat d'algú. Formem part. Som allò de què formem part. L'Albert encara no sap de què forma part i és com si demà li haguessin de preguntar en un examen, a veure, Cortès, vagi's definint. Però, comencem pel començament, ningú no li diu Cortès. Aquest nom, el nom que comparteix amb son pare, amb l'avi malalt, amb la Glòria, que explícitament se l'amaga —l'ha vist firmar mails amb el cognom de la mare, només amb el de la mare—, no el fa servir ningú, ni ell mateix. Vol dir alguna cosa? Aquest nom defineix alguna cosa veritable a què ell pertanyi i se'n pugui sentir part?

Què deu pensar l'Albert? En Jaume es tomba una mica, en silenci, cap a la llitera del fill. Està aquí, meravellat i entusiasta, disposat a veure una cosa formidable, que ha somiat moltes nits, un gran partit, una final, que molts dels seus amics hauran de veure per la tele. I sap que és aquí perquè l'hi ha dut son pare, perquè l'hi he dut jo. En Jaume creu que el seu silenci, que la timidesa adolescent de l'Albert, és el senyal d'alguna cosa positiva, d'unes ganes en el fons de cosir les ferides, de cicatritzar-les, de compartir alguna cosa, un viatge, un cognom, un fil que ve de lluny i que continua. Aniria molt bé que demà guanyéssim. Compartir una victòria, una satisfacció.

Què deu pensar son pare? L'Albert mira cap a la llitera del costat —s'han quedat les dues de dalt, avantatges d'haver arribat els primers, ningú no els ho ha discutit— i només hi veu una ombra quieta, sense rostre, tombat cap a l'altra banda. Deu estar pensant que s'havia d'haver quedat a Buenos Aires, que el que ha de fer és tornar-hi quan tot això acabi, quan l'avi es trobi bé. A Buenos Aires o allà on calgui. Ell és així. No vol lligams. No vol fils. No vol fills. Va marxar per trencar amb tot, no podia resistir sentir-se engavanyat, lligat. Ara s'hi torna a sentir. S'ha passat la tarda mirant cap a una altra banda, com si jo no hi fos. Segur que pensa on marxar. Potser no tornar a Buenos Aires, allà on hi hagi una corresponsalia, un merder, a Jerusalem o a Moscou. I tot i així, potser si es quedés podrien tornar a ser alguna cosa. Potser no pare i fill. No pas amics, per descomptat. Membres d'un mateix club, com si diguéssim. Parts d'una mateixa cosa, encara que cadascun a la seva punta. I ostres, per cert, parlant de la cosa, demà hi ha el partit, a veure què. Estaria bé guanyar, molt bé. Si no, el tren de tornada serà un funeral.

Abans d'adormir-se, cadascun pensa què pensa l'altre, i cap dels dos no ho endevina.

3

I al punt més dolça se'ls féu la guerra que no la tornada a la terra paterna, embarcats en els còncaus navilis.

Ilíada

LA GENT BLAUGRANA PREN PARÍS

Crònica del nostre enviat especial Joan Lluís Cardona.

París, 17 de maig.— El cronista, quan topa com avui amb un desplaçament massiu de persones d'una ciutat a l'altra, té la temptació constant de fer servir un adjectiu tòpic: bíblic. Seria, sempre i en cada cas, una mena d'èxode bíblic. Potser perquè, formats en la repetició cada setmana santa de *Los diez mandamientos* —sí, en castellà— per televisió espanyola, tenim al cap una imatge de tribu en moviment que travessa el desert entre penalitats. La tribu blaugrana ha arribat a la terra promesa de París, però no sabria si qualificar el seu aspecte de bíblic. En tot cas, no s'acaba d'assemblar a les cansades masses d'hebreus hollywoodencs, vestits amb colors grisencs i terrosos, tristos, amb el cap cot per la memòria dels treballs d'Egipte i per la intuïció d'un trànsit no gens amable per la sorra calenta i les pedres punxegudes del Sinaí. La tribu blaugrana ha arribat aquest matí a París una mica adormida pel viatge, però amb ànim conqueridor i festiu, amb els colors llampants de les banderes barcelonistes i catalanes, blaus, vermells i grocs, cridanera i una mica fatxendosa, potser perquè, es miri com es miri, se'n veuen més d'aquesta tribu que no pas de la de l'Arsenal pels carrers de la capital francesa. O potser també perquè no sembla que els protagonistes d'aquest èxode —bíblic, *of course*— s'hagin passat la nit alimentant-se del mannà caigut del cel, sinó més aviat l'han ben satisfeta amb els productes de les granges i les vinyes de la fèrtil terra catalana. I el camí cap a París no travessa cap desert, sinó camps ubèrrims de vi i de formatges.

Per tant, és possible que si preguntéssim a aquests barcelonistes desplaçats com una tribu antiga al camp de batalla de la final de la Champions quin adjectiu tòpic els és més agradable, amb quin se senten més identificats, probablement preferirien parlar d'una epopeia homèrica que no pas d'un èxode bíblic. Em fa l'efecte que, en cas que s'imaginin ells mateixos d'alguna manera, i posats a triar entre les grans epopeies que tots coneixem, llegides o filmades, el seu mirall seria més aviat la imatge dels aqueus desplaçant-se cap a Troia en els seus vaixells innombrables. Com que és obvi que gairebé ningú en el món no s'ha llegit mai la *Ilíada*, encara que s'ho pensi, conformem-nos amb la iconografia de la recent pel·lícula de Hollywood sobre la qüestió, amb en Brad Pitt com a lamentable rostre d'Aquil·les. Per entendre'ns, entre Hollywood i Hollywood, el desplaçament massiu de la culerada preferiria *Troia* a *Els deu manaments*. La *Ilíada* a la Bíblia. O, en tot cas, reencarnacions posteriors del mite grec més que no pas el drama semític. Tant se val si es veuen més nostradament com els almogàvers a Neopàtria o com els escamots d'Hernán Cortés avançant per un Mèxic incògnit. En tot cas, es veuen com un exèrcit poderós i alegre a la recerca de la victòria, més que no pas com una tribu derrotada que fuig del seu destí. Homèrics, no pas bíblics.

Així és com es veu, diria, aquest nou barcelonisme acostumat a guanyar, a jugar bé, hereu de Cruyff i del *dream team*. Però és segur que el barcelonisme és això? Que ha estat això tota la vida? És segur que en el disc dur del barcelonisme, en la informació genètica continguda dins del seu àcid desoxiribonucleic, el material és més homèric que no pas bíblic? No n'estic del tot cert. Potser hi ha distàncies generacionals dins de la mateixa casa. El barcelonisme modern és victoriós i desacomplexat, alegre i festiu. El barcelonisme històric és jeremíac, absolutament semític, radicalment bíblic. Hi ha un barcelonisme que recorda com a gestes principals les seves corresponents destruccions cícliques de Jerusalem, els penals de Guruceta, els pals quadrats de Basilea, les cames de suro dels llançadors de penals a Sevilla, l'alcaldada amb el Di Stefano. Un barcelonisme que es considera perseguit per les ires d'una divinitat hostil i emprenyada —el poder, els àrbitres, Espanya, el Madrid; rostres diversos del mateix déu enemic—, i al mateix temps manté viu com una brasa ardent el seu pessimisme històric, la tendència a témer sempre el pitjor, la incapacitat de fruir dels èxits d'avui pensant d'avançada en les desfetes de demà, d'una profunda inseguretat interna, amargat i autodestructiu. Deu venir d'aquells anys que perdíem la Lliga en camps com el del Pontevedra, al crit d'*Ese hueso hay que roerlo,* i mai no érem capaços de rosegar-lo del tot. I si ho fèiem, sempre ens xiulaven un penal a l'últim minut.

Sí, el món no ens estima, al contrari, ens té mania, però nosaltres també som un desastre. Aquesta és la diferència entre la Bíblia i la *Ilíada*. A la *Ilíada*, Troia cau per culpa dels aqueus, que són més astuts que els troians. A la Bíblia, Jerusalem cau per culpa dels jueus, que han pecat, i l'invasor és només un instrument innominat del destí, que no mereix ni ser recordat, que no ha fet cap mèrit, que ha recollit la fruita madura. Aqueus, troians o jueus? Què som els barcelonistes? Que són tots aquests barcelonistes que ens trobem sota la torre Eiffel amb les estelades i ensenyant orgullosos les entrades que —tret semític o tòpicament català— han incrementat espectacularment el seu valor en el mercat negre i, per tant, són el certificat també d'un triomf econòmic, especulatiu?

Rebobino i recapitulo. Aparentment, el barcelonisme que ha conquerit París, el barcelonisme dels joves de les estelades, és homèric: un exèrcit victoriós la vigília d'una batalla. Però quan grates una mica en el seu fonament, hi trobes la tradició bíblica: una pàtria dissortada que celebra les derrotes —a condició que siguin visiblement injustes— i practica amb una llarga tradició l'art de la lamentació. ¿El barcelonisme del *dream team* o el barcelonisme que porta encara gravat amb un ferro roent l'afer Di Stefano, on tots els poders terrenals es van conjurar per estafar el Barça a favor del seu rival essencial, metafísic, l'encarnació de tot allò que és el negatiu fotogràfic del barcelonisme i dels seus valors: el Real Madrid, *el equipo del gobierno, la vergüenza del país*? Doncs segurament tots dos alhora. Encara tots dos.

Hi ha un barcelonisme que ha vingut a París dient: *Guanyarem!* Un altre que ha vingut dient: *Guanyarem?* El primer és un barcelonisme alegre, jove, històricament recent. El segon és un barcelonisme de tota la vida, forjat en mil batalles, en mil gurucetes i mil di stefanos, en catorze anys de passar gana, catorze anys sense cap Lliga. El primer crida i anima encara que es perdi. El segon, quan anem guanyant per quatre a zero i ens fan un gol a cinc minuts per al final, diu en veu baixa *ai que patirem* i queda glaçat i silenciós, si no comença a xiular. I en això, com en tantes altres coses, el Barça és com el país i els barcelonistes la síntesi perfecta dels catalans. Aquesta nit, a l'Stade de France de París, el Barça juga contra l'Arsenal. Però en un cert sentit, el Barça juga també contra el Barça. També aquests dos barcelonismes juguen entre ells, s'enfronten en un partit intern entre dues ànimes, l'homèrica i la bíblica, la nova i l'antiga, la victoriosa i la victimista, la que troba el major plaer en la victòria i la que el troba en la derrota notòriament injusta i perfectament explicable. També aquesta nit. No s'ho perdin.

Joan Lluís Cardona
Escriptor i periodista

—

—Què et sembla?

—Fantàstic.

L'Albert no hi ha estat mai, a París. De fet, ha sortit poc. De molt petit, abans que en Jaume fugís a Buenos Aires, havien fet escapades d'estiu amb tota la família, però rarament a grans ciutats, més aviat a llocs de mar o de muntanya, vacances de nens, amb el cotxe ple de joguines i tenda de campanya. Arriba a París amb una excitació de descoberta, de sortida. Un món nou. S'ha llevat abans que ningú en el compartiment i ha sortit al passadís gairebé buit, als altres compartiments han estat desperts fins tard, per mirar tot sol per les finestres l'arribada a la ciutat encara a les fosques. Quan ha passat el revisor per dir que en vint minuts serien a l'estació, ja l'ha trobat despert i vestit, contemplant la *banlieu*, tan diferent, amb la primera claror del dia.

El tren els ha deixat a Austerlitz i en Jaume ha dit d'anar caminant una estona, cap a Notre-Dame, per estirar les cames, abans de decidir què farien tot el dia. Els companys del compartiment s'hi han afegit, de moment, van en la mateixa direcció o en cap direcció, ja decidiran. Ahir al vespre, en Jaume va pensar que anaven tots junts, amb més gent de la que anava en altres compartiments, que venien de Lleida com un sol grup, però al llarg de la nit s'ha adonat que cadascú va a la seva, que allò que semblava un grup compacte no era altra cosa que una atzarosa acumulació d'individus. A París s'atomitzen. A l'estadi es tornaran a compactar, tots plegats. Ara van junts o potser simplement els uns al costat dels altres. Quan han passat el pont d'Austerlitz, s'han abocat al riu i és llavors quan en Jaume li ha fet aquell senyal amb la mà, mira tot això, mira aquesta amplària de ciutat serena, oferint-la a l'Albert, com quan el diable tempta Jesús *tibi omnia dabo*, tot això serà teu, si ho vols, perquè jo t'ho dono. És com si en Jaume fos el propietari de París, oferint-lo al seu fill. Amb orgull de coneixedor, de qui ja s'ho sap perquè hi ha passat abans.

Els qui han arribat amb el tren, banderes i samarretes llampants enmig d'una ciutat que es va llevant a poc a poc, s'han dissolt pels carrers, alguns han marxat en direcció contrària, cap a Vincennes, on arriben els qui vénen amb els autocars. D'altres han agafat taxis cap a la torre Eiffel, on hi ha atraccions per als seguidors dels uns i dels altres, matar l'estona fins a l'hora del partit. En Jaume ha assumit el comandament inicial de l'expedició dels seus i assimilats i els porta camí del centre, s'aturen a fer un cafè amb llet, treu un mapa de París de la bossa, com un catàleg.

—Som aquí. Tot això és el centre. Notre-Dame és relativament a prop. La torre Eiffel, no tant, s'hi hauria d'anar amb taxi o amb metro.

—No sembla tan lluny. Tenim tot el matí per anar-hi caminant —rupes, en Ramon.

—Com vulgueu, però no és a la vora. Tot sembla que es pugui fer a peu i al final et fas un fart de caminar i no arribes enlloc.

L'Ignasi i l'Àngel diuen que hi volen anar directes, a l'esplanada de la torre, cadascun per la seva banda. Volen fer altres coses, a més. Ja ens hi trobarem més tard, potser, si hi feu cap. I, si no, abans del partit, a Vincennes, i sortim tots junts. I, si no, ja es veuran al camp: seuran a la mateixa zona, darrere la porteria, tenen entrades correlatives com eren correlatius també els bitllets, van comprar-les en paquet de viatge i entrada. Se les han ensenyat anit al tren com qui ensenya la fe de baptisme o el llibre de família: un certificat, un salconduit. La guardaran, si guanyem. En Ramon i l'Oriol dubten de què fer, una mica perduts a la gran ciutat, i al final s'afegeixen a en Jaume, que té una proposta. Podríem anar caminant fins a Notre-Dame, és una tirada, però es pot fer, ja ho veureu. Allà agafem un taxi i, abans d'anar a la torre Eiffel, passem un moment per l'hotel on hi ha els directius del Barça, hi deu haver també tota la premsa, segur que hi conec algú.

—I per què no anem a l'hotel dels jugadors? —mitòman, l'Oriol.

—És molt lluny. De fet, són fora de París, cap a Versalles. Els han volgut tenir allunyats de tot aquest merder —informat, paternal, en Jaume.

L'Albert s'ho mira tot com si ho acabés de desembolicar, un món immens i estrany, un mite. París. Res és del tot nou, tot li sembla haver-ho vist en un lloc o altre, per televisió, en una pel·lícula. La diferència és que ara ell hi és. Físicament. Enmig de tot allò. Quan descobreix la torre Eiffel traient el nas per sobre les teulades, molt lluny, molt petita, té raó en Jaume i és una bestiesa anar-hi a peu des d'aquí, està a punt de cridar a tothom, ei, mireu, però no ho fa, li sembla infantil, o pitjor, de poble. Li fa vergonya ser massa visible, fer-se veure.

Passat el pont de Notre-Dame, davant de la catedral, hi ha alguns grupets amb banderes del Barça, també amb banderes de l'Arsenal. Es fan fotografies, els uns als altres, amb la façana de fons. L'Albert ja s'ha posat la samarreta blaugrana, l'estelada lligada al coll, perquè això no el fa destacar: n'hi ha molts, així. En Ramon i l'Oriol van radicalment disfressats de *hooligans*, de cap a peus, sorollosos i feliços. En Jaume, discret, potser vergonyós, es limita a dur la bufanda que ja portava anit a l'estació, que no sigui dit: una marca, però que no es vegi massa. Cada vegada que topen amb un altre grupet se saluden com si es coneguessin de tota la vida, d'on sou, d'on veniu, guanyarem?, guanyarem!, amb una complicitat incrementada per la distància: si es trobessin per la Diagonal, camí del Camp Nou, no es dirien res, però potser sí que es mirarien amb aquesta mateixa sensació de companyia, de ser d'una mateixa cosa, de germandat explícita. Es barregen per fer-se fotos, demanen a algú que passa —sort que en Jaume parla francès— si per favor els en pot fer una de tots junts, s'acomiaden dient que ja ens veurem al camp, però al camp serà impossible que es vegin tots, n'hi haurà molts, moltíssims més.

El món és molt gran i meravellós. París és molt gran i meravellós. La llunyania et fa lliure. La llibertat és la cosa més gran i meravellosa de totes. Si hi pensés una estona, potser l'Albert entendria ara una mica son pare a Buenos Aires. Però no hi pensa. No pensa en res en concret, s'emborratxa amb els ulls esbatanats de vida i de distància i de companyonia. En Jaume se'l mira, paternal. Finalment paternal. Ell sí que hi ha estat moltes vegades, a París, sovint per feina, sap els carrers i els restaurants, com funciona el metro i on venen les entrades per al bus turístic que surt del costat del Louvre. S'adona d'una cosa estranya: sempre que ha estat en un lloc n'ha volgut aprendre les regles, els costums, els topants, per tal de poder-lo ensenyar algun dia a algú, com si estudiés per a un examen futur, inevitable.

Viatgem per poder-ho explicar, com si fóssim una avançada dels altres. De quins altres? Doncs sobretot dels fills. Per tant, és com si tota la vida s'hagués estat preparant per a aquest moment. Per ser davant de Notre-Dame amb el fill i dir-li: mira, si passem aquest pont arribarem al Marais i si vols t'ensenyaré el Beaubourg i el barri més barri de París, i sé un lloc on podem anar a menjar... Per ser el guia del fill. Ara és aquí. No és ben bé com s'havia imaginat: és un fill allunyat, perdut i retrobat, que cal convertir en fill sencer, complet, amb tots els ets i uts. És la reconquesta del fill. Amb el fill pintat de blaugrana i de vermell i or estelats. Els colors d'una tribu que comparteixen. Són davant de Notre-Dame. I el seu fill mira en la direcció que ell li assenyala. I l'escolta. Voldria aturar el temps. No cal ni arribar al partit d'aquest vespre. Aturar-lo aquí. Com el volem aturar quan ens sabem feliços. O quan ens fa por el futur.

—

—Deixa'm el mòbil per trucar a la mare.

En Jaume sap que l'Albert porta el seu propi mòbil, anit li van trucar mentre anaven amb tren, però li agrada que li demani el seu. No sap si és un signe de confiança o és simplement un càlcul econòmic una mica cínic: que la pagui el pare, la trucada. Però fins i tot en aquest cas, el calculat i cínic, també hi hauria un component de confiança, un percentatge d'emoció. És el paper dels pares, de tots els pares, dels bons pares, també dels que mai no han marxat de casa. En tot cas, li agrada que quan el número aparegui a la pantalla de la Rosa sigui el seu número i que ella respongui *hola, Jaume*, més aviat freda, i el fill respongui *no, sóc l'Albert, truco des del mòbil del pare, vam quedar que trucaria quan arribéssim*. Suposa que la Rosa té el seu mòbil memoritzat, que a la pantalla surt *jaume* —segur que tot en minúscules— quan truca des del seu número. O potser quan truques des de l'estranger no surt el telèfon d'origen? Surt allò de *número desconegut* o *número privat* o qualsevol cosa misteriosa i ridícula? Ho comprovarà quan pugui.

—Ja hem arribat. Som davant de Notre-Dame, està ple de gent del Barça —al telèfon, l'Albert, davant de son pare.

—I el tren? Ha anat bé? —la Rosa, maternal.

—Perfecte. He dormit tota la nit d'una tirada. Gronxat...

—Fa bon dia?

—Fa bon dia.

A les trucades i a les postals no saps què dir, està tot dit, ens ho estem passant molt bé, tots bons, això és molt bonic, estem bé de salut, esperem que vosaltres també. Records. S'acaba parlant de quin temps fa. És igual. Simplement truca per dir que has arribat bé, no em facis patir. De mare mai no se'n deixa d'exercir.

—I en Jaume? —no gosa dir *i el teu pare*, o potser creu que no és el que toca, o que l'Albert s'ho prendrà malament.

—Bé, aquí al meu costat. Vols que te'l passi?

—No, no cal.

No tenen res a dir-se. Literalment. N'han perdut el costum. No té res a veure amb l'amor ni amb el desamor. Parlar demana un entrenament, unes bases compartides, un hàbit. Unes regles del joc. Li podria preguntar per l'Albert, com s'ho està passant, però ja no hi ha prou complicitat, a aquestes alçades.

—Et miraràs el partit?

—Sí, aquí a casa. A veure si guanyeu —com per al Ramon, per a la Rosa els Argonautes embarcats cap a París van a guanyar un partit, no pas a mirar com el guanyen uns altres, són part activa.

—I tant que guanyarem! Et trucaré quan estiguem al camp.

Sí, la Rosa es mirarà el partit. Mai no li ha dit res, el futbol. Es mira els partits al costat del fill, quan els fan per la tele, si és que ell es queda a mirar-se'ls a casa, que és ben poques vegades. No els entén. Vol que guanyi el Barça, esclar, de fet només li interessa una mica el Barça, no gens el futbol. Vol que guanyin, li està bé que perdi el Madrid, però si el Barça ha fet quatre gols, li sap greu que facin el cinquè, aquests pobres nois, els de l'altre equip, sigui el que sigui, ves perquè se n'han d'endur un cabàs, és igual quatre que cinc, oi? Els punts són els mateixos. Em fan pena. Però ha anat canviant. Quan el futbol era una cosa de son pare o d'en Jaume, després de casar-se, li evocava tardes de diumenge buides, el pitjor dia de la setmana, una espera tensa i freda, nerviosa. El futbol era un assumpte d'homes que fumen i beuen *carajillos* de conyac barat. Una cosa masculina i sòrdida. Però quan el futbol ha estat patrimoni del fill, associat al fill, hi ha anat entrant a poc a poc, sense estridències, preguntant, fixant-s'hi.

Diuen que els testos s'assemblen a les olles, i no sempre és veritat. Els fills són com els pares? Potser sí. Però de vegades són els pares els qui s'assemblen als fills, copien els fills, són transformats pels fills. Com en aquella pel·lícula del Jack Lemmon, que fa de ciutadà americà conservador i espantadís, però que se'n va a Xile perquè el seu fill ha desaparegut amb el cop d'estat de Pinochet i allà es converteix en revolucionari, a imatge del fill desaparegut. Els fills transformen els pares. I les mares. L'Albert ha canviat la Rosa. Però també la Rosa s'ha deixat canviar conscientment, ha anat rodolant a poc a poc cap allà on estaven els fills, s'ha interessat per allò que els interessava, no tan sols per un instint atàvic, també per una mena de sentit del deure, multiplicat per la soledat, quan en Jaume se'n va anar a Buenos Aires. Instint, deure, interès. Per guanyar-se'ls. Per ser-hi més a prop. Per omplir de contingut, d'heroïcitat i d'abnegació el paper que s'ha adjudicat en aquest guió. Però l'han modificada de veritat. No és una disfressa. Tampoc no ho és aquesta tafaneria incipient pel futbol.

—Podries anar-lo a veure a casa dels avis.

—No, prefereixo mirar-me'l a casa.

—Tota sola?

—Esclar que sí. Qui vols que vingui?

Li ha semblat que en la pregunta de l'Albert hi havia una acusació vés a saber de què, d'una mena d'infidelitat sense cònjuge, de portar una vida secreta i lúbrica. No hi és, l'acusació, ni conscient ni inconscient. L'Albert ho pregunta simplement perquè li sembla inconcebible mirar-se un partit tot sol, una raresa. El futbol s'ha de compartir. Només té gràcia compartit, excepte en casos molt extrems i una mica místics. Per a la Rosa, mirar-se'l sola té també un punt de suplici suau, un quadre d'esposa abandonada, com un petit cilici que s'ha clavat expressament a la carn, perquè creu que la salvació està en el dolor. Patir salva. Patir absol. Un dolç dolor. Té una imatge d'infantesa en què els homes se'n van de casa els diumenges a la tarda i les dones es queden soles, encara sense tele, potser amb la ràdio posada, la llauna del «Carrusel Deportivo Primera División». Tancades a casa, sargint mitjons o passant la planxa a les camises del dilluns, sempre passar la planxa li ha semblat la pitjor de les feines de casa, la més esclava. Imatges de la mare davant de la post de planxar i amb la ràdio sonant, un diumenge a la tarda. El tedi.

El seu pare era un tipus simpàtic, un exiliat republicà, que havia sortit del país encara vestit de soldat, amb la derrota, i hi havia tornat uns quants anys després, havent passat per França, elegant i ben plantat, sabent les cançons d'en Luis Mariano i parlant una mica de francès. Feia goig. Ballador, divertit, fumador, era l'alegria de tots els casaments.

I els ulls se li anaven darrere de totes les faldilles. Es va casar de gran, quan va tornar a Terrassa, amb una noia amb qui es duia quinze anys, i van tenir la Rosa d'encara més gran. La Rosa n'estava encantada, amb el pare. I no entenia que els diumenges a la tarda desaparegués, després de la copa i la sobretaula, per anar-se'n al futbol. Catalanista a matar, de la ceba fins al moll de l'os, als casaments cantava *Rosó* i *L'emigrant* i tenien al menjador un bust d'en Clavé de color de fang, amb unes patilles i uns bigotassos antiquíssims, que no se sabia ben bé d'on havia sortit. I era del Barça amb follia, amb desesperació, potser era l'única cosa que podia ser d'una manera plena i explícita, descarada. Tot això ja li estava bé, a la Rosa. Com si el pare fos un aventurer exòtic, d'aquells de puro i panamà, que hagués recorregut tots els mars i tots els exilis. El que no li estava bé és que marxés el diumenge a la tarda, tot sol. Tampoc a la mare, que ho duia tot plegat amb santa resignació.

No hi vol pensar, la Rosa, en son pare. Encara li produeix no pas un dolor, un ressò d'un vell dolor. Parlem d'ara, que no es talli la conversa, allarguem-la amb el que sigui. Total, paga en Jaume. Què puc dir-li que li interessi?

—Saps els pakis de la fruita que hi ha a la cantonada de Sant Nebridi? Doncs aquest matí, els dos nanos anaven amb la samarreta del Barça. I pel carrer estava ple de canalla que també hi anava. Un parell de xinesos que venien de Ca n'Anglada, tot contents, amb la samarreta.

—Veus com ens en sortirem! —orgullós, l'Albert.

Hi havia una cançó de la Gelu. De fet era de la Rita Pavone, en italià, però la Gelu la cantava en castellà. *Por qué, por qué, los domingos por el fútbol me abandonas, no te importa que me quede en casa sola, no te importa, por qué, por qué, no me llevas al partido alguna vez.* En la cançó de la Gelu —a la Rosa li va semblar durant un temps que el nom de Gelu tenia alguna cosa a veure amb la paraula gelosia—, el marit que deixava la casa el diumenge a la tarda no anava, com deia, al camp de futbol, sinó amb la fulana. De fet, diuen que a la Casita Blanca i als meublés de Barcelona en general subministraven als clients un resum minuciós del partit del Barça —que no havien anat a veure, mentre feien ús compartit dels serveis propis de l'establiment— perquè quan arribessin a casa disposessin d'una coartada creïble, poguessin explicar a tothom el que havia passat al camp com si hi haguessin estat, sense provocar sospites. El que cal no és tenir bones respostes, una bona coartada: el millor és que no els passi pel cap fer-te preguntes, no ser ni tan sols sospitós.

La Rosa no ho sabia, això, però potser per alguna cosa que va veure i que va oblidar, potser per algun comentari de la mare, sempre va sospitar que el seu pare era com el de la cançó de la Gelu. Algú que abandona els de casa, vés a saber per fer què. Fins i tot les infidelitats de la Rosa, de gran, tota la història aquella amb el Gabriel, i les altres que hi va haver, tenien un punt de venjança contra el pare encantador i simpàtic que se n'anava els diumenges. O de càstig a en Jaume, que —tots els homes són iguals— de ben segur la deixaria una hora o altra per buscar-se'n una de més joveneta, és el que fan tots, és el que ha fet la meitat de la part masculina de la seva generació. Venjança o atac preventiu. Al pare ja no li retreu res, que se n'adoni. Va morir fa anys, la mare es va tornar a casar, per a l'Albert i la Glòria la casa de la mare i del marit tardà és casa dels avis. Però en Jaume encara és viu. Encara se li poden retreure coses sense peatge moral.

—Penjo, que això al pare li costarà un ull de la cara! —l'Albert hauria d'haver dit *a en Jaume,* però ell està escoltant, no quedava bé. Ha fet un esforç. No és que s'estigui pagant el viatge. És que és el que toca.

—Molt bé. Penja. Fins després.

La Rosa es mirarà el partit a casa, tota sola. Més atenta a les imatges de la graderia (seria molta casualitat que els ensenyessin, però qui sap), que no pas a les del joc, que li interessa relativament. Però amb ganes que guanyi el Barça, així l'Albert estarà content. I la gent estarà contenta, què caram. Més val així. I també fruint de la seva soledat, una mica ofesa, patint aquest abandonament, no ja del marit, de la memòria del pare, de l'exmarit que s'emporta el fill, que la deixen sola a casa, com les dones dels seixanta, com la mare, com la Gelu, *quizás, quizás, yo me entere alguna vez de la verdad.*

—

L'Àngel camina pel costat del riu, *rive gauche*, ha deixat a l'esquerra la cantonada amb el bulevard Saint Germain, però ell va ben bé a tocar del riu, mirant cap a l'Ille de Saint Louis, i continua cap enllà, cap al seu objectiu discret, ell sap on vol anar, tot plegat no és tan lluny, i tampoc es tracta d'anar gastant en taxis, amb la motxilla a l'esquena, sense emblemes ni bufandes, com un turista posthippie, els cabells llargs, un jersei de llanes inques de coloraines arremangat, és fredolic. Ha preferit anar tot sol, s'ha entretingut una estona per fer trucades. A la motxilla hi porta tots els complements de *hooligan*, per a quan toqui, ara no toca, hi porta també una samarreta antiga del Barça, una samarreta de nen, que era seva i que ara no li entraria ni amb calçador, però que ha de portar inevitablement, necessàriament, com si fos un ritual de santeria, com els negres que duen una peça de vestir morat en la peregrinació de Sant Llàtzer, prop de l'Havana, ho va llegir una vegada al diari. És a dir, com un reliquiari, com un objecte màgic. Ha trucat fa un moment a son pare, a Térmens, al bar, només una frase que això puja un pico:

—No pateixis, guanyarem. He agafat la samarreta.

I son pare ja sap de quina samarreta parla. La que li van comprar per les notes de l'any 91, quan tenia vuit anys, el grana era més fort i hi havia menys ratlles que a la d'ara, però és la samarreta del Barça. El dia de Wembley, amb el bar del carrer de l'Estació ple de gom a gom, la tele a tot volum, son pare el va fer seure damunt de la barra —mai no l'hauria deixat seure allà, qualsevol altre dia, i encara menys a aquella hora del vespre— i havia proclamat a tota la parròquia:

—El nano, aquí assegut i amb la samarreta del Guardiola. Ens portarà sort!

Ens portarà. No *els* portarà. No als jugadors, a nosaltres, gent de Térmens, no pas l'únic bar, el de prop de la carretera. Gent de pagès, de la terra. També gent vinguda de fora, ha crescut força el poble després de la guerra, a la guerra va quedar tot buit, el front passava pel riu i a l'altra banda ja hi havia els nacionals, a la banda de Menàrguens, i així mesos i mesos. Després de la guerra van anar tornant, no pas tots, i encara després va arribar gent de fora, a treballar a la fruita, ara hi ha fins i tot un grup de balls de sevillanes.

Més homes que no pas dones i més gent gran que no pas jovent i més gent d'aquí que no pas de fora, al bar del pare de l'Àngel, i abans de l'avi, però també hi ha dones i canalla i forasters. Potser no tenen gaires més coses en comú, tots plegats. Però tenen aquesta. El bar és ple de pòsters del Barça, de banderins antics, de copes. Són del Barça, de què podrien ser si no? Tot i que el pare de l'Àngel explica com la gran fita de la història familiar aquell partit dels anys cinquanta en què el Térmens va guanyar el Barça per tres a un.

—Al Barça de veritat? —escèptic, la versió infantil de l'Àngel.

—Sí, nano. I no era un partit amistós. Era de la Copa, de

la del Generalísimo, em penso. El Térmens havia guanyat el campionat d'afeccionats de Lleida i podia jugar la Copa. Li va tocar el Barça. Però el Barça, Barça: el del Basora i el Manchón i tots aquells. Els de la cançó del Serrat. Doncs aquí, a casa, els vam guanyar de tres a un. Jo no hi era, és clar, però hi jugaven dos oncles meus.

—I els vau eliminar.

—No, què va. A les Corts ens en van fotre onze. Onze! Però aquí, a l'anada, els havíem guanyat. I tot era gent del poble. Dos oncles meus —patrimonialitza son pare la victòria antiga.

Paradoxes. Vèncer el Barça era la gesta familiar, però la família era al mateix temps del Barça genèticament, exasperadament. L'Àngel com un nen jesús blaugrana crescudet, mascota i ofrena a la vegada, damunt la barra de rajola de València, encarat cap a la tele. El feien per la dos, TV3 no tenia la Copa d'Europa, ja és bèstia que tenint-la la televisió espanyola la posessin al segon canal. Si hagués estat el Madrid, l'haurien fet per la primera, segur. Ho feien en català, em sembla que era el Pitu Abril, i hi feia comentaris el senyor Casamajor. Llavors molta gent no sabia que era en Xavier Sardà, que estrafeia la veu i el to per semblar un vellet murri. Li va passar a Santiago Carrillo, que una vegada l'havia entrevistat per la ràdio en Sardà, per telèfon, i va comentar: *Este chico, el Sardà, no tiene ni idea. Pero el viejecito sí que sabe historia.*

L'Àngel, de París estant, caminant cap al Louvre, porta a la mà la samarreta dels vuit anys feta un manyoc, com un amulet. Per al partit d'aquesta nit. Per a la vida. Del temps que tothom el mirava assegut damunt de la barra d'un bar de poble, i son pare l'ensenyava orgullós, aquest nano farà coses. En sentireu a parlar. Van estar-se tot el partit patint i patint. Atacàvem, el Salinas a empentes i rodolons, en Laudrup al pal, però també atacaven els altres, els italians ja se sap, molt *catenaccio*, però surten a tota llet i et munten un cristo amb quatre canyes.

—Aquest collons de calbo encara ens donarà un disgust.

El calbo de la Sampdoria, ningú no se'n recorda com es deia, va esdevenir un mite, com el dimoni dels pastorets o el doctor No del James Bond, el símbol mateix del perill ocult. L'Àngel duia posada la samarreta d'en Guardiola, i ja li estava bé. Però també hauria pogut dur la del Laudrup, tan senyor, o la de l'Stòitxkov, tan guerrer. Eren els seus. També era del Zubizarreta, ha tret pilotes increïbles, sembla que no hi sigui i sempre t'acaba traient una mà o una cama que no hi comptaves. Però, és clar, no podia enfilar-se a la barra vestit de Zubizarreta, amb un jersei verd com una ampolla de xampany que ningú no sabria què és. Tot i que li agradava jugar de porter, al pati.

Al bar de Térmens deixaven fumar. A gairebé tot arreu, encara. A l'Àngel li ha quedat la memòria olfactiva del caliquenyo i del *carajillo*. Li ha quedat la memòria també del gol de Koeman, la follia. I mira que és evident que la barrera s'avança, ja estan damunt de la pilota quan la toca en Bakero, no sé ben bé per on l'arriba a fer passar en Koeman, enmig d'un bosc de mitgetes blanques. I en Koeman que es posa a plorar, i la gent de Térmens que s'aixeca de les cadires del bar del carrer de l'Estació, i el món que esdevé un lloc més feliç. No tot el món, potser. Aquest món. Ja us ho deia jo, que el nano ens portaria sort, assenyala son pare. I els jugadors que, després de jugar tot el partit vestits d'un taronja absurd, pugen a recollir la Copa, ara sí, amb la mateixa samarreta que porta l'Àngel. No al revés. Així: els jugadors van vestits com el fill.

—Si vas a París, t'hauries d'endur aquella samarreta —li va trucar son pare ara fa una setmana.

—Ja hi pensava.

—Doncs la teva mare l'ha estat buscant per casa i no la troba enlloc.

—La tinc aquí, a Barcelona.

La té a l'habitació d'estudiant. Se la va endur a Barcelona. Se l'ha endut a París. La du a la motxilla, força ben plegada, mentre camina al costat del riu, cap al Louvre. Porta sort, encara que ell, que estudia per a químic, esperit científic, analític, figura que no hi creu, en aquestes coses. No és la sort. És la memòria.

Prenen un taxi a Châtelet, i el taxista que es queixa perquè van quatre, només n'agafo tres, en Jaume negocia, ofereix un suplement, a veure si haurem d'agafar dos taxis, pagant sant Pere canta, i li dóna l'adreça del Hilton Arc de Triomphe, a la rue Courcelles, gairebé a la cantonada amb el bulevard Haussmann, a tocar del Parc Monceau. En Jaume deixaria a l'Albert el lloc del davant, al costat del conductor, perquè es mirés París amb perspectiva, però l'Albert està molt prim i ell no ho està gaire, més val que em posi jo al davant, els tres joves al darrere. De tota manera, maniobra perquè si més no l'Albert no quedi al mig, tingui finestra, darrere del conductor algerià, a la banda del riu, com si diguéssim. Pensa que tot el que el fill quedi fascinat de París puntua a favor seu.

L'Albert només ho havia insinuat, abans de sortir de casa, dimecres al matí, quan arribem, podríem passar per l'hotel on hi ha els del Barça, a en Jaume li semblaria absurd en qualsevol altra circumstància però no pas en aquesta. S'ho ha mirat. Ha parlat amb gent de la ràdio. L'hotel dels jugadors és lluny, fora de la ciutat, i no s'hi pot anar. El dels directius i la resta de l'expedició és cèntric. No té cap interès especial, però és com si fos l'únic punt on es troben dos mons. Només es podran trobar un instant a l'hotel i, al vespre, a l'estadi. Hi ha el món dels seguidors que arriben amb el seu cotxe, anònims, massius, que es miren els partits, que són d'una penya, que són part de la tribu amb carnet o sense, desconeguts, innombrables. Hi ha el món dels jugadors, dels directius, dels periodistes, el món de dalt de tot, el que surt per televisió, amb noms i cognoms, oficial, tot un altre pla. Es poden no trobar mai. Poden anar a París o a Saragossa, tota la vida, en paral·lel, i no coincidir en cap instant, només al camp, però en dos escenaris prou diferents, la gespa, la graderia. És com aquella pel·lícula d'en Woody Allen, *La rosa porpra del Caire*, que tots estan al cine, però hi ha uns personatges que estan a la pantalla i uns altres a la platea. El miracle és que es trobin de veritat.

En Jaume, com a periodista, encara que no sigui d'esports, ha pogut trepitjar el *sancta sanctorum* del temple, alguna vegada. La major part no passen de les graderies. La febre dels autògrafs i de les fotografies fetes amb el mòbil, agafant el Víctor Valdés, el Ronaldinho, el Xavi, per les espatlles com si fossin amics de tota la vida, és de fet això: el certificat que, per un instant, tots dos mons s'han trobat, el vianant del barcelonisme de base ha compartit un segon del temps i un metre quadrat de l'espai de l'ídol, ha accedit a l'altre món, el de la pantalla. La sorpresa dels espectadors quan veuen al metro un actor que surt en una sèrie de la tele: com si fos l'habitant d'un planeta diferent i de sobte hagués aterrat amb el seu platet volador al nostre planeta, al planeta del metro, que no és el seu. Com si es produís un xoc explosiu de matèria i antimatèria. Com si es descobrís de sobte que l'ídol té consistència de carn humana i no és una imatge en una tele de plasma. Travessar la pantalla i viure una estona dins de la pel·lícula, amb els protagonistes, amb els actors. Només els periodistes tenen un peu a cada banda.

—No crec que hi hagi res a fer, a l'hotel, ni que ens deixessin entrar. I, a més, deu haver-hi una seguretat de nassos —en Jaume es posa la tireta abans de la ferida.

—Tant se val. Només és per veure-ho —l'Albert.

En Ramon i l'Oriol s'hi han afegit, a veure què arrepleguen. A veure si l'atzar de compartir el viatge amb un periodista els dóna accés per un instant al món superior, al món inexistent que només han vist als telenotícies.

—Jo tinc una foto amb en Puyol, d'un dia que va venir a la penya de Lleida —llueix en Ramon, sense que vingui a tomb.

L'hotel no és en un carrer ni gaire ample ni gaire cèntric. Una façana quadriculada i una mica vulgar, vagament art Déco. Hi ha gent, a la porta. No tan sols seguretat. Gent que ha anat a mirar, a veure qui entra i qui surt, a veure si es poden fer una foto amb en Laporta o que els signi la samarreta o la bufanda, me la va signar el president el dia de la final, pujarà de cotització —de cotització sentimental— si guanyen el partit. No és igual tenir una bufanda del dia de Wembley que del d'Atenes o de Sevilla. Quan baixen del taxi, s'afegeixen als grupets, petits, familiars, més aviat discrets, de barcelonistes arrebossats de blaugrana que pul·lulen per l'exterior de l'hotel. En Jaume mira cap al *hall*, cap a la porta, a veure si distingeix algú a qui agafar-se. A veure si troba la manera d'entrar-hi, de saludar algú, que l'Albert pugui dir a classe el dia que tornin, sí, vaig anar-hi amb el meu pare, que coneix molta gent, vam entrar a l'hotel del Barça, el suborn del privilegi, de l'excepció.

—Fa una estona que ha sortit el president. Es veu que tenia no sé què al Senat francès —sempre hi ha algú, en aquestes aglomeracions, que ho sap tot, macutassos, rumors, informació confidencial. I que ho explica a qui el vol escoltar. No sempre és veritat.

—Llavors, què esperem? —sondeja en Jaume.

—A una hora o altra hauran de tornar. I hi ha més gent de la junta, per aquí.

En Jaume fa que sí amb el cap. Hi ha periodistes, càmeres, gent amb micròfons. No els coneix. Fan pinta de becaris. Joves, vestits d'una altra manera. I les càmeres i les gravadores són infinitament més petites que quan ell les feia servir de periodista de carrer, abans de marxar. Quan se'n va anar a Buenos Aires va perdre el contacte amb les noves fornades de la professió. Els de la seva quinta, els veterans, ja no fan carrer, fan despatx, en tot cas faran la crònica del partit des de la llotja, no pas les declaracions automàtiques i rutinàries amb què s'han d'alimentar els informatius del migdia, quan encara no ha passat res i no hi ha res a explicar.

Només quan ja han passat uns minuts veu sortir de l'hotel algú que coneix. Li fa un senyal tan discret com pot, de lluny estant, una salutació a què l'altre correspon. En Jaume no ho faria mai si no anés amb el fill. Ho odia. Odia fer-se veure, que la gent es pensi que s'aprofita del fet de ser periodista. És un tímid, en el fons. Hi ha periodistes tímids, tal com hi ha actors tímids: només ho deixen de ser quan els toca fer el seu paper. Per pencar sí que faria el que fos. S'ha colat a coses prohibides, ha enganyat porters i segurates per entrar a llocs on no li tocava, ha fet veure que la seva credencial servia per a més coses de les que servia realment, però sempre per tal de poder explicar més coses, per veure més coses, per treballar. Però si no és per això, es moriria, vermell com un perdigot, si l'enganxessin un dia sense bitllet al metro o si algú li digués ho sento senyor, però vostè no pot passar. Per la feina sí. Pel fill. Per aquesta operació estranya de seducció del propi fill on s'ha embarcat.

—Joan Lluís! No et feia futbolero.

—Doncs ho sóc, i molt i de tota la vida. Enviat especial a la final. Cròniques literàries, exercicis d'estil, notes de color i tota la pesca. Moltes, perquè ara amb això dels diaris digitals, ja és com a la ràdio: no hi ha hora de tancament, penques tot el dia. La d'aquest matí ja l'he enviada. Encara n'hauré de fer una altra abans del partit. Però jo tampoc no m'imaginava que tu fossis un *hooligan*...

En Joan Lluís Cardona assenyala la bufanda d'en Jaume i les molt més aparatoses disfresses dels seus acompanyants, que encara identifiquen més el seu caràcter de seguidors entusiastes. En Cardona, periodista en exercici, creu que no ha d'anar decorat amb cap signe de pertinença, informadors i no *hooligans*, neutralitat impostada, la sagrada missió d'informar. Només un pin de colors a la solapa. Tampoc no ens passéssim. Però uns mínims.

—He vingut amb el meu fill. I amb uns amics. Els feia gràcia entrar a l'hotel, però es veu que no deixen —a en Jaume li cau la cara de vergonya per la petició implícita, no sabia com dir-ho.

—No deixen? Veniu amb mi —s'ufana en Cardona.

El segueixen fins a la porta. En Cardona fa un senyal als porters, els ensenya una credencial, crida algú que circula pel *hall*, és de relacions públiques del club, un amic meu. Arriba un xicot somrient, amb la insígnia del club a la solapa. Coneix vagament en Jaume, sap qui és, si més no de nom, Jaume Cortès, periodista, ha estat corresponsal a Buenos Aires. El seu fill i uns amics. No, el president no tornarà fins al migdia, em sap greu, si no estaria encantat de saludar-vos. I els jugadors estan aïllats totalment, ja s'entén, oi? Tenen feina, aquesta tarda. Però m'agradaria fer-vos un petit obsequi. El xicot de relacions públiques coneix bé la seva feina, en Cardona els ha introduït, hem fet una edició especial d'unes insígnies per commemorar la final, m'agradaria que en poguéssiu tenir una, espereu-vos un moment.

En Jaume es mira l'Albert, la satisfacció de ser allà dins, de tenir una cosa que els altres no tindran. Pensa que l'està comprant, però no li fa cap mena de vergonya. En Cardona es mira en Jaume. Entén la jugada. Li fa gràcia. Ho pot aprofitar per a alguna crònica? Hi ha pares i fills que si no existís el Barça no sabrien de què parlar entre ells. No tenen res més en comú. En qualsevol altre tema es discutirien. Només hi ha el Barça. Bé, com a crònica està una mica vista. Fa molts anys que ho diem. Recorda fins i tot un article d'en Pernau, fa una barbaritat, que ja jugava amb aquesta idea, un fill de cada partit polític, en plena transició, i només hi havia treva davant de la tele quan jugava el Barça. Era un Barça-Madrid, li sembla recordar. Devia ser als començaments dels vuitanta, quan estaven al Correu, amb en Cortès.

El xicot de relacions públiques torna amb quatre capsetes, no res, un pin barat, però amb una capsa maca, una cosa feta amb gust, en direm insígnies i no pins, la gestió del privilegi. El certificat d'haver tocat per uns instant el que hi ha a l'altra banda de la pantalla, el gran món del futbol, tots els periodistes a la porta, mitja humanitat esperant que facin la final per televisió, els drets televisius i els fitxatges milionaris. Com si el Barça fossin dues mitges taronges, la de fora i la de dintre, però amb un plàstic entremig. I en Jaume els ha dut a l'altra banda del plàstic. No a la de debò. També l'altra és de debò. L'Albert es posa la capsa del pin a la motxilla i no diu res. En Ramon i l'Oriol baden pel *hall*, que sembla la caserna de l'alt comandament d'un exèrcit d'ocupació, amb les seves banderes i els seus colors. En Cardona els torna a conduir, condecorats i feliços, cap a la porta. Continua la representació, o potser vol tibar una mica més del fil per a la crònica que li falta. Agafa en Jaume per l'espatlla.

—Va, anem a fer un cafè.

—

A en Ramon Torrent no li agrada anar sol pel món. Per això va enredar el seu cosí Oriol, perquè l'acompanyés a París a veure la final del Barça, sense ell no hauria vingut. Per això quan han sortit del tren a Austerlitz s'ha acoblat a la família Cortès, com si necessités algú que passés al davant, algú a qui seguir. Per això els ha acompanyat fins a l'hotel de la junta i ara, una mica gregari, els acompanya també al cafè amb en Cardona, sense que li vagi ni li vingui res, per una mena de terror a la soledat. No li agrada que es noti. Potser per això, quan va pel món sembla dels pallassos sense fronteres, sempre de la broma, sempre content com un capellà d'autocar de colònies, sempre al centre de l'escenari. Extravertit i rialler. El julivert de totes les salses. Però mai sol.

—Escolta, si preferiu anar a fer un volt... Vull dir, que jo encantat que vingueu, només faltaria, però ja entenc que vosaltres potser preferiu campar... —no sap com dir-ho en Jaume, tot i que diu exactament allò que vol dir: no els està fent fora, no el molesten, li sap greu que es creguin amb l'obligació de fer-li de satèl·lit.

—Al contrari, mestre. Si no és molèstia, a nosaltres ens sembla fantàstic que ens passegin per París, i encara més que ens convidin a cafè —en Ramon no deixa opció a l'Oriol per expressar cap dissidència.

En Jaume fa que sí amb el cap, somrient, ja li va bé, prefereix no arrossegar l'Albert en solitari, prefereix que hi hagi algú d'una edat a mig camí entre tots dos, que faci de pont, potser li fa pànic quedar-se a soles, del tot a soles, amb el fill. En Ramon va darrere seu, però a mitja distància, com qui necessita no perdre algú de vista, una referència. L'Oriol ja el coneix. No el tiba. Podrien anar passant tots dos, cap on sigui. Però no és la manera de ser d'en Ramon. L'Albert se'ls ha afegit, mentre en Cardona i en Jaume travessen el carrer unes passes per endavant. En Ramon fa broma a l'Albert, satisfet de les insígnies tan gloriosament obtingudes.

—Hosti, ton pare! És el rei del mambo. Me l'hauràs de llogar per a cada viatge. Vull fer col·le de pins.

És el més gran de tots tres, a tocar gairebé de la trentena. Ve d'una família de mestres, l'avi, el besavi i el pare, però el pare ja està jubilat a mitges, no fa classes, coses administratives. Ell no en fa ben bé, però és com si en fes. Va estudiar educació especial, exerceix a èpoques, quan troba feines. Quan no exerceix, fa de monitor d'esplais, acompanya nanos de colònies —sí, no és tan sols que sembli el capellà que porta els nanos d'excursió amb autocar, és que de vegades en fa—, ajuda als menjadors. Triomfa molt: és alegre i de la broma. Enginyós. Obert. Però no li agrada anar mai sol. Com si tingués una mena de balances per dintre: cal un rostre content i efusiu per compensar un estómac acollonit i espantadís. En Ramon és molt de la ceba, com tothom ho ha estat a casa seva, per això és del Barça, o potser és dels que és de la ceba com una conseqüència natural i lògica de ser del Barça. I hi pateix. Fa veure que no. Sempre fa veure que no. Però pateix amb el Barça. No tan sols per si guanya o si perd. Per més coses. Pels petards que se senten a Lleida, en un barri al costat del seu barri: la meitat quan marca el Barça, la meitat quan el Barça perd.

—Mi-te'ls. Ja hi tornem a ser —se li enfosqueix l'expressió, amb una ràbia espantada i trista, adolorida.

—Que es fotin. La Lliga és nostra —el consola l'Oriol, quan hi és, que sembla menys alegre, menys enginyós, però que ho viu tot plegat amb més calma.

El besavi d'en Ramon feia de mestre en un poblet, abans de la guerra. Quan van entrar els nacionals, el van venir a buscar i va estar tancat a la presó no sé quant temps, a l'espera d'un consell de guerra sumaríssim, d'aquells que feien de trenta en trenta cada dia. El van condemnar a mort. Un dia va arribar l'*enterado* i l'endemà mateix el van afusellar, a Barcelona, probablement de matinada al Camp de la Bota, mai no han volgut explicar al Ramon gaires detalls ni circumstàncies. L'avi d'en Ramon era llavors un crio de deu anys, i ho va arrossegar tota la vida. Un oncle seu, un germà del seu pare, havia mort al front, a l'Ebre. La seva àvia i la seva mare es van carregar els fills i els néts a les espatlles i van travessar els anys de després de la guerra amb una amargor eixuta, però sobretot amb una por immensa. Hi havia canalla petita, la guerra havia estat un desastre total, radical. Per favor, que ells no hi hagin de passar. Qualsevol cosa, la que sigui, és millor que una guerra. Que ens ho prohibeixin tot, que ens facin anar drets, que ens puteguin i ens humiliïn, però que no hi torni a haver una guerra. Tot els espantava. Arreu veien els signes d'una reedició del desastre. Tots els núvols havien d'acabar en tempesta.

Quan el pare d'en Ramon, quan en Ramon mateix, van començar a fer coses, a anar a concerts, a fer-se d'esplais i de partits, a penjar banderes prohibides a casa, aquesta por tel·lúrica revifava, tot i que la besàvia fes anys que fos morta. No t'emboliquis. Res de política. Aquestes coses sempre acaben malament i sempre acaben perjudicant els mateixos, els de bona fe, els que donen la cara, mira el teu avi, mira el teu besavi. En Ramon figura que se'n fotia. Anava a totes, s'apuntava a tot. Però algun estrany pòsit devia quedar, els nostres avis viuen dins nostre, amagats, i quan ens fem grans sembla que vulguin sortir: ens descobrim dient coses que ells ens deien, i que llavors ens feien molta ràbia. Com si la veu de la besàvia, de l'àvia, haguessin quedat en el disc dur de la memòria d'en Ramon, un document que no s'obre mai, però que està allà, que vés a saber si porta un virus i va infectant tots els altres documents, en una constant metàstasi invisible.

Son pare li va dir un dia:

—Li dónes massa importància a tot.

I ell va donar molta importància a allò que li havia dit el pare. Hi va estar pensant molts dies. Potser tenia raó. Potser no. Encara no ho ha oblidat. Tampoc no ha oblidat el que l'avi explicava del besavi. Des de llavors no ha canviat, però ha fet veure que sí. Continua per dins, dissimula per fora. Dos platets a les balances. En Ramon s'apunta a tot, però en tot pateix. És una persona alegre, que viu les coses fins al final, però al mateix temps, tot sol, veu en tot perills, en tot amenaces, territoris obscurs que l'espanten i l'atreuen alhora. No calla mai, potser per no pensar-hi gaire. Li passa amb el Barça. Sí, allò tan típic, ves que encara ens empataran quan guanyem per cinc a zero. Però més coses. Aquell dia que van anar a Madrid, que es van trobar aquells ultrasurs, el dia que es veu que també hi havia l'Ignasi. Tot allò el va alterar, no va poder dormir, com si hagués estat a punt d'esclatar la tercera guerra mundial.

Quan sonen els petards, a Lleida mateix, o a Barcelona mateix, en el moment que perd el Barça, en el moment que li fan un gol. En Ramon hi veu els senyals d'un país trencat, d'una explosió latent. Com si fos un front de guerra amb els petards d'artilleria. Però seriós. Ha llegit en algun lloc que a les guerres dels Balcans els antics *hooligans* dels equips de Belgrad o de Zagreb van acabar esdevenint els paramilitars que executaven les neteges ètniques. Ha llegit no sap on —o sí que ho sap i ha preferit oblidar-ho— una pintada que deia: «*Catalanes, acordaos de Sarajevo*». No s'ho pren amb conya. Ni tan sols en fa conya, en públic. Li sembla que en aquesta guerra futbolística, en aquest xoc entre dos mons amb les banderes del futbol com a estendards, hi ha l'embrió d'un conflicte gros que un dia esclatarà, o si més no que pot esclatar. Una esquerda tensa, un front d'odi. Li sembla que el seu món, el que té el Barça com a tòtem i com a insígnia, el món de la seva llengua, de la memòria dels seus avis, està amenaçat per forces ocultes. Que és trencadís, feble. Que són allà al davant els senyals de l'explosió futura. Fa com si no ho hagués vist, com si no hi pensés. Però hi pensa.

Sí, que bé, aquí tots som del Barça, tots units fem força. Però contra qui? Contra què? I no n'hi haurà, a l'altra banda, uns altres que també units també facin força? Contra nosaltres. Com contra el besavi i son germà. *Acordaos de Sarajevo*. Pessimista, espantadís, en els petards veu el símbol d'un país dividit, exaltat, que ho amaga sota el futbol, però que si un dia algú aixeca, per casualitat o no, la tapadora, vés a saber què hi trobarà. Són allà, al barri del costat, els qui tiren els petards quan perd el Barça. Com ells en tiren quan perd el Madrid. Preferiria no veure-ho, no pensar-hi. No és bo, pensar en aquestes coses, té un punt malaltís. S'espanta. S'acolloneix. S'amarga, i no voldria a cap preu que es notés. I llavors en Ramon ja no hi pensa i fa una broma i se'n va cap al local de la penya o al concert d'Els Pets o a l'esplai dels nanos i fa el pallasso i riu i fa riure.

Potser per això no li agrada anar sol enlloc. No hi ha anat a París. Sort de l'Oriol, que l'acompanya. Que riu.

En Joan Lluís Cardona té l'edat d'en Jaume. Es van conèixer fa molts anys, a la redacció d'*El Correo Catalán*. En Cardona treballava a la secció de cultura i en Jaume a la d'internacional. Després s'han anat trobant per la vida: hi ha mons

—com el del periodisme— que estan en moviment perpetu, però sempre entre els mateixos. Si hi entres, no en surts, o és difícil que en surtis, però no pares quiet. En Cardona es va fer un nom com a escriptor amb un parell de novel·les festives i iròniques, modernes, que havia alimentat amb l'observació del món des del diari, un lloc des d'on es veu de tot, totes les portes se t'obren. Però el que el va fer conegut de veritat és quan el van incorporar, com a escriptor, gràcies a aquests articles esportius publicats al diari, a una tertúlia de televisió sobre el Barça, el dilluns a una bona hora després del telenotícies, quan el futbol es va tornar a posar de moda i ja no feia vergonya dir als amics i les coneixences que de tota la vida et miraves els partits i no sopaves quan el Barça perdia.

—A Buenos Aires, oi? Quatre anys? No m'estranya. Jo també hauria fotut el camp, si pogués. Allò de *L'emigrant*, que cantava el meu pare: *Dolça Catalunya, pàtria del meu cor, qui de tu s'allunya, collons, quina sort*. Veure món. Això és una merda de país. Som massa forts perquè ens esborrin del mapa, tal com voldrien en el fons. Però som massa febles per solucionar-ho d'una vegada per sempre, que és el que tocaria. I estarem sempre així, amb el *coitus interruptus*, empatats a zero, pels segles dels segles, amén. Fotre el camp, com més aviat millor —assaja en Cardona davant d'en Jaume i companyia, silenciosa companyia, un article de fons per a més endavant, quan passi l'eufòria de la final.

—Doncs a tu no sembla que et vagi tan malament —en Jaume, simplement per tallar l'arenga.

—Jo? No em puc queixar. M'hauria passat tota la vida tancat en una redacció o fent de professor a la universitat si no hagués estat per això del Barça. Del Barça i de la tele. D'ençà que un dia es va saber que jo era un culer radical i que estava disposat a anar a tertúlies i a barrejar el Barça, l'essència de Catalunya, el futbol com a nou espectacle dramàtic, una mica de Shakespeare, una mica de Sagarra, una mica de *Tirant lo Blanc* i unes gotetes de Paul Auster, que no dono l'abast. Vaig pels pobles a fer conferències i em diuen, en Cardona? Ah, sí, aquell del Barça. Sí, com a país som ben poca cosa, i cada vegada menys, però això del Barça és d'una dimensió còsmica, l'única que ens queda, l'única de què et pots sentir orgullós, perquè és teva i, a més, és bona i va bé.

Seuen en una terrassa a Haussmann, es veu l'Étoile al fons, una magnificència, una amplària de gran ciutat. En Cardona i en Jaume s'han posat de costat, els tres joves fan de figurants. En Cardona ha demanat el cafè i les pastes amb un francès pulcre i displicent. D'ençà que el va conèixer en Jaume a la redacció del vell Correu, demanant cubates al Marcelo mentre enganxaven els teletips amb cola damunt de les quartilles, abans dels ordinadors, de les pantalles i dels sistemes operatius, s'ha engreixat, ha perdut cabells i s'ha endreçat. Va vestit amb una cura estudiada, un barret d'ala ampla, tardana vocació de dandi. En els vells temps duia uns cabells llargs bohemis i jerseis amples amb texans acampanats. Ha canviat. En Jaume se'n recorda. Era un xicot culte, que no venia de periodisme de l'Autònoma, sinó de lletres de la Central, llegit i irònic, de casa bona vinguda a menys.

De Buenos Aires estant l'ha seguit poc. Sap que ara és conegut, ha conreat una certa imatge de frivolitat, entre el futbol i la gastronomia. Es veu que el futbol li agradava des de sempre. De petit, quan a casa les coses encara eren com havien de ser, havia estat educat en la lectura i en el plaer de menjar bé i l'havien fet soci del Barça només de néixer. Això va ser la seva infantesa. Durant la joventut, n'havia renegat, si més no en aparença: el negoci familiar s'havia enfonsat i ell mateix havia considerat, per un temps, que aquests vicis infantils —excepte la lectura, però fins i tot en aquest cas reorientada cap a direccions radicalment antagòniques— eren incompatibles amb les conviccions ideològiques que havia adquirit a la universitat. Però potser totes aquestes llavors d'infantesa havien quedat sota terra en un període de latència, com passa amb certes malalties, i només esperaven el moment de tornar a sortir. El paladar treballat de casa bona es va poder lluir quan es va posar de moda parlar de vins i de restaurants, era de bon to. I el futbol. Era d'un grup de gent de Bandera Roja que quedaven per veure junts els partits, gairebé en règim de clandestinitat respecte a la resta dels camarades, i van mantenir l'antiga amistat quan ja no mantenien ni la militància ni la sintonia política. Un d'aquests vells amics li va encarregar, des de la direcció d'un diari, uns articles sobre futbol, i el món el va descobrir de sobte des d'una perspectiva nova. Cal dir que ell també va descobrir de sobte una perspectiva nova del món. Després de fer-se famós en la tertúlia de televisió, el convidaven per parlar de futbol, però també per parlar-li de futbol, per conspirar contra la junta, per explicar-li complexes decisions tècniques en restaurants magnífics. Va tocar cuixa, en el millor i més noble sentit de la paraula. Per sorpresa. Posant en valor una cosa que tenia, però que mai no li havia semblat valuosa, o que havia arribat a oblidar.

—Que no és seriós això del futbol? I tant que ho és! El més seriós del món. El terreny de les emocions més primàries, més íntimes. En un cert sentit, és més rellevant ser del Barça que no pas ser catalanista. Fixa-t'hi: els catalanistes estan tots barallats entre ells, no es poden veure, no hi ha res que posi més frenètic un catalanista que un altre catalanista una mica, molt mica, diferent. En canvi, és del Barça gent que no té res a veure, que es barallarien entre ells si parlessin de qualsevol qüestió política o religiosa, fins i tot si discutissin sobre la dimensió política o cívica del Barça, però que si no en parlen, si es limiten a viure-la, a mirar-se els partits, a patir junts, estan tots a la mateixa banda. És un sentiment complex, però que pots viure d'una manera ben senzilla. Això és insuperable.

—Doncs fes-ne un llibre, que jo te'l compro! —una mica sarcàstic, en Jaume.

—Un llibre? Un assaig? —fa veure en Cardona que no s'adona del sarcasme—. N'hi ha prou amb els articles, perquè això canvia d'un any a un altre, segons qui juga o segons qui entrena o segons què diu el president. No, no és matèria per a un assaig ni per a una tesi doctoral. Amb els articles ja n'hi ha ben bé prou. O per a una novel·la, algun dia, si tingués temps. Perquè les novel·les expliquen coses que no es poden dir ni en un assaig ni en un article, coses que només es poden dir encarnant-les en algú, narrant-les. Però em fa una mica de mandra. I no li agradaria a ningú. O no m'hi veig amb cor, simplement. Encara que no ho sembli, jo sóc una persona modesta i conscient de les seves limitacions.

L'Albert s'avorreix. En Jaume se n'adona. En Ramon i l'Oriol estan a punt d'aixecar-se i marxar, tanta gent blaugrana pels carrers, tanta festa, tant ambient, tant París i ells allà escoltant els articles orals d'un pesat. Però encara no. En Cardona ha parlat massa i ho sap. Vol ser un dandi. Vol ser bona persona. Pregunta a en Jaume per la seva vida, per Buenos Aires, per què feia i què deixava de fer. En Jaume respon neguitós, abrupte, s'adona que el seu públic vol marxar. Treu un bitllet per pagar, però en Cardona el talla amb suficiència. No està emprenyat. Pels vells temps del Correu. Pels cubates d'en Marcelo, que te'ls duia a la taula cada tarda, me n'havia arribat a beure mitja dotzena, entre crònica i crònica. Pel Barça. Per la victòria.

—Vas fer ben fet de marxar. Si jo pogués, també me

n'aniria. Aquest país nostre, de vegades t'ofega. Ja sé que sóc un exagerat, i a més a més em guanyo la vida sent un exagerat i més precisament sent un culer exagerat, però si no hi hagués això del Barça pel mig, potser jo també hauria fotut el camp. O si el Barça perdés sempre i només en poguessis ser plorant i lamentant-te, com quan jo era petit. Però ara pots ser del Barça orgullós, satisfet, traient pit, sentint-te un homenet. A mi m'agrada guanyar. Ho vaig descobrir tard, a la vida, però quan me'n vaig adonar em va semblar fabulós. Em carreguen totes aquestes novel·les de culte al perdedor, malenconiós i sol a la barra d'un bar. No veig cap mena de fotogènia en la derrota, encara menys en la pròpia derrota. No hi veig la literatura, n'hem fet un gra massa. Som aquí per guanyar. I guanyarem, ja pots pujar-hi de peus. Ho celebrarem a Barcelona. Un sopar, quan vulguis.

En Cardona no s'aixeca, voluminós i satisfet. Es queda a la taula de la terrassa. Porta una llibreta negra a la butxaca de l'americana. Hi escriu coses amb una lletra minúscula i hi enganxa tota mena d'adhesius i paperots. Treu la Montblanc i apunta alguna cosa. Alguna cosa de les que ha dit a l'espàrring Jaume Cortès en el decurs del seu monòleg o de les que creu que ell li hauria pogut respondre, encara que no ho hagi fet. En Jaume li tusta l'espatlla, en el fons cordial. Pensa què en pensarà l'Albert. S'adona que de tot el que mira, de tot el que sent, de tot el que passa, el que li interessa és què en pensarà l'Albert. Ell ja està de tornada de tot. L'Albert està d'anada. París és una inversió.

—

—Vas marxar per això?

—Per què? —no l'acaba d'entendre en Jaume.

—Per això. Per tot això que ha dit aquest home.

Hi ha una mena d'urgència, un angoixa en la pregunta de

l'Albert. Han decidit anar fins a la torre Eiffel caminant, si més no provar-ho, si se'n cansen ja agafaran un taxi, no és pas tan lluny. En Ramon i l'Oriol han quedat una mica despenjats, endarrerits. L'Albert no ha parlat mentre eren asseguts amb en Cardona. Però escoltava. I hi havia coses que sentia per primera vegada, o li semblava que mai no les havia sentides. Com si mai hi hagués pensat, com si mai l'hi haguessin ensenyat des d'aquest punt de vista, insòlit i sorprenent. Mentre caminen l'un al costat de l'altre cap a la torre Eiffel, de tant en tant algú amb una bandera del Barça, una ciutat lluminosa i efervescent, en Jaume se n'adona. Mai no ha explicat a l'Albert per què va marxar. Potser mai no ho ha explicat a ningú, directament. Potser mai no hi ha pensat, tot sol, en quina era de veritat l'explicació, d'una manera que es pogués dir amb paraules. Segur que l'Albert n'ha rebut algunes, d'explicacions. De ben segur la de la seva mare, amb més o menys bona fe, però amb unes altres paraules i mirant-s'ho tot d'una altra manera, li ha volgut explicar què havia passat i n'hi ha suggerit algunes raons. Ara, quan parlava en Cardona, n'ha sentit unes de noves.

Què deu haver entès, l'Albert, de les paraules d'en Cardona? Quina explicació nova i desconeguda, sorprenent, il·luminadora, creu haver entès enmig del monòleg d'un egocèntric que quan parlava d'en Jaume estava, de fet, parlant d'ell mateix, com sempre? En Jaume ha de pensar de pressa, abans de respondre. Segur que l'Albert ha sentit explicar sempre la fugida del pare en termes íntims, familiars, sentimentals, conjugals. Infidelitats, amors i desamors, enamoraments i desenamoraments. Lírica. En Cardona en parlava en termes polítics, sociològics, col·lectius. Èpica. En els relats que ha sentit l'Albert, en Jaume era algú que havia marxat de casa. En el monòleg gasós i difuminat d'en Cardona. es podria arribar a pensar que en Jaume era algú que es va exiliar d'un país, que va anar a veure món, a buscar uns horitzons més amples, un lloc on no ofegar-se. Per això l'Albert s'hi ha agafat amb aquesta angoixa i amb aquest interès. No és igual que el teu pare abandoni la família que no pas que el teu pare se'n vagi a la conquesta d'un món més gran. No és igual ser la víctima d'una fugida, de la qual sempre pot ser que en siguis culpable involuntari, que no pas ser el dany col·lateral d'una expedició de descoberta, d'exploració del món, d'engrandiment dels horitzons. Com si fossis el fill de l'Hernán Cortés, de l'Amundsen o del doctor Livingstone.

Tot això ho ha de construir en Jaume, a tota velocitat, caminant per la rue de Bassano, després d'haver travessat els Camps Elisis, direcció a Chaillot, amb la torre Eiffel ben a prop. Sap que aquesta resposta que haurà de donar de seguida, amb urgència, no és definitiva. O sí que ho és, però amb matisos. No serà una resposta final, de les que no se'n parla mai més. No s'ha de deixar tot dit ara, després de tants anys, en cinc segons. Això continuarà. Però aquesta primera impressió és fonamental. Encara que hagin de venir després moltes més converses. Opta per seguir el fil d'en Cardona, tot i saber que no és l'únic fil, però potser sí que és el fil que falta, el tros d'escenari a les fosques que caldria il·luminar. En els altres ja hi ha posat els focus.

—Ja no podia més. M'ofegava. Em va semblar que tota la meva vida no havia fet altra cosa que anar interpretant, disciplinadament, el guió que m'havien escrit, un guió previsible, lògic. No pas el meu guió. Com en aquells documentals que fan havent dinat sobre tribus africanes, que agafen un noi, li fan fer uns rituals d'iniciació, li busquen una esposa, el casen, i passa a ser un guerrer i un caçador de la tribu, com ho era el seu pare i el pare del seu pare i el pare del pare del seu pare, eternament. Tenia aquesta sensació. No era culpa de ningú. Ni dels meus pares ni de la teva mare. Evidentment, encara menys, no gens en absolut, de la teva germana i teva. Al contrari. Vosaltres éreu el que hi havia a l'altre plat de la balança, l'argument més poderós per continuar com sempre. Per renunciar a provar res de nou. Havia dit a la teva mare de marxar, moltes vegades. No volia, i tenia raó. Éreu molt petits. Ella tenia feina aquí. Teníem obligacions. Els pares s'anirien fent grans, no els podíem deixar sols en la vellesa. Sempre ho anava ajornant. Fins que un dia vaig deixar d'ajornar-ho. Vaig tenir una crisi, va sortir una corresponsalia i me'n vaig anar.

L'Albert l'escolta amb atenció, però no fa cap comentari. Ni amb paraules ni amb gestos, ni que sí ni que no amb el cap. No se li il·luminen els ulls amb la descoberta, però tampoc no se li enfosqueixen. Simplement escolta. I en Jaume també escolta. S'escolta per dins, com si tot allò no ho estigués dient ell. I pensa que sí, que potser sí. Que no és només això, però que també és això. En Cardona ha suggerit explicacions metafísiques, abstractes. En la vida, la metafísica va barrejada amb la física. Les coses abstractes surten de les concretes. Potser sí que les decisions es poden explicar a través de les anècdotes, dels sentiments d'un determinat moment, l'enamorament, la gelosia, la fatiga, l'esperança. La crisi d'un matrimoni, un joc d'infidelitats d'anada i de tornada. Un disgust a la feina, que comprometia el seu bon nom. Un aniversari que et recorda que el temps passa i que t'estàs fent gran i que les coses no són com et pensaves que serien. Però aquestes anècdotes necessiten per germinar un cultiu metafísic, una incomoditat amb el món, l'ajornament de les expectatives vitals, la consciència de l'envelliment i de l'ajornament dels vells projectes. Sí, ja ho sap: si hi ha alguna possibilitat de reconquerir l'Albert és dir-li que qui va marxar era un rebel que buscava un món nou, no pas un covard que fugia del món de cada dia. No és això ben bé.

Però també és una mica això. Subratllem-ho. Il·luminem-ho. Ja no sap, en Jaume, si s'inventa per agradar i acaba creient-se les seves pròpies invencions o si està descobrint també ell, mirant-se endins amb una nova llum, el paisatge de fons que durant molt temps no li havia deixat veure ni la seva mala consciència ni el pes de les coses de cada dia, de les anècdotes quotidianes.

Mentre improvisa, en Jaume s'adona d'on és. Amb una bufanda del Barça, enmig d'una riuada humana que participa d'una mena d'èxode —bíblic?, homèric?— per veure un partit de futbol, per concelebrar una cerimònia tribal. No hi ha res més previsible que això. No hi ha res que respongui més al documental d'havent dinat sobre la vida escrita i dictada dels membres de la tribu. Un guió sense marges ni fugida. No hi ha res de més tribal, que ens faci dependre més del món que els pares van construir per a nosaltres, i al qual ens anem emmotllant d'una manera disciplinada. Potser també va fugir d'això. D'haver de ser. De ser presoner de tot allò que havies de ser per força, perquè estava escrit, perquè existia la litúrgia precisa i determinada que t'hi duia. Sí: va fugir d'això. Exactament d'això. De tot el que estava escrit. Del país, de la llengua, de la tribu, del Barça, de la família, de la dona, dels fills, dels pares. Etcètera, etcètera, etcètera.

Llavors, la pregunta que sent que li fa l'Albert és exactament la que s'hauria de fer ell mateix. La que correspon. Com si l'Albert, a més de sentir el que deia, hagués sentit el que pensava:

—Llavors, per què has tornat?

—Perquè allà fora, el món tampoc no era com em pensava. Perquè no he trobat el que vaig anar a buscar, potser perquè no existeix, potser perquè el que no funciona mai és anar-se'n lluny a buscar-ho. Perquè, comptat i debatut, vista una cosa i vista l'altra, pesava més el plat d'aquí, dels lligams, de la pròpia tribu. Perquè jo sóc això, tot això, ho vulgui o no ho vulgui. I és el que m'estimo. No puc fer-hi més.

Aquesta resposta és encara més improvisada que l'anterior. Mentre la diu, pensa que no és ben bé això, que ho hauria de dir d'una altra manera, que hi hauria de pensar. Per això li ha sortit encarcarada, ensucrada, i se n'adona. L'hauria de pair, d'estovar, fins a fer-la diferent. També se'n deu haver adonat l'Albert. Haver tornat és una victòria o és una derrota? Ser avui aquí, a París, amb son fill, per veure el Barça, és el començament de la victòria o és l'acceptació resignada d'una derrota?

Però llavors sembla que l'Albert ja s'hagi desentès d'aquesta conversa, l'Oriol i en Ramon els han atrapat, han arribat a l'esplanada de Chaillot, l'Albert fa veure —és evident que només ho fa veure— que ha passat full. Si hagués continuat, si l'Albert hagués sentit en veu alta el que pensava en Jaume, hauria cridat, per respondre'l: és la victòria. Només té sentit si és la victòria. Només ho puc acceptar si és la victòria.

—

Se la sap llarga, en Cardona. Ell sí que s'ho ha muntat bé. I si en tornar a Barcelona en Jaume demanés anar a esports, al cap d'informatius? De fet, està a l'espera de destí. Encara els resoldria un problema, no saben ben bé què fer-ne. Tot apunta cap a internacional, és especialista en l'Amèrica Llatina, se n'ha fet un tip. Però des de la corresponsalia de Buenos Aires també havia fet coses per als d'esports, algunes cròniques per al programa de la nit, quan hi havia un partit especialment esclatant, o especialment violent, això els agrada, als programes d'esports. Va fer una crònica curiosa, s'ho va passar bé, després d'un Boca-River a la Copa Libertadores, deu fer un parell d'anys, que va acabar com el rosari de l'aurora. Hauria estat millor com a crònica per a la tele, certament, perquè les imatges no es poden descriure, però es fa el que es pot. També la podria haver escrit en un diari.

—Guanya Boca per un a zero. La pilota va pel mig del camp, sense perill, lluny de les porteries.

—Tall de la retransmissió televisiva: *Deja el balón a Cascini. Avanza. Falta por detrás de Gallardo. Habrá tarjeta. ¡Roja! A Cascini. Y a Gallardo también. A los dos les echó. ¿Y a Cascini por qué?*

—Doncs perquè el jugador de Boca s'havia encarat amb Gallardo, el del River, res de l'altre món, cara contra cara. Però Gallardo és la bèstia negra dels del Boca.

—Tall afeccionat Boca: *Esta gallina de Gallardo siempre haciendo lo mismo, no sabe hacer otra cosa, como todos los del River, cagones de mierda.*

—Els dos jugadors continuen encarant-se. Els seus companys els empenyen perquè surtin del camp, com ha manat l'àrbitre, Claudio Martín, una mica xulo. Però s'encaren també amb l'àrbitre, sobretot el de casa, Cascini. Comencen les empentes. Tu a mi no em toques. Ve el porter des de darrere, algú li clava un cop de puny, comença a sortir-li sang per la boca. Ja hi són tots, al mig, en una tangana massiva, general. Un baralla tavernària, de western. S'hi afegeixen els entrenadors, gent amb xandall, mitja humanitat. N'hi ha un estirat a terra. S'estiren els cabells, es criden. No han deixat entrar els afeccionats del River, per evitar incidents. La barra brava de Boca xiscla des de la graderia consignes incomprensibles.

—Tall barra brava Boca: *Qué cobarde la muñeca Gallarda pa arrearle al pato Abbondanzieri.*

—Missatges en clau, plens de sobreentesos. L'enemic coneix l'enemic. Són molts anys d'odi. No cal gran cosa per fer-lo esclatar. La policia surt al camp i treu els jugadors expulsats entre escuts de plàstic transparent. El cronista, que ha viscut per feina esclats de violència imparables, veu sobre la Bombonera la metàfora de l'inici aparent d'una guerra. Perquè les guerres, de fet, sempre han començat abans, amb incidents menors. La intifada va començar per un accident de trànsit. El setge de Sarajevo, per una baralla a la sortida d'un casament. Quan hi ha pólvora, no cal gaire espurna. I aquí hi ha pólvora de segles, pólvora suburbial i enrarida. Més metàfora: sembla que al final, amb un expulsat per banda, l'àrbitre i la policia, com si fossin cascos blaus, han imposat la pau.

—Tall de la retransmissió televisiva: *Si se tranquilizan, pueden jugar. Jugaron. Si no, el partido se acerca al escándalo.*

—Però en la jugada següent, talla López pel Boca i Ariel Garcé li fa una entrada terrorífica, a l'alçada del turmell. Expulsió. Vermella directa. Més policia al camp. I mentre entra la policia, un jugador del Boca trepitja al del River estirat a terra, buscant allà on a un home li pot fer més mal. Ha guanyat Boca. Ha guanyat el pes de la història, les barres braves, la vella batalla.

—Tall de la retransmissió televisiva: *Lo anticipamos. Estamos en el escándalo.*

Viure com en Cardona ha de ser una ganga. Anar a veure els partits del Barça per tot el món, fer cròniques d'ambient, explicar històries. Als d'esports els deixen escriure d'una manera diferent que a tots els altres, més personal, com si tinguessin llicència literària. Fa anys va llegir un llibre sobre un escriptor americà que es dedica a fer articles esportius llargs, es deia *El cronista d'esports*, ho recorda, i va pensar que estava bé, el llibre i la feina, anar a entrevistar estrelles retirades del futbol, un paio que havia quedat tetraplègic i que era un heroi del futbol americà i coses així, buscar històries humanes, de superació, de fracàs, de retorn. Potser això només es pot fer a Amèrica. Però també s'hauria de poder fer aquí. Entrevistes llargues, sense parlar del partit de l'endemà. Buscar la tragèdia o l'èpica, les històries grans. Anar a entrevistar el Bio al Brasil, a veure què se n'ha fet. O el Figo. Seria fantàstic poder fer una entrevista tranquil·la al Figo. La cosa humana, que diuen. La tragèdia del traïdor.

—T'imagines passejant per Barcelona? No dic al camp. Simplement per la Rambla, envoltat de gent, que et miri, que es diguin els uns als altres: mira, aquell és en Figo, però sense haver de patir perquè et tirin per damunt un cap de porc o una gerra de cervesa gelada?

—No, encara no. Però algun dia. He de poder tornar, oi? Jo no he matat ningú. Vaig ser feliç, a Barcelona. Hi vaig arribar amb vint-i-dos anys, amb en Cruyff, el millor de tots. En Xavi em diu mestre. En Pep Guardiola és el meu germà. Hi vaig conèixer la meva dona. La meva filla és catalana. Sí, hi he de poder tornar. Tinc la consciència tranquil·la. Però, i si em trobo algun sonat? Potser hauré d'esperar a deixar el futbol. Llavors sí. Bé, potser no em demanaran autògrafs pel carrer, però tornaré.

—Hi ha més gent que era del Barça i va ser del Madrid després. Molts més. En Laudrup. En Schuster. Però a ningú no l'han xiulat tant com a tu. T'estimàvem massa? No té un punt d'afalac, això, per a tu?

—Jo no me'n volia anar. Va anar així, no me'n penedeixo, però no és el que jo volia. Em vaig equivocar quan vaig dir en un diari que no me n'aniria, em van fer una foto amb la samarreta i un titular molt gros. Potser tot va venir d'aquí. No era cap mentida, però després les coses van anar com van anar. Van jugar amb mi. El club havia de vendre algú, necessitava els calés. No ho van explicar a la gent, o no ho van voler entendre. Potser sí que era perquè m'estimaven. Per això em deien Judes. Pensaven que els havia traït, gairebé d'una manera personal.

Això, entrevistes llargues amb preguntes llargues. Amb acotacions. Amb trucades a amics i coneguts, petits retalls.

Com novel·les. Explicar les vides dramàtiques dels grans personatges dels esports. No sé, la de Maradona, la de Paul Gascoigne. La de Figo. La d'en Guardiola, perseguit injustament per dopatge a Itàlia. Històries de grans èxits i de grans fracassos, històries de gent que s'autodestrueix, es veu que en Gascoigne està fatal, no et dic com va arribar a estar en Maradona. De gent que se sent rebutjada i perseguida. L'esport és un magatzem d'històries individuals. Novel·les sobre l'autodestrucció. Potser, per a en Jaume, novel·les autobiogràfiques. O una altra cosa: novel·les catàrtiques, on tu fas que s'autodestrueixi el teu personatge com qui posa un parallamps, per evitar que el llamp et destrueixi a tu.

En Jaume hi dóna voltes mentre camina per París, però sap que no ho farà. No demanarà anar a esports, semblaria un exili. Algú ho interpretaria com una confessió de culpabilitat. O com un càstig. Saps què? Te'n recordes d'en Cortès, aquell que la va cagar aquella vegada amb allò de l'atemptat? Bé, no sé si la va cagar o ho va fer expressament, vés a saber per què. Doncs l'han posat a esports. Un lloc on no pugui fer mal. On, si fica la pota, no passa res. Un lloc sense importància. Un lloc on tot val. O potser ell mateix ha demanat anar-hi perquè, en el fons, sap que la va vessar, aquella vegada, te'n recordes, oi?

En Jaume s'ha passat la conversa amb en Cardona rastrejant en cada paraula del vell company les empremtes d'aquell antic escàndol, d'aquella antiga persecució, de la injustícia que li ha amargat tants anys, a veure si l'altre se'n recordava. A ell li fa l'efecte que se'n recorda tothom, que la taca ha quedat impresa damunt del seu nom, per sempre, que ho sap tothom i és profecia, que quan es tomba els altres s'ho expliquen en veu baixa. L'obsessió pel nom. Pel seu nom. Tenim un nom i res més. Tenir nom és ser reconegut, ser apreciat, ser estimat: aquella botiga té nom, els torrons que hi venen tenen molt nom. El que els antics en deien la fama. Ell no en parla mai amb ningú, directament. En Cardona no se'n recorda de res. O potser sí, però si se'n recorda, tant li fa. És en Jaume qui no s'ho pot treure del cap, tan bé que estaria canviar de secció, anar als hotels dels desplaçaments, fer entrevistes llargues que ningú no es mirarà amb lupa per tocar-te els collons. Ser cronista d'esports.

—

Com aquelles pel·lícules en què els exploradors arriben a la platja després d'haver travessat la selva, una platja imaginada i pressentida però que no estaven segurs de trobar, que és la que havien sortit a buscar per intuïcions secretes i informacions a mitges, l'Oriol i en Ramon es posen a córrer en arribar a Chaillot, quan se'ls obre al davant una esplanada enorme, travessada pel riu, amb la torre Eiffel a l'altra banda del pont. No s'ho imaginaven tan gran. Fins llavors, fins aquesta esplanada, París anava fent la seva vida, la vida atrafegada d'un dia feiner, només amb unes petites taques d'excepció: petits grupets amb banderes que feien temps per al partit de la nit, gent que sortia en grup de l'estació per diluir-se en carrers de cafès i botigues, tot tan ample que les taques gairebé resultarien imperceptibles a qui no les anés a buscar. Però aquí és una altra cosa. Aquí hi ha un formiguer de gent acolorida, sobretot passat el pont. En Ramon i l'Oriol es posen a córrer, per arribar-hi abans, sense justificació, i l'Albert corre al seu darrere, i en Jaume potser correria, però pensa que no té edat, no s'imagina a ell mateix en un esprint absurd i adolescent. Figura que a ell no li és nou, aquest paisatge. Però és nova la manera d'arribar-hi, el que hi vas a fer, l'ànim. I quan canvia la mirada, el paisatge també canvia.

—Bé, companys, ja hi hem arribat! —crida en Ramon, sempre procliu a les litúrgies, i és com si estigués a punt de clavar una bandera a terra, mig de genolls, com el conqueridor que pren possessió d'una illa ignota per a una corona llunyana.

—Hem arribat, on? —se sorprèn en Jaume, encara una mica endarrerit.

—A la cosa. On anàvem. On hi ha la gent —en Ramon ho troba obvi.

En Jaume no ho hauria pensat mai en aquells termes. Davant dels seus ulls, l'esplanada dels Camps de Mart és una festa de colors i banderes, allà on París rep els catalans i els anglesos que han vingut a veure la final, allà on pensa tenir-los entretinguts i evitar que es barallin fins que arribi l'hora. Els hi ha muntat atraccions i amenitats, sabent que un estranger a París el primer que fa és mirar on para la torre i passar un moment o altre per sota l'estranya estructura metàl·lica esdevinguda símbol i marca, per l'entrecuix del mecano enorme que s'enclasta en els núvols. Símbol de la ciutat, monument a la vella esperança en el progrés, en la indústria i el ferro, en la ciència i l'enginyeria, pont entre la terra i el cel, torre de Babel amb què la humanitat demostra que sap i pot arribar fins molt amunt, a dalt de tot. Segur que tots aniran cap a la torre, encara que ningú no els ho digui. I, a més, els ho diuen.

Per a en Jaume, anar a la torre és una escala més d'un recorregut que començava a l'estació de França i culminarà a l'estadi on es juga la final, una narració en forma de muntanya que té el punt més alt en el partit i que acaba millor o pitjor segons si es guanya o si es perd. Un dels seus dos recorreguts que passen per París en aquest viatge, en aquests dos viatges que fa alhora: el d'anar a veure un partit del Barça i el de retrobar un fill mig perdut. S'adona que per a en Ramon, per a l'Oriol, potser també per a l'Albert, tot el que hi ha hagut fins ara era pura necessitat de transport, tant de bo poguessin fer com a *Star Trek* i desmaterialitzar-se en petites partícules teletransportades i tornar-se a materialitzar en el lloc i en l'instant que desitgen, sense trens ni avions ni cotxes ni trajectes. Per a en Jaume, el viatge era alguna cosa. També l'oportunitat d'estar al costat de l'Albert. Per a la resta dels qui l'acompanyen, el viatge ha estat un tràmit. Però el tràmit s'acaba aquí, quan troben els seus, quan s'hi poden fondre. El sagrament, el fet sacramental, no és anar a veure un partit de futbol a un estadi, sinó participar en una comunió. I sota la torre Eiffel comença la comunió. No havia començat fins ara. En Ramon està excitat, però s'adona que en Jaume s'atura, com si dubtés.

—Què, mestre, no ens animem?

—No cal córrer. Pensava anar a fer un vermut, abans de baixar... —assaja en Jaume maneres d'endarrerir aquest descens al formiguer massiu, a la mar de banderes.

Hi ha de vegades una certa telepatia de metàfores: imatges mentals compartides en una conversa sense que ningú no les hagi dit. En Jaume s'ha imaginat que, en arribar a Chaillot, era com si arribessin a la platja, davant d'un oceà humà desconegut, després de travessar una selva ignota. Ara serien a la sorra, a veure si es mullen o no es mullen, si hi entren o no hi entren. No ho ha dit, però hi ha algunes coses telepàtiques.

—Va, mestre. Endavant. No es pot quedar aquí. O es va a la platja o no s'hi va. El que no pots és quedar-te a la sorra i no posar ni el peu a l'aigua. No és divertit. Si a algú no li agrada la platja, es queda a casa mirant la tele, estirat al sofà i amb una cervesa glaçada. Si va a la platja, es banya. I com més triga a entrar a l'aigua, com més hi posa ara un peu, ara l'altre, com més pensa com n'estarà, de terroríficament freda, quan li arribi a l'alçada dels collons, i perdó per l'expressió, més malament s'ho passarà.

—A mi no m'agrada la platja —prova en Jaume de desviar la conversa amb un somriure, perquè s'adona que en Ramon l'ha calat.

—Doncs ara ja hi és. Jo no m'hi pensaria gaire. S'ha de deixar anar. Vol una bandera? Si portés el maquillatge, l'hi podria pintar a les galtes. Cregui'm, és el millor que pot fer. No, no. És l'únic que pot fer.

En Ramon —tracta en Jaume amb un vostè sobrecarregat de respecte d'ençà que l'ha vist en acció amb en Cardona a la porta de l'hotel de la junta, habitant del regne superior— ha copsat la imatge telepàtica. Més viu del que sembla, ha llegit en alguna cosa, en la posició del cos, en el gest de la cara, en alguna paraula a l'atzar, aquella actitud del banyista escèptic que es mira el mar des del punt on trenquen les onades, dubtant. És això, sí senyor. En Jaume no es voldria banyar. Baixar a banyar-se a l'oceà de la multitud és deixar de ser ell i passar a ser una formiga del formiguer barcelonista, anònima i intercanviable, fragment de masses. No ho vol ser. Ell vol ser ell, sempre ell, reconeixible i impertorbable. Però llavors, què hi fa, aquí? El Camp Nou no és el Liceu, tot i que de vegades se'n disfressi. La gent hi va a diluir-se en els altres, com qui canta en una coral. Ara no em vinguis amb les ganes de fer un solo. En Jaume és massa tímid, perquè és massa orgullós. Té el sentit del ridícul catalanament exagerat. No es vol imaginar vist amb els ulls dels altres. Compostura. Dignitat. Com diria en Ramon, així no t'ho passes bé ni a les platges ni als balls ni als partits de futbol. T'has de deixar anar. De vegades un gintònic t'ajuda. Has de deixar de ser tu. Has de deixar de pensar que et miren, que sempre et miren. T'has de fondre. Això és perillosíssim. En la vida és perillosíssim. Però potser de vegades és necessari. Fins i tot imprescindible, de tant en tant i en ocasions ben escollides. I com que és perillós i necessari a la vegada, per a això tenim el futbol. Per a això tenim el Barça.

L'Albert s'ha ajuntat amb en Ramon i l'Oriol, impacients per arribar a l'esplanada. En Jaume accelera i els segueix. És com qui es fica a l'aigua, lloat sia déu, no ens hi pensem gaire, allò que el pare li deia en castellà: *en la boda y en el baño hay que entrar de repente, porque si te lo piensas mucho, te entra frío y no te metes*. Ell té fred. Però l'Albert ja és a l'aigua. L'ha de seguir. Ha vingut per això. I, tot i així, s'espera a la sorra. I encara dubta.

4

Ara, Telèmac encara no creia que fos el seu pare, i, de nou responent, va dir-li aquestes paraules:

—No, tu no ets Ulisses mon pare, sinó algun numen que em fetilla, per tal que encara amb més plany jo sospiri.

Odissea

Amb això del mòbil no saps mai on enxamparàs aquell a qui truques. Fa angúnia. Pot ser que l'altre estigui en una festa o en un hospital, passejant pel bosc o en un judici. Jo què sé. Abans, si la gent contestava al telèfon és que era a casa o a la feina, en un lloc pensat per rebre trucades, a unes hores en què s'hi comptava. Malament rai quan arribava una trucada a mitjanit, fora d'hores. Ara una trucada pel mòbil aterra enmig de la teva vida, et canvia la vida, t'interromp la vida, sense ni tan sols preguntar-te si et va bé. És com si un món estrany entrés violentament en un altre, sense demanar permís, en una irrupció salvatge i fatxendosa. Per això a la Llúcia li fa cosa de trucar al seu fill al mòbil. Com quan era a Buenos Aires, trucava poc, tan poc com podia, que ens truqui ell, que nosaltres no tenim res més a fer, sempre som a punt. No era un retret, ja està bé, podries trucar-nos de tant en tant. Era més aviat que si truca en Jaume ho farà quan li vagi bé, quan no sigui un destorb. I si truca ella, abans es mira les hores, es fa un quadre mental d'on pot ser en aquells moments en Jaume, per no molestar, i sempre comença les converses preguntant *pots parlar?, no t'agafo en mal moment?* Ha trigat a decidir-se. Però ell va dir que truquéssim, o que trucaria. No ha trucat. Altra feina deu tenir. Però bé l'hi he de dir.

—Jaume? Pots parlar? T'agafo en mal moment?

—No, no. Aquí hi ha molt soroll. No et sento gaire bé. Un moment, que busco un racó i et truco.

És al mig del Camp de Mart, al costat de la torre Eiffel, envoltat de gent que canta, n'hi ha més del Barça que no pas de l'Arsenal, canten més. Boten i canten. N'hi ha alguns que duen bengales i criden més que els altres. No és tot plegat tan familiar i amb canalla com era davant de Notre-Dame. Hi ha més barreja. Grupets, cercles. Els de l'Arsenal també volten per allà, però una mica al marge, com si encara no haguessin arribat tots, com si es concentressin a les seves casernes abans del partit. En Jaume s'allunya de la xiscladissa i fa un senyal amb la mà a l'Albert, no sap si el mira. No s'ha tret el mòbil de l'orella, tot i que no parla. Agafa un dels carrers amples del costat, com si anés cap als Invalides, i s'atura en un portal. És prou lluny. Hi ha prou silenci.

—Perdona, però era enmig d'una gentada. No et sentia. Com va tot? —en Jaume s'estranya que li truquin, té un mal pressentiment. Es mossega la llengua. Era ell qui havia d'haver trucat, li ha passat per alt. Hauria trucat al migdia, a l'hora de dinar, es diu ell mateix com a excusa.

—No gaire bé. Ton pare ha passat molt mala nit. Ha vingut el metge, aquest matí.

—I què ha dit el metge?

—No res, no ho sé. Ja saps com parlen. Li ha donat unes pastilles per posar sota la llengua, ja se n'ha pres una. I m'ha dit que li truqui a qualsevol hora del dia o de la nit.

—Però saps què ha tingut? Saps si és greu?

—No ens ho ha dit. Ha preguntat per tu.

És en Jaume qui parla amb el metge quan ve a casa. S'estan una estona drets a la porta i li explica com van les coses.

O simplement xerren a peu dret, de qualsevol cosa, de política o de viatges o de futbol. També, esclar, de la malaltia del pare. No és optimista. La mare pregunta després i ell intenta traduir-l'hi. El pare no és que pregunti, a veure què carai us dieu vosaltres dos quan ningú us escolta, a veure què coi em voleu amagar, us penseu que no me n'adono que d'aquesta no en surto? Ho diu son pare, però no s'ho creu, o potser sí, potser és la manera d'exorcitzar-ho. Li sap greu no ser-hi, ara que faria falta. Li sap greu haver marxat. Sensació de culpa. De deserció. Una altra vegada, la deserció. En temps de guerra, és pena de mort. No sap si la mare l'hi està retraient, si truca per això, sense voler-ho dir.

—Si vols, miro d'agafar un avió i torno ara mateix.

—Ni et passi pel cap, de cap manera. Ara es troba més bé, després de la pastilla. És despert i vol que li passi el telèfon. No volia trucar-te perquè no patissis, però m'ha semblat que ho havies de saber.

—Que tornarà el metge?

—Ha dit que potser passaria al vespre, després del partit.

No és bon senyal que torni a passar el mateix dia. Potser ho fa perquè ell no hi és, perquè falta el mitjancer, perquè li toca fer de metge i de fill a la vegada. Quan la mare ha trucat, en Jaume ja ha pensat que les coses no anaven prou bé. Per un moment, s'ho temia encara pitjor. Ara no ho sap. Sense parlar amb el metge no se'n fa una idea. I si hi ha el pare al davant, la mare tampoc no parla ben igual, diu el que creu que ell hauria de sentir, potser allò que es pensa que vol sentir.

—Et passo el pare.

Alguna cosa endevinarà en la veu del pare, en el to, en la manera de dir. No gaires. El pare és un actor que representa un paper. Sempre. Se l'ha de descodificar.

—Com va això?

—Fatal, ja ho veus. A les últimes —ho diu com si digués exactament el contrari, amb energia i mala llet.

—Apa, va, no serà tant. Et sento bé.

—Les pastilles, que enganyen. I els metges, que t'aguanten com un estaquirot fins que el cos diu prou. Una merda, creu-me.

—Et deixarà veure el partit? —per dir alguna cosa.

—M'ha dit que faci el que vulgui. I no sé què faré. Total, perdrem. L'Arsenal és molt més equip, no et facis il·lusions.

—Ara veig que estàs bé. Que estàs com sempre.

—No, si estic com sempre és que no estic bé. I què fa el meu nét?

—L'animal per París. Com toca.

—Estira-li les orelles. No poden pujar com els arbres del passeig, aquests nanos. Algú els ha de posar rectes.

—Apa, et trucaré després. A veure com va.

—Pots comptar, com anirà. Jaume, això s'acaba. Ara va de veres. No s'hi perdrà gran cosa, aquesta és la veritat. Tot el que havia de fer ja ho he fet. I el món m'agrada cada dia menys, no em fa mandra deixar-lo. Em fa mandra anar-me morint a poc a poc.

—Encara n'has de veure molts, de partits com el d'avui.

No està bé. Malgrat l'energia impostada de la veu, les bromes de sempre, el paper de rondinaire, no està bé. Ho nota, en Jaume, de lluny estant. Ho nota en la referència al nét. Ho nota en el fet que hagi trucat la mare, que mai no truca. Ho nota sobretot en això que li ha dit al final, això és de veritat, potser l'única cosa certa. Es morirà perquè ja en té ganes. Perquè ja en té prou. Perquè se li acaben les ganes de viure. L'ha notat apagat, ni les pastilles li provoquen cap alegria. Per favor, que no passi res. Avui no. En Jaume ha tornat de Buenos Aires per ser-hi, quan cal. Quan son pare el necessita. Sobretot quan el necessita la mare. Que avui no calgui. S'ha equivocat venint a París. Però de vegades s'ha d'escollir entre els pares i els fills. Llavors s'acaba escollint els fills. S'ha d'escollir els fills. És llei de vida.

—

—I si marxessis?

(*Aleshores, a la congregació, els germans dirien, desaprovant: «Com l'ocell que deixa el niu, així l'home que se'n va del seu indret», mentre jo, ja ben lluny, em riuria de la llei i l'antiga saviesa d'aquest meu àrid poble.*)

Fa anys que en Jaume no fuma, però ara li sembla que estaria bé i demana un cigarret a un paio que passa fumant vestit del Barça, aquest clima de germanor i camaraderia afavoreix la generositat amb els companys, dilueix el sentiment de la propietat privada. Li ve de gust perquè s'ha quedat sol, ha viscut tant temps sol que l'atabala la companyia, i vol esprémer aquest instant i vol pensar una estona. Deu ser cosa de les pel·lícules, però això sembla regir cigarret. S'asseu a les escales d'una casa bona prop dels Invalides i fuma lentament, mirant aquella gentada entre la qual hi ha son fill, aquella tribu a què pertany o ha decidit tornar a pertànyer.

—I si marxessis?

No pas ara, immediatament, deixant-los a tots penjats aquí al mig. Però un dia. Aviat. T'ho ha dit en Cardona. S'ha de fotre el camp. Ja són collons, acabes d'arribar. Has decidit tornar. Ja penses altra vegada a marxar? No, no hi pensa. Però i si hi pensés? No t'ho ha dit el teu fill, però has endevinat que tenia la pregunta al disparador, l'ha aturat un segon abans de fer-la: tornaràs a marxar? Ets d'aquests que sempre acaben marxant? Si ja te'n vas anar una vegada, qui em garanteix que a la més mínima no tornaràs a tocar el dos per allà on has vingut? L'Albert no l'hi ha preguntat, però ho deu haver pensat. I en Jaume creu que hauria respost: doncs potser depèn de tu. Si no em voleu, si no faig cap falta, me'n torno. Si vols que em quedi, si em dius que vols que em quedi, em quedaré. Però tot això no ha passat. Potser era massa teatral perquè passés.

De petit, en Jaume se sabia el Tenorio de memòria i el recitava amb una tovallola de platja com a capa, un barret del setè de cavalleria que no hi acabava de quadrar i una espasa de fusta a la mà. En recitava monòlegs sencers al pati, sota la porxada dels rosers, amb públic o sense:

Llamé al cielo y no me oyó;
y pues sus puertas me cierra,
de mis pasos en la tierra,
responda el cielo y no yo.

Doncs això li ha quedat per a tota la vida. Potser és l'única cosa del Tenorio que li ha quedat, incapaç de fer escenes del sofà eficients o de parlar en veu alta als monuments funeraris, tot i que encara en sap els versos sonors. Si no em volen, me'n vaig. Si no m'obren les portes, cap problema. Me'n torno. A Buenos Aires o més lluny, a un lloc on no em conegui ningú, on no m'hagi de preocupar de res, on em pugui dissoldre en l'anonimat absolut. No tenir cap nom. Cap ni un. Cap lligam. *Ni envidiado ni envidioso.* No escriure cartes ni preguntar per telèfon què ha fet el Barça. Que faci el que vulgui. Tant me fa. Si la meva tribu no em vol, si no em defensa quan m'ataquen, si m'ataca quan em defenso, tallar tots els lligams i no ser res, esborrat de tot, perdut, pur individu que només pensa en ell. Jo ja he trucat a les portes de casa, de la tribu. Ara és cosa seva. Per què no?

Amb la cigarreta a la boca, assegut en un racó, al marge de tot, en Jaume s'adona amb perplexitat i amb un punt d'inquietud que no li desagrada del tot la idea. Marxar. Sí, marxar. Desaparèixer. Fondre's. No pas tornar a començar en un altre lloc, simplement acabar sense soroll ni gestos teatrals. No, no: tampoc fer cap bestiesa. Vol dir una mena de desaparició metafòrica. I si en el fons és el que ha vingut a fer? A picar les portes del cel amb la secreta esperança que no li obriran, ja tinc la consciència tranquil·la, no es pot dir que no ho he intentat. Han estat ells. Qui són ells? Tots. Tots els altres. El cap d'informatius de la ràdio. La seva ex-dona. Els seus fills. Hi ha els pares, això sí. Però el pare s'acaba. No quedarà ni aquest lligam. ¿I si la tornada de Buenos Aires i el viatge a París i el Barça han estat una excusa per quedar descansat i poder trencar definitivament amb tot sense càrrecs, sense nostàlgies? Trencar amb tot. Amb tots els fils. Amb la pàtria i la família, amb la feina i el Barça. Amb el seu bon nom. A qui li importa? Amb la tribu. Esborri'm de la tribu, per favor, perquè la tribu no em vol.

He tornat perquè no es trenqui el fil, s'ha dit ell mateix, en els exàmens interns d'abans d'adormir-se, instants d'insomni al llit. Un lloc on dir-se mentides. O potser no. Potser un lloc on dir-se mitges veritats. He tornat perquè no es trenqui el fil o perquè es trenqui definitivament i del tot, o caixa o faixa, prou de collonades i tebiors. I tu què prefereixes, Jaume Cortès? Va, de veritat, no pots ser neutral en una pregunta així. Vols que es trenqui o que no es trenqui? Per què apostes? Per què et jugaràs els quartos? Va, contesta! Fes alguna cosa, alguna vegada! No et limitis a esperar que els altres decideixin per tu!

(*Però no he de seguir mai el meu somni i em quedaré aquí fins a la mort.*)

Sí, ja ho sé, tot allò de la dissortada pàtria, jo també sóc covard i salvatge. Etcètera, etcètera. I estimo, a més, amb un desesperat dolor... Aquesta és la qüestió en el fons, Jaume

Cortès. Estimes amb un desesperat dolor? El que sigui. Alguna cosa. El teu fill, posem per cas. Ton pare. Si estimes, no marxes. O si marxes, tornes.

En Jaume potser s'ha passat massa temps, a la vida, pensant que quan sonava el telèfon segur que era una mala notícia. Volent que no sonés. Sí, pot ser que n'arribi una de bona, però millor no arriscar-se. Ara pensa que potser ja fa massa estona que s'ha separat de la resta del grup i de l'Albert. Tota l'estona de la trucada i la cigarreta. Massa estona. A veure si encara no els trobarà.

—

—Heu vist l'Albert?

—No se n'ha anat amb vostè?

En Jaume torna on era abans de rebre la trucada i el paisatge humà al seu voltant s'ha mogut, és perpètuament canviant, gent amunt i avall. La gent dóna voltes, com a la plaça de la Patum, al voltant de la torre, com una salsa espessa. Fantàstic. Però no hi troba l'Albert. Hi és l'Oriol, que té més o menys controlat en Ramon. Però l'Albert, que era amb ells, ja no és amb ells. Hi ha més gent, no gaire més, però van arribant, en grups, de totes les direccions. Es fan fotos i criden. En Jaume es posa nerviós, un atabalament estrany, no s'hi posa normalment.

—L'hauríem de trobar. M'ajudeu? Ens separem i fixem un lloc. Al costat d'allà on venen les entrades. Ens hi trobem d'aquí a cinc minuts, d'acord?

Fan que sí amb el cap. Cadascú surt en una direcció diferent, imposats d'una tasca emocionant. Ningú no l'ha vist marxar. Si es pensaven que havia marxat amb ell, potser és que l'Albert ha anat també en direcció als Invalides. En Jaume hi torna, en aquesta direcció. Ningú no sap on anar, per on posar-s'hi. No hi ha cap indici. Potser allà on hi ha més gent, davant d'alguna atracció. No, és aviat encara per preocupar-se. No passa res. Simplement es deu haver desorientat entre la gentada. Però és que és un nano, molt jovenet, gairebé no ha sortit mai de casa, vés a saber què li passarà pel cap.

De sobte, a en Jaume tot li sembla amenaçador. Els grupets de l'Arsenal: li sembla que ja han begut massa, serien capaços de fotre's amb un xaval que va tot sol, despistat i perdut. N'hi ha del Barça que no fan una pinta gaire bona. Qui voldria fer mal a l'Albert? I per què? Quan estem tranquils, pensem que la gent no vol fer mal a l'altra gent si no té un motiu, una necessitat o un interès. Però després sempre surten voluntaris per trencar la cara a algú que no coneixen de res. Sempre hi ha qui s'apunta a fer mal. Potser li han demanat la bufanda o la samarreta. L'entrada no, les entrades les porta ell, ben amagades. O potser sí que li han demanat l'entrada i com que no la porta s'hi han emprenyat i l'han amenaçat. Tot li semblen perills. El futbol li sembla un món de perills. Com se li va acudir portar-hi el fill? Que no se'n recorda, del que passava a l'Argentina amb les *barras bravas*?, ell mateix en va fer cròniques, després d'aquell partit del River i el Boca. Li sembla un món de violència que amenaça son fill, que l'envolta amb hostilitat. Un fill perdut, invisible. Va, no ens posem nerviosos. Què faria jo si tingués quinze anys i estigués perdut aquí al mig? Pensem-hi. Hi pensa i no troba cap resposta, o en troba moltes i cap no li agrada.

—Què, l'heu vist?

—Ni rastre. És molt complicat. No porta mòbil?

Esclar que sí. Porta mòbil. Ahir li van trucar mentre anaven amb tren, aquella trucada misteriosa. Però avui ha demanat el mòbil de son pare per trucar a casa. En Jaume treu el seu i marca el número de l'Albert, memoritzat a l'aparell. El telèfon a què truca està apagat o fora de cobertura. Prova amb prefixos internacionals, l'espanyol, el francès, no fos cas. Li surten veus en francès que expliquen coses inútils.

—El deu tenir apagat. Havíem d'haver quedat d'alguna manera si ens perdíem. S'ha de fer sempre quan hi ha gentades com aquesta. O com a mínim portar el mòbil engegat, és el mínim, una mica de precaució.

—No es preocupi. No li pot haver passat res. Només és qüestió d'estona que el trobem. No pot haver marxat d'aquí —compungit, l'Oriol, com si se sentís culpable d'alguna cosa, sense ser-ho.

—Sí, va. Aquí tothom és gent de casa. Quan s'adoni que fa estona que no ens veu, tornarà a connectar el mòbil o se n'anirà a la policia, o el que sigui. No ens hem d'espantar. No li pot passar res, aquí al mig. Està ple de guàrdies i de gent del Barça, que l'ajudarà —s'hi afegeix en Ramon, consolatori.

—I si no el té donat d'alta d'internacional, el seu mòbil? I per això m'ha demanat abans el meu, per trucar a Barcelona.

—No ho sap, vostè, si l'hi han donat d'alta? —se sorprèn en Ramon.

No, no ho sap. No en té ni idea. El mòbil li paga la seva mare. Li va comprar la mare. Tot ho sap la mare, no pas ell. No ho pot explicar, tot això. No té ganes d'explicar-ho: estic separat, m'he passat molt de temps a l'estranger, és gairebé com si no el conegués, el meu fill. No sé què pot fer ni què pot pensar ni de quina companyia és el seu mòbil. No el conec. No el conec. Collons, només faltava això. Una invitació a sentir-se culpable. S'ha perdut per culpa meva. No el trobem per culpa meva. No pas perquè ara hagi fet res mal fet, potser sí que m'he despistat, potser sí que hauria d'haver-ho previst. Però el mal ja estava fet. El mal i la culpa vénen de lluny.

—Tornem a fer un tomb? No sé, alguna cosa, el que sigui. No em sé estar quiet, esperant.

—D'acord, però no ens podem passar el dia així. Si quan

tornem no hi és, hauríem de cridar la policia —curiosament, l'Oriol és el més pràctic.

Busca una altra ruta pel Camp de Mart per fer el segon tomb, com més estona passa més lluny podria ser, més difícil és endevinar per on s'ha mogut. Torna a provar el mòbil. Tornen a dir-li totes aquelles coses inútils. Al seu voltant, la gent està contenta. Hi ha molts joves, alguns de lluny els confon amb l'Albert, són de la seva edat, van pentinats igual, porten la mateixa samarreta. Han vingut en grup. La gent més gran deu ser en altres llocs, aquí hi ha arribat la gent jove. Veu molts Alberts, en podria fer sociologia de taxista, però no veu l'Albert. La violència sempre li havia semblat una cosa externa, llunyana, l'objectiu d'una càmera de fer fotos, el motiu d'una crònica. Feina. Fins i tot el fascinava una mica, perquè no s'hi sentia directament amenaçat. N'era espectador. Ara li sembla veure violència en tot, arreu. I li regira l'estómac.

Li ha agafat por. Se n'adona. Se'n sorprèn. No del tot: la nit anterior ja ho havia pensat, quan l'Ignasi explicava tot aquell món de *hooligans* violents, de pallisses i punyalades, però d'una manera abstracta, sense imaginar-s'ho en la realitat. Però en el fons és el mateix, encara que més viu, més urgent, més genital: li fa terror que li pugui passar alguna cosa a l'Albert. S'adona que la por, la por de veritat, no és un estat mental, sinó físic, concretament com si algú et lligués l'estómac amb una corda i l'anés estrenyent fins que no hi cap res ni s'hi pot fer entrar res. No, el problema no és com ho explicaria en tornar a casa, em vaig distreure, és quan em va trucar la mare. Tot això no té gaire importància. Això seria racional. No, és una por tel·lúrica, animal, que ve de dins, que ataca el cor i el ventre, com una malaltia dels budells, una cosa material que et deixa sense aire. No és pànic. Encara no. Si això continua, ho acabarà sent. Ho ha pensat al vespre: se li fa absolutament insuportable la idea que a l'Albert li pugui passar alguna cosa. Pitjor, se li fa insuportable la idea que pugui ser infeliç, que pugui tenir disgustos, que el món el pugui decebre o enganyar o ferir. Això d'ara és només un episodi concret, conjuntural. Quan el trobi, segur que el trobarà, haurà passat la por concreta, però es mantindrà aquesta por de fons, com un paisatge permanent. Per sempre més. Això, aquesta sensació de fragilitat, d'alarma, ha arribat per quedar-se. No té tornada. Por que la vida li vagi malament, que es desinfli, que llenci la tovallola. No ara, aquí, sota la torre Eiffel. En algun moment de la vida. Mai.

Ha descobert de sobte l'ofici de pare, pensa. Per pura proximitat. Pel fet d'estar junts. És més important la distància que la sang. L'ofici de pare és desitjar per damunt de qualsevol altra cosa al món la felicitat dels fills. O, dit d'una altra manera, no poder mirar de cara en cap moment la idea de la seva infelicitat o de la seva desgràcia. S'adona que la pregunta que es feia fa una estona, tot sol, mentre fumava assegut a les escales, ja ha estat resposta. Amb aquest acolloniment, amb aquesta ànsia, ja ha estat resposta. No, no marxarà. (Però sap també que si s'ha fet una vegada la pregunta se la pot fer moltes vegades més, i que potser no sempre la respondrà igual, les circumstàncies, els paisatges, els protagonistes canvien amb el temps.) Però ara no marxarà. Somriuria si pogués, si no estigués tan espantat: el pare malalt i el fill perdut. I ell allà al mig, impotent. Ha tornat de Buenos Aires perquè el fil no es trenqui. Ha portat l'Albert a París a veure el Barça per fer de baula d'aquesta cadena. I ara està allà al mig, perplex, impotent, sense ajudar el pare ni trobar el fill.

Va, no exagerem. Va, no ens posem metafísics. Simplement s'ha perdut una estona entremig de la gentada. No li pot passar res, és el que diu en Ramon, això està ple de policies i de gent normal, de gent de la nostra tribu, cadascú a la seva manera, de bona gent que l'acompanyarà quan s'adoni que està perdut. Pot ser que simplement no se n'hagi adonat? Pot ser que se n'hagi adonat i li faci vergonya demanar ajuda? Quant temps necessita per caducar la vergonya d'un adolescent? Quanta estona ha de passar?

Tornem a provar el mòbil. Res. Tornem al lloc de trobada. Res. Bé, no, alguna cosa. En Ramon i l'Oriol ja hi són, l'esperen, deu haver passat més estona, després dels cinc minuts. Tots plegats miren alarmats cap a una de les portes d'elefant metàl·lic de la torre. Allà passa alguna cosa. Se senten crits, hi ha aglomeracions. La gent hi corre. A en Jaume li tremolen les mans. No se les mira, i per tant no ho sap. Però es posa a córrer cap allà, i li tremolen.

—

La Rosa té la malaltia de la puntualitat. Potser, en el fons, és una forma de timidesa: què pensaran si arribo tard, s'ho prendran com un menyspreu, com si fos una *frescales*, com si tingués aires? Per tant, a l'hora en punt. Sempre. Balança. Ha quedat amb sa mare per dinar i ella ja hi és, a quarts de dues acabats de tocar al campanar del Sant Esperit, que se sent des de la Rambla. Tan aviat com s'ha pogut escapar de la botiga, ha vingut cap aquí. S'asseu a fora, a les taules de la terrassa del Biaix, i es demana un vermut negre i una bossa de patates, troba que fa festa. I avui és mig festa, amb això del Barça. Ella gairebé no ho nota: treballa només als matins en una botiga de roba de casa al carrer de la Fontvella, no paguen gaire, no hi ha gaire responsabilitat. I és un horari fix, sense complicacions. Quan arribi l'estiu tota aquesta gespa d'aquí al davant serà plena de gent estirada, com si fóssim a Amèrica, a les pel·lícules. Vam néixer abans d'hora. Quan érem joves, això era la via del tren i s'hi venien a manifestar els obrers de l'Electra o els de l'Anònima, en les grans vagues dels setanta, perquè hi trobaven rocs que es podien llançar als grisos a cavall. Ara és un parc. El món és millor que era, fins i tot hi ha més dies que fa sol, però nosaltres només l'hem enxampat de biaix, no pas de ple.

—Ai, filla, calia quedar tan aviat? A casa dinem tard, ja ho saps, de tota la vida.

—Així la tarda se'ns farà més llarga. A París ja deuen haver dinat, a aquesta hora. I si no han dinat, ja no dinaran. Em sembla un horari més normal que el nostre, què vols que et digui.

La mare de la Rosa arriba atabalada i carregada. Extremada per als seus setanta anys. De ca la pentinadora. Amb un vestit jaqueta groguenc, un groc pàl·lid i elegant, però groc al capdavall, i una miqueta de taló. La Paquita ni és puntual ni creu que hagi agafat el món millor només d'equitllada, aquest temps és el seu temps, potser perquè ha viscut de fet dues vides, una amb cada marit, són tan diferents! Va quedar vídua prou jove, del pare de la Rosa. L'Alfons és de la mateixa quinta d'ella, ja fa anys que es va vendre l'empresa, un conco sense fills, i ara viatgen i viuen. Tenen casa al Passeig, quan s'eixampla la Fontvella, com els vells senyors de Terrassa. Tres plantes i golfes, massa gran per a la Paquita. Sort que hi ha aquella noia que l'ajuda, una noia romanesa, esplèndida. Una troballa.

—Avui tenim gent a sopar. Uns amics nostres. L'Alfons els ha convidat a veure el partit a casa.

—Molta gent?

—Una altra parella i dos homes sols. Haurem de sopar aviat, perquè el partit comença d'hora.

—Veus com t'ha anat bé quedar abans de les dues?

—Ara em diràs que ho has fet per això! Si ni ho sabies...

La Rosa se'ls imagina asseguts al sofà, mudats de sopar, no ben bé mudats, però amb corbata els senyors, són d'una generació que si no la duen es troben despullats, un got de whisky amb glaçons, un whisky bo que van a comprar a Andorra. Sort que hi ha una altra senyora, sa mare no suporta el futbol, potser avui sí, és un dia especial, tothom en parla, no cal que t'agradi, però millor poder-se esbargir xerrant amb una altra dona si ells es posen pesats cridant i discutint. L'Alfons és soci, dels que van al camp amb el puro, té un abonament bo, a tribuna. *Por qué, por qué, los domingos por el fútbol me abandonas.* Però ara ja no hi ha perill. Ara se li'n fot, a la mare. No com abans, quan tu eres petita: ton pare, filla, era un *salido* —ho diu a la catalana, amb les vocals neutres—, encara no sé ben bé què feia, els diumenges a la tarda, que deia que anava a futbol, potser sí. Però era tan carinyós, quan volia, i, en el fons, tan bona persona! Déu l'hagi perdonat. Som capaços d'aguantar coses que sempre havíem pensat que no aguantaríem. L'Alfons només hi va quan juguen a la tarda, no pas a les nits. Millor, que surti una estona. Ja li va bé quedar-se sola. S'asseuran aquest vespre tots els homes en cercle, fumant i bevent, sense cridar (o potser cridant, segons com vagin les coses), una cama sobre l'altra, i se sentiran altra vegada joves i vius, ves que a algú no li agafi un cobriment, amb les emocions i el whisky, encara que diuen que és tan bo per a la circulació. La noia ja ha anat a comprar, jo he anat a buscar les postres. Perquè no et pensis, porten feina, tanta gent a dispesa.

—Vols venir? Si has d'estar-te tota sola... —la convida sabent que dirà que no.

—Jo? De cap manera! Què vols que hi faci?

—Aquests concos amics de l'Alfons estan carregats de duros. I no duraran gaire...

—Au, va. Què t'empatolles? Només em faltaria això.

—Doncs mira, així jo tindria algú amb qui xerrar, mentre ells es miren el futbol.

—Si tu i jo ja ens ho hem dit tot, mare.

A la Paquita mai no li va agradar en Jaume. La va avisar, a la Rosa, aquest xicot no et convé. I tampoc no sé què li veus, no és gaire eixerit. Potser per això quan es van separar no va posar el crit al cel, al contrari. Li va semblar ben natural i assenyat. I des de llavors li busca nòvios que li convinguin. No pas per enamorar-se'n, per casar-s'hi, si cal, o per viure junts, ara ja no s'ha de ser tan primmirat amb això dels papers. Concos disponibles que li garanteixin una vida com la que ella ha aconseguit, i que li sembla admirable, perfecta. Envejable, fins i tot per a la seva filla, nena, encara fas de molt bon veure, jo amb el teu tipus, que en faria, de mal.

Mare i filla han demanat tot de plats minúsculs, una barreja. Una copa de vi cadascuna. Pagarà la Paquita, ja es veu a venir, tot i que va ser la Rosa qui li va trucar. Si et va bé, demà em marxa l'Albert cap a París, a veure el Barça, amb son pare, vols que quedem per dinar? A casa teva? No, a fora, que no dugui feina. Mare i filla. No ho fan gaire. La Rosa sempre té algú, a casa, dinant. L'Albert, abans la Glòria, amics dels nanos que entren i surten. És com un restaurant, i de vegades no vénen ni a la mateixa hora, els he de fer torns i a cadascú el que li agrada, com els restaurants.

—Et sap greu que hagi marxat l'Albert?

—No —diu la Rosa perquè s'entengui que sí.

—Ets una bleda, filla meva. Massa bona.

És el que la Rosa volia sentir. Ho ha dit per això. I sa mare ho sap, sap que no en té un pèl, de bleda, sap que és un posat, sap que aquest posat necessita públic. Li fa de públic. Una mare és una mare. Disposada. I ho és per sempre. El que més convingui.

—I en Jaume, ha tornat per quedar-se?

—No ho sé. Ha tornat perquè el seu pare està molt malament.

—Ja. Però, i després?

—No ho sé. Tant me fa.

—Doncs convindria que es quedés. Ell ja l'ha campada. Potser ara et toca a tu.

—Ja em vols tornar a col·locar un d'aquests concos que et sobren! Farem riure —fa broma la Rosa. Però la Paquita no parla de broma. Ni parla dels concos.

La Rosa té l'impuls de trucar a l'Albert, no fa gaire han parlat, però li ve de gust, li sembla que ho necessita. No, ella no vol campar-la. Fa uns anys es pensava que sí, ara ja no. Fa encara més anys, pensava que si hi havia una cosa que no volia ser, en la seva vida, era sa mare. No volia ser sa mare ni com sa mare. Aguantar el que ella havia aguantat. Potser en Jaume no és tan divertit com era el pare, al cel sigui, però podrien estar junts i tranquils, per sempre. Ens pensem que nosaltres sí que ho farem bé. Que les generacions fa segles que s'equivoquen l'una darrere l'altra, però que ara hem arribat nosaltres i els ensenyarem com va la cosa de veritat. Fantàstic. Que n'aprenguin. Com els anuncis de detergents de la tele, on la filla moderna i espavilada descobreix a la mare, antiquada i carrinclona, o encara millor a la sogra, que fan servir un sabó en pols de l'any de la picor, les troballes revolucionàries dels nous temps. *Con desincrustantes bioactivos que arrancan la suciedad.* Ara arribem els qui en sabem. Aparteu les criatures. I ara pensa que potser sa mare n'ha sabut més que ella, molt més que ella. Que potser és ella qui n'ha d'aprendre, de sa mare. Però, per favor, no em donis més consells. Ni em busquis més pretendents.

Baixen per la Rambla nois i noies amb la samarreta del Barça, falta molta estona per al partit, però avui és el dia, ja s'ha llevat un dia de Barça, mitja festa. Les botigues dels xinesos, una mica més amunt, han penjat unes banderes blaugrana enormes a l'entrada. És com dissabte dels d'abans, que a la tarda tancaven les escoles i els despatxos. La Rosa no menja postres, la Paquita es menja els gelats de totes dues. No sé per què ho fas, això, estàs feta un fideu. No t'aniria malament engreixar-te. Als meus concos, que tu dius, els agraden més grassonetes, que hi hagi on agafar-se. Ja te'ls pots confitar, els teus concos! Però sa mare veurà el Barça amb tot de gent, xerrant i bevent, amb algú al costat, amb un home al costat, algú que li pregunta cada matí com es troba i que ronca cada nit al seu costat. Ella se'l mirarà tota sola.

Es fan dos petons i se'n van en direccions oposades. La Paquita, carrer Major amunt, cap al Passeig. La Rosa, cap a la plaça del Progrés, es vol mirar unes sabates. La canalla que surt d'escola crida, *ser del Barça és lo millor que hi ha*. La Rosa s'emporta a la boca només cinc paraules de tot el que li ha dit sa mare. Ara et toca a tu. Una altra vegada: ara et toca a tu. Se les va repetint com la tornada d'una cançó enganxosa d'estiu, com la música d'aquell anunci que et sorprens cantant en veu baixa i que vas dir que no t'agradava gens.

—

Quan han arribat a l'esplanada de la torre, encara no sabien amb qui es barallarien. Però han vingut a barallar-se. No tots tenen entrades. S'hauran d'espavilar. A veure. Han fet voltes, s'han ajuntat, han tret les bengales i han saludat a crits, en una espècie de dansa guerrera maori que té per objectiu espantar els guerrers rivals abans de la batalla. Els de l'Arsenal no volien brega. Si n'hi ha, dels de la brega, no són aquí, potser vindran més tard, potser es trobaran més a prop del camp. Aquí només hi ha turistes disfressats de *hooligans*. Però són turistes. Famílies, canalla. Poca cosa. Haurien marxat, capcots, si no haguessin trobat una excusa per quedar-se.

En Jaume ha après, en molts anys de periodisme, a olorar

la violència. Fa una olor especial. Estàs enmig d'una escena normal, jo què sé, comprant fruita a les paradetes de la porta de Damasc, o a davant de l'església de la Nativitat de Betlem, o passejant des de San Telmo cap a la Plaza de Mayo, o veient el River contra el Boca a la Bombonera, i tot sembla tranquil, una mena d'inèrcia de la normalitat, fins que de sobte hi ha una mena d'espurna i és com si el temps s'accelerés, es fes més dens, i tothom mira cap al mateix lloc i hi ha gent que corre i el soroll agafa una consistència especial, gràvida. Llavors comença la violència. I quan comença és imprevisible, funciona en espiral, tan aviat pot anar amunt com avall. I és com si la gent hagués travessat de cop una porta, com si hagués entrat en un altre món, que té unes altres regles. No és ben bé com als westerns, les baralles del *saloon*, però alguna cosa hi té a veure: hi ha una guspira i després un incendi. I l'incendi no saps com el podries controlar, va cap on bufa el vent, governat per l'atzar.

En Ramon i l'Oriol són els primers d'arribar-hi, però el que es troben és ja el final d'alguna cosa. En Jaume hi arriba encara més tard. Els gendarmes, un minut després, i llavors ja no en queda res. És una baralla, però no està clar entre qui. La violència sempre és caòtica. Fa soroll. Està feta de petits fragments accelerats: un cop de puny, una cama que s'alça, algú caient a terra. Tot passa de pressa, després et sembla que ho podries tornar a passar a càmera lenta per entendre-ho. Hi ha cinc o sis nois mig uniformats, amb cara de mala llet, els cabells molt curts i tatuatges als braços, amb samarretes del Barça molt arrapades. Es barallen amb una munió de gent diversa, sense uniformes visibles ni invisibles. Potser no és exactament que es barallin amb tots. Potser és que el bàndol dispers no és tal bàndol, sinó simplement gent que passava que ha aturat els uniformats quan intentaven pegar a algú. Hi ha gent per terra. Hi ha gent que surt corrent. Hi ha gent que agafa algun dels uniformats des de darrere, pels braços.

—Heu vist l'Albert?

—No. L'Albert, no —respon l'Oriol, amb l'alarma a la veu.

En Jaume està espantat. Ha construït mentalment tot de situacions de risc per a l'Albert tot sol. Li volen prendre el mòbil. Li volen prendre l'entrada. No ens agrada la cara que fas. Ets un *pijo* de merda, què cony hi fots, aquí. Se l'imagina atacat per borratxos de l'Arsenal o per salvatges del Barça o detingut per policies de paisà que li han preguntat alguna cosa que ell no ha entès i actuen amb contundència anti-*hooligan*. Com que ha construït totes aquestes escenes de tensió, quan en veu una, s'imagina l'Albert allà al mig. Però l'Oriol diu que no, que no hi és. L'Albert no. Llavors, qui?

—Que algú avisi la policia, hòstia! —crida l'Oriol, furiós.

—Ja vénen, ja són aquí.

No és veritat del tot, però s'acosten. Els *hooligans* uniformats es miren i es posen a córrer, no pas tots junts, cadascú per la seva banda, aviat ja són uns de més entremig dels desconeguts. La policia aparta gent, com qui desmunta una melé improvisada en un partit de rugbi, a veure si trobem a sota de tot la pilota oval. Una piràmide confusa de gent que corre, que s'aixeca, que s'aparta. Hi ha un xicot estirat, té sang a la cella, la sang sempre és molt escandalosa. Els gendarmes l'aixequen. Llavors en Jaume reconeix l'Ignasi, el company de compartiment al tren, el noi que havia deixat de barrejar-se amb els de les hòsties, i respira alleujat. Li sap greu. No hauria de ser així. Però ell hi havia temut l'Albert, allà a terra. I ara que sigui l'Ignasi no és la pitjor hipòtesi. Quina sort! S'ho diu a la vegada amb mala consciència i amb un inesperat egoisme patern.

—No és res. Estic bé. Ja està.

L'Ignasi s'espolsa la samarreta blaugrana tacada, es passa

els dits per la cella i es mira la sang, com si pogués ser alguna altra cosa que no fos sang. No, no. Ja està.

—T'han de dur a curar. No pots anar així —l'Oriol agafa el comandament en les situacions de crisi.

—Allà tenen una ambulància, t'ho faran aquí mateix. Només és posar-te un esparadrap a la ferida —en Ramon, al darrere.

—Va, vés-hi. Nosaltres t'esperem aquí —en Jaume, protector.

Els gendarmes s'enduen l'Ignasi cap a l'ambulància aparcada a la plaça Joffre. Ni es molesten a anar darrere dels xicots de cabells curts i samarreta arrapada. S'han fos. I què? Mentre no muntin un altre sidral d'aquí a cinc minuts... El cèrcol de tafaners es dissol. En Jaume busca entre ells l'Albert, si ha vist un merder, segur que hi ha tret el nas, a veure què passa, és un instint genètic, al capdavall és fill de periodista. Ell, és el que hauria fet, ara i de jove. Però no el veu, no hi és. No hi era, en l'embolic. Ha passat molta estona? N'ha perdut la consciència quan hi havia tota la baralla. Quan ha descobert que el xicot atonyinat era l'Ignasi, no li ha vingut de nou del tot, ja es veia allà al tren que mirava per la finestra amb por, o amb prudència, com en vulguem dir. Que temia alguna cosa. Que algú anava per ell, poc o molt. Llàstima, perquè es veu bon xaval. L'agafarà, pensa en Jaume, i se'ls emportarà a tots a dinar, que hi hagi companyia per a l'Albert, si no de la seva edat, com a mínim joves. Però abans cal trobar l'Albert. De sobte li tornen totes les pors, ja ho veia jo que això era perillós, això no és un berenar a la font del bosc, aquí hi ha gent molt rara, dels altres i dels nostres.

—Fills de puta! —s'esbrava l'Oriol, i de seguida rebaixa—, però no li han fet res. Quan li posin una bena a la cella, tot estarà.

—Potser se'l quedaran els gendarmes.

—Sí, home. A més de ser el qui rep, ara se'l quedaran a ell. I els altres, tan panxos.

En Ramon i l'Oriol fan el seu fòrum sobre les bufetades. Tenen una idea vaga de qui podien ser, aquells ocellots. Aquestes coses els impressionen molt menys que a en Jaume. I això que en Jaume n'ha vist a la vida de més grosses, fent de periodista. O potser per això. Les nits de dissabte, quan tens vint anys, poden ser una jungla, als bars dels polígons industrials, a les barraques de festes. Ells han vist des de sempre pinyes de discoteques, baralles de borratxos de Festa Major, coses desagradables però que se sap com s'acaben. En Jaume ha vist moltes menys bufetades, però n'ha vist algunes que acabaven a trets. Ha vist com aquestes coses creixen en espiral i ha vist les espirals anar molt més enllà, fins al desastre. L'impressiona i l'espanta. I més amb l'Albert *missing*.

—Ens hi hauríem de tornar a posar, a buscar l'Albert.

—Potser que avisem la policia.

—Provi de tornar-li a trucar pel mòbil.

Llavors, telepàticament, sona el telèfon. I és l'Albert.

BARÇA O ARSENAL: GUIA PER DISTINGIR LES AFICIONS

Crònica del nostre enviat especial Joan Lluís Cardona.

París, 17 de maig.— Des de fa dies, però sobretot avui, dia de la final, París està ocupat per dos exèrcits pacífics —si més no, pacífics fins ara— que passegen pels carrers banderes i estendards que els identifiquen. No és gens complicat distingir-los, òbviament. Els colors són diferents. També ho són les banderes. Tot i que el vermell és el color de l'Arsenal, la final l'hauran de jugar de groc, i per tant la marea groga ve d'Anglaterra. Amb les excepcions que es vulguin, fins i tot amb una samarreta neutra, no seria difícil de distingir visualment un *hooligan* britànic d'un culer típic. Abunden entre els primers els cabells rossos i les pells blanques que ens recorden els primers turistes de Lloret, vermells com llagostins camí de la platja i amb una incipient panxeta juvenil de cervesa. No ens cal descriure gaire els segons. Tot i que de fet n'hi ha de tots colors, alguns de ben exòtics, com si defugissin una sola descripció.

Però les diferències entre les dues aficions no són només físiques, estètiques; abans que la paraula hagués estat prohibida per la correcció política, n'haurien dit racials. Quan les trobes escassament barrejades pels carrers de París, especialment davant de les seves atraccions turístiques més òbvies i molt particularment als peus de la torre Eiffel —on els catalans resulten majoritaris, no sé per què—, t'adones que entre les dues aficions hi ha diferències sociològiques rellevants. Òbviament, traient al terme *sociològiques* qualsevol pretensió o solemnitat científica, si és que algú encara es pensa que la té. Per exemple, l'expedició de l'Arsenal és més uniforme pel que fa a l'edat i el gènere: és una expedició masculina feta amb joves i gent de mitjana edat. I se li endevina també una certa cohesió social, com si tots els seus components sortissin d'un mateix motlle. Per contra, l'expedició blaugrana és fonamentalment familiar, amb un cert esbiaix cap a la banda masculina i cap a la joventut, però amb un nombre considerable de noies i de senyores i amb una presència destacable de canalla. L'Arsenal es desplaça en colles de xicots. El Barça, en *troupes* familiars. Generalitzo.

No és estrany. Ser de l'Arsenal i ser del Barça no és el mateix. L'Arsenal és un club de Londres, que ha de competir amb els altres clubs de Londres i acaba aglutinant un determinat tipus de seguidor. Mana la geografia dels barris, naturalment, però mana també una altra cosa que hi està directament relacionada: la classe de procedència, que en una societat de castes com és encara avui en bona part l'anglesa té una enorme importància, fins i tot en les maneres de parlar, de viure i de beure. Fa pocs anys es va publicar a Anglaterra un llibre esplèndid titulat *Fever Pitch*, un títol que el meu anglès precari seria incapaç de traduir ni tan sols aproximadament. N'és l'autor un senyor de la meva edat, nascut l'any molt gloriós del 1957, anomenat Nick Hornby, a qui no tinc el gust de conèixer de res ni d'haver-ne llegit cap altra cosa, i que es dedica a explicar la seva vida com a seguidor de l'Arsenal. És molt bo, creguin-me. Dit així, ja sé que no en vendria ni un, i menys avui. Però és un llibre fabulós, dels millors que he llegit sobre futbol. Doncs l'autor, per al qual l'Arsenal és l'esquelet de la pròpia biografia, que li ha dedicat un llibre esplèndid i llarg, de moltes pàgines, intel·ligent i enginyós, no sap explicar ben bé per què és de l'Arsenal i no de cap altre equip de Londres.

Hi ha un moment del llibre en què l'autor ens diu, i jo m'he fet traduir: *Segur que no m'equivoco gaire si els dic que, de la mateixa manera que jo sóc de l'Arsenal d'una manera natural —quan me'n vaig fer jo era també un noiet agre, sempre a la defensiva, emprenyat, a qui agradava discutir amb tothom i probablement més reprimit del que caldria—, doncs a mon pare el que li tocaria seria anar a Stamford Bridge, el camp del Chelsea.* Per a un català aquesta afirmació és sorprenent. El pare del Chelsea i el fill de l'Arsenal, d'una manera natural? A Catalunya d'entrada s'és del Barça. Si la relació amb el teu pare és mínimament normal, ets del Barça com ell. I si t'hi baralles de la pitjor manera imaginable, com que ton pare és del Barça et fas perico, per dur la contrària. Es poden fer variacions diverses entorn del mateix tema, però la norma general és aquesta: o ets del mateix que el teu pare o ets del contrari que ton pare, precisament per dur-li la contrària. Però no ets, amb naturalitat i sense conflicte, una cosa diferent que el teu pare.

Em fa l'efecte que aquí hi ha la clau per distingir aquestes dues aficions desplegades per París, per entendre la seva composició i la seva estètica diferent. L'Arsenal és un club de barri i de classe, però sobretot el club de la gent que és d'una determinada manera, aquests joves irats que ens recorden el Londres dels seixanta. El Barça és un equip de país. O encara més, és un equip de tribu, és a dir, de família, de famílies. El Barça és absolutament transversal en la societat i en la política catalana. Té rics i pobres, xaves i *pijos*, carques i progres, gent de can Fanga i gent que no pot veure els de can Fanga, catalans de tota la vida i gent que s'ha fet catalana fa quatre dies, sovint fent-se del Barça. Dos que són de l'Arsenal s'assemblen. Dos que són del Barça poden no assemblar-se en res més que en el fet de ser del Barça. Ja ho explicava el gran Vázquez Montalbán a finals dels seixanta als lectors de *Triunfo*. Ser del Barça és una cosa estranya i insòlitament revolucionària, perquè ajunta els diferents.

Aquest matí esmorzava amb una petita expedició barcelonista, on estaven junts un pare i un fill. Estic convençut que si no existís el Barça, aquest pare i aquest fill no sabrien què dir-se. S'asseurien a taula i simplement es demanarien de passar-se el pa i omplir el got d'aigua. El que interessa al pare no interessa al fill. De les coses que el fill sap, el pare no n'ha sentit a parlar. Només és possible una conversa fluida i sincera, sense màscares ni estratègies, sobre el Barça. Quants futurs gendres s'han assegut per primer cop a la taula dels futurs sogres i, temorosos d'una incursió inadequada en la política, la religió o l'estètica, han presentat la seva candidatura a la família, han demanat metafòricament la mà de la nena, parlant del Barça! De què si no?

Una observació destinada només a aquells qui ja tenim

una edat: això no és com a Londres, l'any de Wembley i del gol de Koeman. Allà, els de la Sampdoria hi anaven també en família, més com el Barça, potser perquè catalans i genovesos no tan sols hem compartit mar, sinó que ens l'hem disputat: Gènova era l'enemiga de Barcelona per excel·lència en els segles d'or de l'imperi mediterrani. Contra els genovesos, amb qui fos: amb els venecians, amb els pisans... I els enemics s'assemblen. Gènova és una rival. Londres és una altra cosa. D'un altre planeta. La seva relació amb el futbol és d'una altra naturalesa, feta d'una altra pasta.

Per això la marea groga i la blaugrana són diferents. Canten diferent (la groga canta més). Van a llocs diferents. Beuen i veuen coses diferents. Perquè els de l'Arsenal són d'una manera estranya. En el llibre que els deia —vaja, que els recomanava— es fa referència a un reportatge publicat en una revista anglesa sota el títol llampant de *Per què tothom odia l'Arsenal?* I l'autor es respon: *som avorrits, tenim una sort que no ens mereixem; som porcs, fatxendes, malcriats, rics i sempre sembla que estiguem emprenyats. I hem estat així, pel que em diuen, des de la dècada dels cinquanta.* Doncs bé, els del Barça no són així. De fet, no són de cap manera concreta. Uns són així, uns altres aixà. No els uneix ser d'una manera, sinó ser una cosa. Ets de l'Arsenal per com ets. Ets del Barça per què ets. Facin la prova. Imaginin un reportatge que es titulés *Per què tothom odia el Barça?* Intentin respondre. La primera resposta seria dir: no és veritat que tothom odiï el Barça. La segona, explicar la raó clara i diàfana de per què odien el Barça aquells que l'odien. Jo sé quina és la resposta, abans de començar. Vostès també la saben.

Joan Lluís Cardona
Escriptor i periodista

(En Cardona, que ha anat a fer un volt al Camp de Mart, però que davant de la gentada ha optat per mirar-s'ho de lluny, tanca el seu ordinador portàtil al *hall* de l'hotel Hilton Arc de Triomphe i es demana un Campari sense soda, només amb gel, mentre mira passar les noies. De fet, és dels últims bevedors de Campari que queden.)

—

L'Albert s'ha quedat sol sense adonar-se'n del tot, només una mica. Ha vist que son pare marxava i no l'ha seguit. Mitja distància. No penso anar enganxat tot el sant dia als pantalons del pare, la Glòria ho aplaudiria. Anem tots junts, però cadascú a la seva. D'ençà que han arribat a la torre, en Ramon i l'Oriol van per la seva banda, no els hauria de perdre de vista. En Jaume va per una altra. L'Albert, al seu voltant, però decidint on s'atura i cap on va, no un pur satèl·lit sense voluntat. Aquest era el pla. Però quan en Jaume s'ha allunyat per trucar i l'Oriol i en Ramon han quedat abduïts per la gentada, l'Albert s'ha trobat més sol del que volia. Calma, no perdem els nervis, serà només un moment.

Cap problema. Porta el mòbil a la butxaca. Apagat, això sí. Li han dit que si et fan una trucada mentre ets a l'estranger, la meitat la paga qui truca i l'altra meitat qui la rep. Com si la trucada fos —pel que fa al preu— com una local per a qui truca, però tot el suplement internacional li toqués pagar a ell, que la rep. Ve d'aquí. I tant que ve d'aquí. L'Albert està entrenat a gastar poc al mòbil, fent el màxim de coses possibles, missatges estalviant lletres, comunicar-se a través de perdudes. Ha apagat el mòbil i si cal ja farà servir el de son pare. No està perdut, per tant, encara que ho sembli. Només connectant el mòbil i trucant al pare es tornaran a trobar. No ens poséssim pas nerviosos. Tranquil, Albert, tranquil.

L'Albert recapitula. Ha perdut son pare. No veu la gent amb qui anava. Però té la clau per tornar-los a trobar quan a ell li doni la gana. Té el mòbil a la butxaca. No li poden trucar, perquè el té desconnectat. Però pot trucar quan ell vulgui. Tot és a les seves mans. Només a les seves mans. Com qui té, al sofà de casa, el comandament a distància. Ell té ara el comandament a distància: prement un botó pot canviar de situació com qui canvia de cadena. I té cap mena de pressa, ell? Oi que no? No es tracta de fer patir son pare, ell no ho diria mai d'aquesta manera. Es tracta de sentir-se lliure, amo del seu destí. La Glòria somriuria, com el puteges! No és putejar. O sí, però no és del que es tracta, és només un efecte col·lateral, en diuen així als telenotícies. Un efecte ni desitjat ni evitat, una cosa que passa al costat d'una altra, a més a més. La cosa principal és la llibertat.

Ara es tracta d'evitar que el trobin per casualitat, massa fàcilment. S'allunya del lloc on estaven. Busca les altres potes metàl·liques de la torre, gent desconeguda que no ha vist mai. S'acosta als de l'Arsenal, encara més exòtics que els propis, que beuen cerveses en gots de plàstic i canten cançons tavernàries i incomprensibles. *Good old Arsenal, We're proud to say that name, And while we sing this song, We'll win the game.* N'hi ha de la seva edat. Els saluda, amb una sensació barrejada de valor i de perill, com si fos un heroi de pel·lícula de dissabte a la tarda, un explorador que s'endinsa a la selva i entra en contacte amb tribus antropòfagues desconegudes.

—*Barça, three; Arsenal, one. Two Ronaldinho and one Eto'o* —repta, en una llengua xeroqui expressament estrafeta, a un anglès qualsevol, vermell i despistat, que no respon.

Se sent sol. Se sent eufòricament sol. Passejant per on li dóna la gana. Seguint una noia que porta dos vasos de cervesa, un a cada mà, per damunt del cap, li queda la panxa plana a l'aire i els pantalons prou avall per endevinar per damunt del cinturó la cinta blava del tanga, els cabells deixats anar. La segueix, no pas per res, per seguir-la, per mirarse-la de gust, no li dirà res, i quan ella trobi els seus companys i reparteixi els vasos, ell en buscarà una altra per seguir, per esport, per tafaneria, per una vaga contemplació eròtica, com si fos un extraterrestre, algú sense cap mena de lligam. Fent-la servir de navegador per l'espai. Quan estàs sol, quan no depens de ningú, pots fer el que et doni la gana. Ets lliure. Et pots deixar conduir per la voluntat o per l'atzar. O per les dues coses barrejades: una noia rossa amb uns vasos de cervesa. Sense sa mare. Sense son pare. Sense ningú. Tot sol. Lliure. Adult. Com quan s'enlaira l'avió i entra oxigen fresc al cervell i tot sembla possible.

Que es foti, en Jaume. Pateix? Doncs que pateixi. A veure si ara serà el meu problema. ¿Patia des de Buenos Aires, quan jo em quedava a dormir a casa d'uns amics i ens escapàvem a un concert sense que ho sabessin els altres pares? ¿Patia quan sortia de l'escola i aquells animals de tercer ens tancaven contra un portal i miraven què dúiem a les butxaques, a veure els mòbils i els calés i les sabatilles, i ai de vosaltres que en digueu alguna cosa? ¿Patia quan l'Albert tenia futbol el dissabte a la tarda en un barri de Sabadell on la tradició era que els partits acabessin a bufetades, no ja dels nanos, entre els pares? S'ha passat anys sense patir. S'ha passat anys més lluny que no pas ara. No pot aparèixer i creure's amb el dret de renyar-me, no et moguis d'aquí, espera'm que ara torno. No hi té cap dret. No, no és que l'Albert es perdi expressament, s'allunyi expressament, mortifiqui son pare mantenint el mòbil tancat. No ho fa per això. Però no ho deixa de fer per això. Glòria, estaries orgullosa de ton germà, però sense raó, perquè no sóc un guerriller en la teva guerra contra el pare. Sóc un indiferent, no em fa fred ni calor. Sóc neutral, organització de països no alineats. No m'importa. Mare, perdona, ja sé que no és el que hauria de fer, però no et pensis, si estigués amb tu, en comptes del pare, faria exactament el mateix. No combato en la vostra guerra, per amagada que la porteu. Vaig a la meva. Embriagar-se de soledat. Només sent sol pots ser lliure.

Quan ha passat molta estona, l'Albert pensa que potser ja n'hi ha prou. No és tan sols el temps. Allà al fons, ben lluny, hi ha una baralla. Estan hostiant algú. No es veu a qui, però hi ha hòsties. L'Albert s'intranquil·litza. Ser sol és estar lliure, però és també ser una presa fàcil. La soledat és la llibertat, però és també el risc. No ho reconeixeria, però per unes hores, ahir al vespre, aquest matí, ha sentit l'escalf de la companyia, l'escalf de la protecció, el plaer tebi de ser guiat i conduït, manat, protegit. I, a més, no ha vingut aquí per estar sol. Ha vingut per barrejar-se, per ser gent. No, no és que enyori son pare. Potser enyora en Ramon i l'Oriol, llàstima no haver-nos quedat també amb l'Ignasi, llàstima que l'Ignasi ens hagi deixat quan hem arribat a l'estació. Ell sí que està catxes. Fins i tot l'Àngel, que no ho està. Quin friqui. Podrien ser la seva colla, en aquest viatge. La baula a mig camí entre tota aquella gent blaugrana anònima que l'envolta i ell mateix, cridar tots junts, cantar tots junts, som la gent blaugrana, *tant se val d'on venim si del sud o del nord, ara estem d'acord, estem d'acord, una bandera ens agermana*. L'inquieten les bufetades. Però l'atreuen, també. Té la temptació d'acostar-s'hi, d'anar a veure. No sap què fer. Se sap vulnerable. Com si hagués fet una excursió a l'adolescència i ara tingués ganes de tornar al redós protegit de la infantesa.

Se n'ha cansat. Va, prou. Està una mica amoïnat. S'ha difuminat la primera eufòria. Ja ha estat sol. Pot ser que trobi a faltar son pare? No! De cap manera! Però bé s'ha d'acabar tot plegat un moment o altre. I son pare porta les entrades, oi? Doncs va. Ja és l'hora.

Una mica compungit, però sense ganes de semblar-ho; una mica espantat, però amb ganes que no es noti; encara amb l'excitació de la soledat i de l'aventura, l'Albert connecta el mòbil. Té moltes trucades perdudes de son pare. Però és ell qui li truca, amb veu irada, i qui el renya:

—On carai us havíeu ficat, tota aquesta estona?

El dissabte 12 de febrer de l'any passat, a primera hora del matí, l'Ignasi va sortir cap a Saragossa en un cotxe amb quatre amics. A Saragossa, abans de dinar, s'havien de trobar amb cinc o sis nois més que venien de Barcelona, no ben bé de Barcelona, dels voltants, alguns de prop de Manresa, uns altres de Cerdanyola. No conduïa l'Ignasi, sinó l'amo del cotxe, un Peugeot atrotinat de segona mà. L'Ignasi seia darrere amb en Marc i un altre xicot. Dels noms de tots els altres no cal recordar-se'n. Del d'en Marc Pagès sí, perquè aquell va ser en un cert sentit el seu dia. Jugaven el Barça i el Saragossa a les vuit del vespre, hi havia un ambient estrany per al partit perquè els del Saragossa s'havien passat la setmana queixant-se dels àrbitres i pensaven rebre el d'aquell dia amb una mena de mosaic de targetes vermelles, n'havien repartit més de deu mil, i amb una xiscladissa de nassos. Era un partit calent.

En Marc era una mica més jove que l'Ignasi i havia començat a anar a aquelles sortides una mica més tard. L'havia dut un altre dels xicots del cotxe, perquè jugaven junts de tant en tant partits de futbol sala amb un equipet informal, patrocinat per un frankfurt de barriada que els pagava les samarretes, que acabaven sovint a garrotades. Era bo. Havia jugat fins a alevins amb l'Atlètic Segre, al mig del camp.

—M'han dit de fer-me unes proves per anar al Balaguer, l'any que ve. Cobrant.

—Això vol dir que s'ha acabat el futbol sala de costellada... —l'amic de l'equip del frankfurt.

—I les sortides a veure el Barça. Aquestes sortides.

No se'n va parlar més, de moment. No van agafar l'autopista, sinó la Nacional, per estalviar, i es van aturar a esmorzar a l'alçada dels Monegros, en un restaurant de camioners enmig del no-res. Amb el cafè amb llet es van mirar els diaris, només els esportius, *Sin miedo. Batalla del Ebro en la Romareda*. Van fer broma dels titulars del *Mundo Deportivo. El Barça encontrará en la Romareda un ambiente muy caldeado*. Era el que els agradava, que hi hagués molt ambient. Hi anaven per això. Perquè Saragossa és a prop i s'hi pot anar amb cotxe. Però també perquè el dia era complicat, fem falta per a la batalla de l'Ebre. En Marc es va mirar en el diari el calendari dels equips inferiors, del juvenil, dels de tercera. Li agradava el futbol, no només el Barça. Se'l van mirar com si fos un marcià. Els altres, també l'Ignasi, es miraven només les pàgines del Barça. La resta els importava un rave.

En Marc havia jugat amb l'equip del col·legi, a Lleida. Els del Balaguer ja el van venir a veure un dia, llavors, i li van dir si li agradaria jugar amb l'aleví, el Balaguer és un equip amb molta història, va arribar a guanyar una Copa Catalunya contra el Barça. Al final va preferir quedar-se a la ciutat, a l'Atlètic Segre, perquè son pare —no li agradava gaire el futbol— no l'hagués de dur amunt i avall amb cotxe. Quan jugava de primer any, va haver-hi rumors que vindrien uns del Barça, dels que busquen jugadors per a la Masia. No en va saber res més. Diu que no avisen, que vénen i ja està, i que després un dia algú parla amb els teus pares. Cada vegada que en Marc jugava un partit, era com si hi hagués algú del Barça a la graderia. Com tots els nanos que juguen a pilota en tots els pobles i els diuen que no ho fan malament. De vegades els buscava. Qui és aquell d'allà? No aplaudeix, no crida contra l'àrbitre. No és el pare de cap company. No sembla el pare de cap rival. Deu ser el del Barça, que ha vingut a mirar. Encara amb els alevins, a la segona temporada, quan ja no venien tants pares a veure els partits, quan ja hi havia qui jugava amb més mala idea i sorties alguna vegada amb el turmell rascat, mirava la barana dels camps per si endevinava algú de cacera. Se'ls imaginava més aviat grans, amb anorac, fumant un puro llarg i amb una gorra. Feia molt fred, als camps, a l'hivern. Però va anar passant el temps, va començar a estudiar, més endavant a sortir amb noies, ja no esperava amb ganes l'hora de l'entrenament, li feien mandra els partits del dissabte havent dinat. Va morir el seu pare, de sobte. I ho va deixar córrer. A tothom li va saber greu. Li deien que tenia possibilitats.

—Possibilitats de què? D'acabar al Barça? —absolutament escèptic, sarcàstic, desagradable, un dels companys d'esmorzar enmig dels Monegros.

—Possibilitats de ser un bon futbolista. De jugar en un equip que estigui bé. I qui sap, més endavant...

—Estàs tarat, xaval. Ja has fet tard. Ara els agafen amb deu anys i els fabriquen, com si fos una granja. Van agafar un xaval d'aquí Linyola, fa un parell de temporades, fill d'un iugoslau que rondava per Mollerussa, i ja se l'han endut a Barcelona, es veu que serà un fenomen. Tu et creus que a la teva edat encara pots arribar a fer alguna cosa? Ja se t'ha covat l'arròs. Ja no ets a temps de res. Futbol sala i un pa amb tomàquet i unes clares després del partit.

—Potser sí. O potser no.

Van arribar a Saragossa a migdia, es van trobar amb tots

els altres, van voltar per la ciutat endormiscada del dissabte a la tarda i van fer cap a la Romareda molt abans que comencés el partit. Allò era una caldera. Els van posar dalt de tot, darrere d'una de les porteries, com engabiats. Abans del partit es van passar l'estona cantant i cridant, insultant i sent insultats, intercanviant coixins i avions de paper amb els veïns rivals, separats per una tanca. Quan va sortir l'àrbitre, hi va haver una xiuladissa brutal, li van ensenyar milers de targetes vermelles des de les graderies, una cosa molt organitzada, però als dos minuts de partit un del Saragossa es va fer un gol en pròpia porta, l'àrbitre no en tenia cap culpa, i els de casa es van enfonsar. Abans de la mitja part ja guanyava el Barça per tres a zero. La gent anava escalfada només a mitges. Deien que en el tercer gol, l'Eto'o estava en orsai. Molt justet, en tot cas. I que abans de la mitja part, en Valdés havia fet penal a un davanter en un córner, d'aquells que mai no es xiulen, el porter és el rei, a l'àrea petita, no se'l toca i ell pot sortir amb tot per davant, el genoll orgullós i feridor. Però a la segona part li van xiular un orsai a en Xavi, que s'havia quedat tot sol davant del porter, absolutament equivocat, estava tres o quatre metres més endarrerit que la defensa. Quan l'àrbitre la caga, de vegades la caga per a tothom, també contra nosaltres. I quan guanyes per quatre a un, tothom s'encongeix.

En Marc i l'Ignasi van sortir del camp amb tota la penya, cap on tenien els cotxes. Devien ser deu o dotze, en total. Anaven eufòrics, perquè els havien escridassat i insultat tota l'estona, però eren ells els qui havien guanyat. L'embriaguesa de la victòria, i alguna altra embriaguesa afegida. Van dir d'anar cap al centre, a veure què. Tothom sabia què volia dir, això. En Marc va dir que preferia tornar a Lleida. Tothom se'l va mirar com si estigués pirat.

—I tu a què cony has vingut, doncs?

—A veure el partit. Demà vull anar a entrenar. Ja s'ha acabat, tot això.

—I et penses que te'n pots anar així, per la cara?

—Agafaré el tren.

No parlaven de transports. D'allò no se'n podia sortir tan fàcilment. No podies dir que te n'havies cansat i no aparèixer mai més. Havia anat a molts desplaçaments. N'havia fet algunes. N'havia vist moltes. Qui entrava i qui sortia de la colla era una decisió de tots plegats, no d'un de sol per la patilla. Van discutir. L'Ignasi, que s'ho mirava callat, de cop i volta es va posar al costat d'en Marc. Encara no sap per què. Potser perquè també n'estava fart. Potser perquè en el desplaçament anterior havien inflat la cara a un amic seu i havia agafat por. O perquè tot sol no hauria gosat marxar, però al costat d'algú altre potser sí, i en Marc Pagès li va semblar un paio net, dintre de tot. Algú que tenia raó. Qui sap, potser acabaria jugant amb el Barça. O amb el Balaguer, és igual. En tot cas, en Marc ja havia triat. I l'Ignasi va triar, de sobte. Va haver-hi empentes i insults. Amenaces. Alguns cops. Enmig de la ciutat, en Marc i l'Ignasi es van posar a córrer, van agafar un taxi, es van plantar a l'estació, a veure quan surt el primer tren que passi per Lleida.

A en Marc, l'Ignasi no l'ha tornat a veure més des d'aquella nit. Però es mira les cròniques del *Segre*, i sap que està jugant amb el Balaguer. No tots els partits, però uns quants. Grup cinquè de la tercera divisió. Van prou bé. Qui sap si també ha vingut a París, pel seu compte.

Dels altres, se n'ha trobat algun tot sol per Lleida, però no s'han dit res, només s'han mirat malament. Fins avui, que se n'ha topat uns quants de junts i alguns que no coneixia, aquí, sota la torre Eiffel.

—

Deu fer gairebé trenta anys que en Jaume va venir a París per primera vegada, sols amb la Rosa, encara no tenien la Glòria, potser ni tan sols eren casats. París llavors era molt lluny, moltíssim més que no pas ara, un món a l'altra banda d'una ratlla per on calia passaport i s'havia de pagar en francs i ensenyar la carta verda a la frontera. Van venir amb cotxe, però el van deixar aparcat tots els dies en un poble de la rodalia on els havien llogat una casa per una setmana, i anaven amunt i avall amb tren i amb metro. No havien sortit gaire, cap dels dos, i parlaven un francès de batxillerat, empitjorat per la timidesa. Potser a en Jaume li agradaria ara portar son fill a qualsevol bistrot de la *rive gauche* dels que llavors li van semblar bohemis i revolucionaris i que ara no deuen ni existir, transformats com el món en kebabs o mcdonalds o bistrots fins i ben posats; si fossin com eren llavors, avui en Jaume no hi posaria ni els peus. A més, són lluny i no els trobaria, recorda vagament la zona, però tot ha canviat massa. I qui més ha canviat és ell. I la seva memòria.

Ha tornat després a París moltes vegades, però els llocs que coneix no li serveixen per arrossegar-hi mitja dotzena d'adolescents que tenen gana, van disfressats de pelegrins d'una estranya religió futbolística i aspiren fonamentalment a una hamburguesa i una gerra de cervesa glaçada, tot i que alguns s'hauran de conformar amb una coca-cola de llauna. I no poden trigar gaire, perquè aquí tanquen la cuina a una hora increïble i després entrem ja en el *je suis désolé* i encara hauran de menjar-se un tall de pizza a peu dret. Entren en un bar ple de gent en una cantonada del bulevard Bousquet, unes taules damunt les altres, com un trencaclosques, el màxim aprofitament de l'espai. Passen les gerres de cervesa per damunt dels caps dels veïns. N'hi ha uns quants de l'Arsenal. Se saluden amb un cop de cap, afable. No n'hi ha del Barça.

—Si voleu, agafarem un taxi per anar fins a Vincennes, havent dinat —organitza en Jaume—. És on hi ha els autocars del Barça.

—S'ha de ser al camp un parell d'hores abans que comenci —s'ho ha estudiat l'Oriol.

En Jaume se sent fora d'escala, per edat i per estètica. Mal li estaria de dir-ho, però també per butxaca, per estatus. No li tocaria dinar allà. Hamburgueses, unes amanides convencionals, tot una mica ple i exagerat, barroc popular. No és dolent. Hi ha molt soroll. Finalment, resulta que s'han tornat a ajuntar gairebé tots els del tren. No s'expliquen gaire res, de les estones que cadascú ha passat pel seu compte. Com les partícules d'un gas que van en direccions diverses i tan aviat la casualitat les separa com les ajunta. S'han ajuntat per a l'hora de dinar. Estaran junts al partit, tenen entrades correlatives, del mateix paquet. No es coneixien de res, però formen part per un dia d'una mateixa cosa.

Abans de sortir, en Jaume havia pensat que duria l'Albert a un lloc cèntric, informal però de moda, exquisit, per impressionar-lo. Aquesta era la funció inconfessada del viatge: impressionar-lo, exhibir davant d'ell coneixements i coneixences. Fer-li de pare, si és que això és fer de pare. S'imaginava ensenyant-li París, el Louvre, l'Étoile, el Marais, la torre Eiffel. Com si estiguessin sols de vacances. Però no és això, ja se n'adona. Li agradaria, París, a l'Albert. Seria una descoberta. La primera descoberta. El món comença a París. Per a ell i la Rosa hi va començar, en un cert sentit, fa molts anys. Van venir junts a menjar-se el món. Quan va començar a espatllar-se, tot plegat? No, no res de matrimonial, això és gairebé una derivada. Quan va començar a adonar-se, en Jaume, que la vida no seria el que es pensava, que la seva generació no era l'hòstia amb patinet, la culminació de la història, ara sabran tots plegats de què va la pel·lícula, que n'aprenguin? Quan va començar a adonar-se que ell, com els seus, era com havia estat tothom des de sempre, carn de fracàs i de derrota, carn de felicitats petites i sorprenents, carn d'errors i d'encerts casuals que arriben sense buscar-los, ni millor ni pitjor que tots els altres, no pas una excepció fluorescent en la història de la humanitat? Quan va començar a espatllar-se la vida?

Se'n va anar pensant que el problema era Barcelona, no pas la ciutat, només, tot el món que l'envoltava. Si canviem de lloc, s'acaba el problema. Però potser el problema no era Barcelona. Potser el problema era ell. No pas la seva generació, ell en persona. Sempre consola fer veure que els teus problemes són els dels altres, que no hi tens cap responsabilitat, que depenen de l'any que vas néixer, que els comparteixes amb tots els qui comparteixes anys. Però no: un problema de la seva manera de ser, intransferible i específica. Potser per això ha tornat. Potser perquè s'ha fet una mica fatalista: no és que el pas del temps, com un atzar desfavorable, acabi espatllant les coses, és que tot és fràgil, trencadís, i el més natural és que s'acabi trencant, per una raó o una altra. I a més a més, comptat i debatut, tampoc no ha estat tan terrible, tot plegat. No exageréssim. No és un fracàs rotund, una negror absoluta i constant. Va ser feliç a París, fa molts anys. Sempre ens quedarà París, havia fet conya amb la Rosa, amb aquestes frases no s'hi juga, les dius quan comencen a anar mal dades. Però era veritat. Van ser feliços a París, sense saber-ho, que deu ser la manera. Es mira al mirall de l'hamburgueseria de l'avinguda Bousquet, envoltat d'adolescents afamats pintats de color com una tribu amazònica, i pensa que potser ara també és feliç. Tant com abans. Diferent. Se n'adonarà d'aquí a uns quants anys. La felicitat no es viu, només es recorda. (I imagina't si, al damunt, aquesta tarda guanyem.)

—Per què no has trucat de seguida, quan t'hem perdut? —intenta en Jaume un interrogatori impossible a l'Albert.

—No hi he pensat.

L'Albert arronsa les espatlles. No vol parlar-ne. L'Albert no explicarà la seva eufòria durant la soledat, la seva sensació final d'indefensió i feblesa, no vol parlar ni de quan estava content ni de quan estava espantat. En Jaume no explicarà el seu pànic quan no trobava l'Albert, tot el que li ha arribat a passar pel cap, totes les pors que ha descabdellat amb profusió de detalls. L'Ignasi no explicarà què ha pensat quan s'ha trobat enmig del Camp de Mart tota la seva antiga colla violenta, ens en deus una, si ha tingut ganes de fugir-ne, si se'ls ha encarat. Potser explicaran fets, esdeveniments. No explicaran el que han sentit, el que han pensat, el que han temut, el que han desitjat. Els Argonautes camí de la batalla, en el darrer àpat al voltant del foc, còmplices i companys i camarades, no s'expliquen sentiments. Hi ha regles, en això. Athos, Portos, Aramis i D'Artagnan s'expliquen aventures i proeses, victòries i derrotes. No s'expliquen pors ni somnis, febleses ni il·lusions. Beuen i canten i es barallen. No tenen diàlegs metafísics ni monòlegs confidents.

Havent dinat, demanen uns quants gelats i en Jaume es queda el compte. Privilegis de l'edat, els diu. Ha sortit prou bé de preu. En Jaume no els explica que ell de jove va estar a París amb una dona que acabava de conèixer, la mare de l'Albert, i que aquí va arribar a pensar que era possible una vida triomfal, plena, rodona, com mai els segles no havien conegut. I que no va poder ser. O no del tot. No per culpa de ningú. Perquè aquestes coses no poden ser, i a més a més són impossibles. Però n'hi ha d'altres. La vida no és el que ens pensàvem que seria, però pot ser una altra cosa, i pot ser una altra cosa que no estigui malament, o que ho estigui només a mitges. No val la pena encaparrar-s'hi. Ja ho veuran quan es facin grans. Però no els ho diu. Són coses que no es diuen. Per no estar callat, llança un ham a l'atzar, una conversa segura i tranquil·la, còmplice.

—El que jo no veig clar és que hàgim de jugar amb el Belletti al lateral, no el veig un jugador per al Barça, no defensa...

Els altres s'hi agafen, sense passió ni entusiasme, savis i concentrats, Argonautes a l'espera d'arribar al destí, estrategs abans de la batalla.

—

Diuen que París i Buenos Aires s'assemblen. Potser sí. Hi ha trossos de Buenos Aires que et fan pensar en París. Però no sempre que passeges per París et ve Buenos Aires al cap. A en Jaume, camí del bosc de Vincennes, pel bulevard Saint Germain, sí que li ve, però no és estrany: fa ben poques setmanes que ha tornat de l'Argentina, tot li evoca la ciutat que acaba de deixar, els quatre anys que hi ha estat, fins i tot a Barcelona hi ha moments que li sembla tornar-hi a ser, situacions, olors, racons. S'enyora? Potser sí. Hi ha matins que en llevar-se necessita una estona per recordar que ja no és a Buenos Aires, que només hi tornarà de vacances, que ara és a Terrassa, al pis dels pares de la Rutlla, com fa tants anys. Roda el món i torna a la Rutlla. O no. O passa una estona per la Rutlla i torna a rodar el món. Ara és a París. Tampoc no estaria malament viure-hi. Hi ha corresponsalia, però no està vacant, en absolut. Ho podria dir a l'Albert. Per què no?

A Buenos Aires vivia en uns carrers que podrien recordar París. Que en tot cas recordaven Europa, una Europa ampla i imperial, airejada, d'avingudes i obeliscos, de carrerons burgesos amb botigues i restaurants, amb parcs més grans i més arbrats que els europeus, amb ocells més acolorits. Va viure tots quatre anys en un apartament d'un pis alt del carrer Maipú, a tocar de San Martín, sobre les galeries de l'Este, on hi havia una llibreria a què anava Borges anys abans a buscar llibres: la casa que veia per la finestra, de tres pisos i amb reixes de ferro forjat, podria ser perfectament de París, o de Londres (en cap cas de Barcelona). Però a sota del seu apartament, els vespres, els caps de setmana, uns nois amb barba i Quilmes de litre acampaven al portal, entre cartrons, i s'hi passaven tota la nit, fins i tot a l'hivern. Això l'anguniejava, el deprimia. De vegades es quedava a xerrar amb aquells nois, tan atents, tan normals. Per la feina, es movia pel Microcentro i per la zona sud del Retiro més que per qualsevol altre lloc i, per passejar, conservador, buscava més la Recoleta o Palermo que no pas la Boca o l'Once. Potser per la mateixa raó per què, sense entrar-hi mai a fons, sense sentir-s'ho mai seu del tot, li queia més bé la distància una mica freda i aristocràtica de River Plate que no pas la passió tempestuosa i popular de Boca Juniors. Tot i que ell era del Barça, només del Barça, més del Barça des de Buenos Aires que des de Barcelona.

—En el fons, a tu et fan por les comunions, aquells moments en què sense adonar-te'n estàs participant en una comunió de molta gent i sou tots plegats una mateixa cosa. Tu mai no vols deixar de ser tu —li va dir un dia una amiga argentina, molt afeccionada a la prospecció emocional, després de convidar-lo sense èxit a anar a veure un partit a la Bombonera i a passejar pels perills nocturns del barri.

—Qui, jo? No em coneixes. Em sembla que és ben bé al contrari —es va defensar, emprenyat, en Jaume.

S'equivocava del tot. Però ella també s'equivocava una mica. I, a més, es va ofendre pel comentari i ja no va tornar més. En Jaume Cortès, de sempre, encara més en la soledat dels primers mesos a Buenos Aires, era un ferm partidari de les comunions humanes. Certament, de les dels altres. Era un extraordinari i agraït espectador d'aquests instants màgics, emocionants, èpics, en què la gent oblida allò que és —i allò que li interessa, individualment— i es fon en una col·lectivitat. En Jaume plora encara avui cada vegada que passen *Casablanca* i la gent comença a cantar la Marsellesa al bar d'en Rick davant dels oficials nazis, de la mateixa manera que plora quan canten la Marsellesa a la pel·lícula de Huston *Evasió o victòria*, aquella on surten en Pelé i l'Ardiles, i també el Bobby Moore, al costat del Michael Caine i del Silvester Stallone, que fa d'un porter impossible, una de les poques pel·lis de futbol que ha vist, i on surt un futbol molt estrany, molt vist a l'americana. Ja és conya que un himne guerrer com la Marsellesa, *aux armes citoyens, formez les bataillons*, acabi fent plorar. Plora quan Toni Curtis i tots els altres esclaus derrotats darrere proclamen que ells, tots ells, cadascun d'ells, és Espàrtac a la pel·lícula de Kubrick. Plora quan els alumnes pugen damunt del pupitre per recitar el *Capità, oh capità* al *Club dels poetes morts*. Com una magdalena, cada vegada, encara que ho vegi mil vegades, fatalment, vergonyós. Però quan li tocaria a ell deixar-se anar per entrar en una d'aquestes comunions, fa una passa enrere, es posa una cuirassa, s'emociona per l'emoció dels altres, però no s'hi posa. Al contrari, s'enretira. Es protegeix, s'allunya. Ho va notar, mal diagnosticat, l'amiga argentina. Ho ha notat en Ramon a París. Potser per això es va fer primer periodista i després, entre els periodistes, corresponsal. Perquè el periodista és el que mira de fora estant, el que narra el que passa als altres, l'espectador, aquell que s'emociona i ens emociona amb comunions en què no participa. I el corresponsal, al damunt, és fora i és de fora, doblement extern. Buenos Aires va ser això, més que cap altre temps de la seva vida. Perquè hi estava sol.

—I tu, de River o de Boca?

—Jo del Barça.

—Això és sortir per la tangent. És no voler mullar-se.

Va ser feliç, en Jaume, a Buenos Aires? A estones, com tothom, arreu. Fugitiu de Barcelona, sobtadament alliberat, els primers mesos va sortir cada nit i muntava festes al seu apartament, no gaire gran, festes de poca gent, al final de vegades alguna festa de dos, però no tantes com deia i com voldria, hi ha molt mite en això. Després es va anar calmant. Sortia menys i amb més gent. No li va agafar pels tangos, a Buenos Aires, li agradaven més quan estava a Terrassa i havia convertit algun tango de Gardel en un himne de les seves desesperacions: *Arrastré por este mundo la vergüenza de haber sido y el dolor de ya no ser*. Es passava moltes estones sol. Llegia i escrivia. Mirava la tele, amb una indolència satisfeta que el començava a preocupar.

En els primers mesos, quan va arribar, va pensar que la soledat era la font de la llibertat. Que només pots ser veritablement lliure quan estàs sol. No havia de preguntar res a ningú. S'aixecava un cap de setmana i agafava el cotxe i sense haver de donar explicacions a ningú ni consultar a ningú ni arrossegar ningú travessava la Pampa húmeda per una carretera recta i plana sota un cel escenogràfic i barroc, espectacular, i es plantava a Mar del Plata, i tornava l'endemà. O allargava les hores i el plaer de la conducció en solitari i buscava primer el sud, majestuós en la seva buidor, després el nord, un món indígena i colonial, diferent. Els beneficis de la soledat, que el feien lliure.

—I no tenies nòvia a Buenos Aires? —li va preguntar un dia son pare, l'Antoni Cortès, havent tornat, de ben segur sota els efectes col·laterals desinhibidors d'unes pastilles contra el dolor. A casa seva, sense les pastilles, mai no s'hauria parlat en aquests termes, ni d'aquests temes. No estava en les regles del joc.

—Nòvia, nòvia? En absolut. És l'última cosa que hauria fet a Buenos Aires, buscar-me lligams. Jo treballava i prou —mentia només a mitges en Jaume.

Van ser quatre anys de molta feina. A l'Argentina sempre passen coses, no sempre els interessaven a la central de Barcelona. No li compraven totes les cròniques que oferia, que ell veia clares. Va enxampar els temps del *corralón* i el final del *corralito*. Va cobrir l'ascensió de Kirchner a la presidència, intentant transmetre en les seves cròniques, sense faltar a la veritat ni fer malament la feina de periodisme, la seva profunda repulsió pel peronisme, que li semblava el contrari de la seva manera de veure el món, una exaltació de la paraula buida que sona bé, una expressió perversa del barroc polític. Va cobrir l'ascensió també de Lula al Brasil, amb moltes cròniques, això li compraven millor des de la secció d'internacional, que primer li va semblar el mateix i després li va començar a agradar. Va viatjar molt a Xile, i a Veneçuela, i a Bolívia. Chávez i la Bachelet i Evo Morales, i els independentistes de Santa Cruz, i la revolució bolivariana, i els processos a Pinochet... Era un corresponsal de zona que no parava quiet. Que es podria emborratxar de feina si volia. I volia.

Quan va arribar la notícia de la malaltia del pare, d'aquesta no se'n sortirà, pot durar més o menys, però és la definitiva, va decidir tornar. No estava cansat de la feina. Al contrari. Havia trobat el seu lloc al món. Estava cansat de la soledat. Sí, tenia raó, de bon començament. La soledat i la llibertat van lligades, potser són els dos noms d'una mateixa cosa. Però quan va arribar, els primers mesos, s'ho mirava en una direcció: la soledat és la font de la llibertat. Quan va marxar, deia el mateix, però en direcció contrària: la llibertat és la font de la soledat. S'enyorava. S'enyorava més del que es pensava. Enyorava Terrassa, mira que sembla difícil. Enyorava Barcelona. Tenia ganes de veure un partit del Barça al Camp Nou, no per la tele de satèl·lit. Enyorava els lligams. Va tornar a Terrassa, a Barcelona, a buscar-los. No sabia encara que els hauria de perseguir fins a París. Aquest París que ara, travessant la rue de Rennes, la rue Saint Michel, li sembla que recorda en algunes coses Buenos Aires. Carrer de Maipú, el tros entre Corrientes i Santa Fe, paral·lel a la *peatonal*, massa sorollosa, de Florida. Sí que s'assemblen una mica. Potser el que no s'hi assembla, al de Buenos Aires, és ell. Se sent nou, diferent. *Pero el viajero que huye tarde o temprano detiene su andar*. Què en diria, la seva amiga argentina, si el veiés al costat de son fill, intentant fer nusos, lligams, anant a la comunió còsmica, explosiva, d'una final de la Champions que juga el Barça, l'equip de la seva infantesa, de la seva família, de la seva història, de la seva tribu?

5

L'Àngel que m'ha deslliurat de tot mal beneeixi aquests nois i que en ells sigui invocat el meu nom i el nom dels meus pares.

Gènesi 48, 16.

Quan l'Àngel baixa al Bois de Vincennes veu davant seu, com el campament dels aqueus davant de Troia, les tendes d'un exèrcit que assetja la ciutat. Tota l'esplanada s'ha omplert d'envelats com tendes de campanya, al voltant dels quals hi ha remolins de gent que crida i canta, menja i beu, el que fan les tropes a les vigílies. Ell s'ha passat el matí i el migdia tot sol, d'ençà que ha baixat del tren a Austerlitz. El que volia fer no admetia gaire companyia. Mai no ha estat a París. No sap quan hi podrà tornar. No s'ha aturat ni per menjar: diu que aquí donen coques i pizzes de franc, tot i que s'ha fet una mica tard. Però això és zona blaugrana, no funcionen amb horaris francesos, de fet funcionen sense cap mena d'horari, l'únic horari que importa és el del partit i el de l'arribada dels autocars que s'acumulen al parc.

Segur que la imatge d'un setge no és encertada. Això no és Troia, tot i que també en les cròniques d'en Joan Lluís Cardona, escriptor i periodista, s'ha fet servir aquesta imatge homèrica. Es podria parlar dels turcs acampats a les portes de Viena, fent-se el seu cafè, però qui voldria fer seva la imatge d'un exèrcit que l'endemà serà derrotat? O dels francesos i els castellans a les portes de Barcelona fa gairebé tres segles, però aquests són dels altres, nosaltres som dels que hi havia a dins, figura. No, ningú dels que menja entrepans de pa amb tomàquet al Bois de Vincennes, sota el castell, no pensa en setges antics. Només l'Àngel, que torna des del Louvre, s'hi ha passat tot el matí i molt més temps que s'hi hauria passat si hagués pogut. Porta els ulls carregats de velles batalles, de déus i herois. Només li ha faltat algú amb qui comentar-ho: no és igual veure un museu —com un partit de futbol— si no en pots parlar amb algú. L'Àngel és més solitari per timidesa que no pas per vocació.

—Ei, també heu vingut a parar aquí! —l'Àngel ha localitzat en Jaume, que ha anat a buscar una coca-cola, tots els altres estan asseguts a l'herba de Vincennes.

No és ben bé una trobada casual. L'Àngel els ha estat buscant, sense gaire esperança, però amb tenacitat. Ja està fart d'estar sol. No coneix gairebé ningú. Només els qui han vingut amb ell de Lleida, en Ramon i l'Oriol, també l'Ignasi, que els ha conegut a l'autocar. I en Jaume i l'Albert del tren. És la seva única companyia possible.

—Per cert. He recordat una altra cosa. Aquell jugador que deies, el Bio, va fer l'únic gol en un partit contra el València. Va acabar un a zero i va ser l'últim partit del Cruyff al Barça. Diu que va ser un golàs, de cap, en planxa; jo no l'he vist mai —s'ho ha estat preparant tota l'estona, per si els trobava.

—És increïble, el que arribes a saber. On t'has ficat tot aquest matí?

L'Àngel es posa vermell. No voldria dir-ho. Li fa vergonya. Va, a en Jaume l'hi pots dir, és un senyor gran, és periodista, no se'n riurà.

—He estat al Louvre. Volia veure la col·lecció egípcia. Hi ha massa coses. No he tingut temps de res. Però, per favor, val més que no ho expliquis als altres.

Primer en Jaume se sorprèn. Després ho entén. És ben bèstia. Abans, la gent deia que havia anat al Louvre encara que fos mentida i negava que havia estat veient un partit de futbol encara que fos veritat. L'Àngel no vol que se sàpiga que ha anat a un museu. Els qui estudien, a les classes de batxillerat, fan veure que no estudien. Als qui els agrada llegir, fingeixen que ho troben una llauna. Està mal vist. Hem creat un mite de la joventut rebel i despreocupada i els pobres joves s'hi han d'adaptar vulguin o no vulguin. Ningú no vol ser l'empollon de la classe, a les sèries de televisió és un personatge antipàtic i suficient, risible, els companys normals se'n foten d'ell, i acaba fent el ridícul. Les mares dels nens de l'escola bressol es diuen somrient amb enorme orgull: el meu és molt dolent, és un trasto, sempre pensa quina en pot fer, té la vista als dits. Millor que sigui una mica gamberro que no que es passi tot el sant dia estudiant. I la pobra canalla, a creure. És a dir, a deixar de creure, per fer cas del que d'ells s'espera.

Té raó, l'Àngel. Si ho diu als altres, que s'ha passat tot el matí tot sol al Louvre, mirant estàtues egípcies, se'l miraran malament. Se'n riuran. En Jaume promet silenci. Segur que n'hi ha hagut d'altres, com l'Àngel. Segur que n'hi ha hagut que han anat al Louvre i uns altres que en acabar el partit se n'aniran de putes, uns que han anat a menjar hamburgueses i uns altres que han anat al millor restaurant de París. Això del Barça té frontera amb tot. Tot hi cap. Un amic seu, que treballa en un teatre, li deia que els dies que el Barça juga per la tele es venen la meitat de les entrades. Tant se val si és una comèdia o una tragèdia, un clàssic o un entreteniment de sofà. Tothom, abans d'organitzar el que sigui, pregunta a quina hora jugarà el Barça. Sigui la presentació d'un llibre o una desfilada de models. El partit del Barça competeix amb el Liceu i amb la dansa clàssica, amb els sopars d'amics i amb els cabarets. No deu passar amb gaires equips, això. Ni a gaires ciutats, com a Barcelona. O com a Terrassa o a Lleida. Que això del Barça afecti tot el ventall, d'una punta a l'altra.

—Ja has dinat? —en Jaume endevina que no.

—M'han donat uns trossos de pizza, en un dels envelats. Moltes gràcies.

—Vinga, vine amb nosaltres. Anirem junts al camp.

L'Àngel fa que sí. Ja ha vist la col·lecció egípcia, el que més l'ha impressionat. No ha pogut estar-se de veure altres coses, les essencials, la Gioconda entremig de japonesos retratistes però també de famílies de catalans sorollosos; La Victòria de Samotràcia, que sempre li recorda l'Audrey Hepburn vestida de vermell en una pel·lícula amb el Fred Astaire d'aquelles que passen de matinada —per vella, no per porca—; la Venus de Milo, que no seria tan bella si tingués tots dos braços, la bellesa romàntica de la imperfecció, ja no ens agraden les coses perfectes, les estàtues senceres, els joves que van als museus. Deuen ser efectes tardans de la revolució romàntica. Ho ha vist. Ja està. Ara ja es pot submergir en l'exèrcit assetjant que espera entrar en batalla acampat a les portes de la ciutat. L'impresentable i circumspecte doctor Jekyll ja pot esdevenir un míster Hyde perfectament homologable, com tots els altres que hi ha al Bois de Vincennes.

Però —pensa també en Jaume— quants d'aquests nois, d'aquests homes, que van disfressats i acolorits, que comencen a emborratxar-se, que cantaran i cridaran com a folls, no tenen un doctor Jekyll d'una manera o altra, pulcres oficinistes, honestes mestresses de sa casa, estudiants modèlics, delinqüents comuns, jutges o estafadors. Potser aquesta és la gràcia del joc. A Vincennes és obligatori ser míster Hyde. El doctor Jekyll s'ha quedat a Barcelona. El futbol és per a míster Hyde, per definició. Potser el teu problema, Jaume, és que no aconsegueixes oblidar-te de qui ets, de qui vols ser, de qui vols semblar. Deixa't anar d'una puta vegada, ja t'ho deia en Ramon. L'Àngel potser també és dels qui no es deixa anar del tot, però treu, ara sí, la samarreta del Guardiola de talla S que portava al bar de Térmens el dia de Wembley, ja no li va i se la posa al coll com una bufanda, l'única manera de fet en què se la pot posar.

Travessen entre guerrers de pícnic l'esplanada de Vincennes, unes coca-coles a les mans en equilibri precari, mirant on posen els peus, demanant perdó, participant en els *lalalalalà Futbol Club Barcelona!*, i en Jaume guia l'Àngel fins on són tots els companys, que no l'esperen. En Jaume ho veu, i potser d'alguna manera ho enveja, si ell pogués, si ell també se'n sortís: d'aquí a uns quants anys, no gaires, l'Àngel serà ric i savi, discret i assenyat, un pare de família modèlic, un químic important, que es guanya bé la vida, que tothom respecta. Només li quedarà un gram de follia oculta, que intentarà amagar, que només apareixerà per un instant en els sopars d'estiu, quan comença a fresquejar i s'hi està bé i ja portem tres gintònics, i llavors li agafa per exhibir una estranya erudició sobre el Barça, l'Àngel s'ho sap tot, pregunta-li el que vulguis! Una mena d'habilitat social per amenitzar vetllades, per sorprendre les amistats. Una excentricitat descontrolada. I els dies de partit, al camp, una cridòria descordada, quan marquen, contra l'àrbitre, contra el Madrid, descontrolada i efervescent, compartida i torrencial. Una reserva personal de follia, d'exaltació, de comunió amb els desconeguts, com hi ha reserves de la biosfera o festes alcohòliques que han esdevingut patrimoni immaterial de la humanitat, certificat per la Unesco.

—

L'atzar, que fabrica trobades, també en rebenta. No hauria costat res que l'Ignasi Cano i en Marc Pagès, que no es veuen des del dia del partit de Saragossa, quan van sortir corrent cap a l'estació, amb aquella colla de bèsties que havien estat els seus amics al darrere, es retrobessin ara al Bois de Vincennes, es donessin la mà, s'abracessin en record dels vells temps, en celebració d'haver-los deixat enrere. Simplement, si en Marc hagués decidit pujar a París amb tren, i hagués passat a comprar les entrades a la penya de Lleida, potser haurien fins i tot compartit vagó de lliteres, en Marc hauria estat un més dels Argonautes que embolcallaven amb les seves històries el viatge de presumpta reconciliació entre en Jaume i l'Albert. Però en Marc va decidir de pujar amb cotxe, amb la Marta, alternant-se per conduir, tots dos sols, aturar-se a dormir a mig camí, una escapada romàntica. No pas amb l'excusa del futbol. El Barça no és una excusa, no fotem. Són dues raons confluents per el viatge. La Marta i el Barça.

Tampoc no hauria costat gens que els qui s'han trobat l'Ignasi sota la torre Eiffel i l'han estomacat en nom d'una deserció antiga i oblidada, d'això no en surts quan tu vols sinó quan nosaltres volem, s'hi haguessin trobat en Marc, encara li tenen més tírria, o potser no, va ser ell qui va tibar l'Ignasi per sortir d'allò, en un cert sentit va ser més valent. Què hauria passat si s'haguessin trobat? En Marc hi ha tret el cap una estona, més d'hora que no pas l'Ignasi i tots els altres. Anava amb la Marta, mai no li ha explicat l'episodi de Saragossa, què cony haurien dit aquells animals a la Marta, quines bestieses? Què hauria entès la Marta? Fins a quin punt l'hauria sorprès i l'hauria decebut descobrir de sobte i a hòsties aquell episodi antipàtic de la vida d'en Marc? Però l'atzar, la casualitat, que ha perjudicat l'Ignasi, ha protegit en Marc. Deu tenir les seves regles. O no hi ha regles. No hi ha reglament, ni fores de joc ni llei de l'avantatge.

—Saps? Donaria qualsevol cosa per estar avui aquí, però a l'altra banda. Sortir al camp, amb la samarreta, tu jugues una mica per davant de la defensa, distribueixes la pilota. I tota la gent allà al voltant, cridant. Donaria el que fos...

—L'ànima al diable —la Marta ha fet el batxillerat de lletres.

—O dos anys de la meva vida. El que fos. No sé què hi posaria, a la samarreta. Marc o Pagès. Potser Pagès, el meu pare hauria flipat si ho hagués pogut veure. I aniria amb el quatre, com en Guardiola.

—Ja diré al diable, quan me'l trobi, a veure si vol fer tractes —se'n fot la Marta, però no del tot. Això que ho donaria tot per jugar amb el Barça, la inclou a ella?

Els dimecres també entrenen, el primer equip del Balaguer. Però avui no hi haurà entrenament, tothom s'està a casa mirant el partit. En Marc va demanar permís, me'n vaig a París amb la Marta, no hi ha cap problema, oi? Està fent una bona temporada. Juga de quatre, aquest país és una fàbrica de quatres, té el camp al cap. La Marta el va a veure quan juga a casa, de vegades a alguns desplaçaments, no pas a tots, els de més a la vora. És d'un altre món, la Marta. Estudia a Lleida, a la universitat. Ha entrat en això del futbol amb en Marc, en sa vida havia anat a cap partit, només es mirava els del Barça per la tele, amb les amigues, com un joc, com un concert d'Els Pets, com una festa o una mani de l'Onze de Setembre. Una ocasió per trobar-se i xerrar i riure i lluir les banderes. Festiu i innocu. Mai no se li hauria acudit anar a veure un partit del grup cinquè de la tercera divisió, no té res a veure amb el que veus per la tele, ets molt a prop, t'adones de la suor i dels crits i dels bonys de l'herba i de la puntada al turmell a un que no porta la pilota i dels lapos que es deixen anar. Als partits del Barça per la tele passa com a les pel·lícules eròtiques, que tot és net i polit i no hi ha líquids pel mig, ni suor ni soroll, tot és suau i llisca, com de cel·lofana. Al camp del Balaguer és com un polvo de veritat. Amb tot el que hi ha de bàrbar, de visible, de terrenal. La diferència que hi ha entre un polvo de paper couché i un en una habitació d'hotel. La diferència que hi ha entre la guerra tal com es veu a les pel·lícules i una trinxera bruta i enfangada de Verdun.

—Tu t'ho pots imaginar? Ha de ser l'hòstia, no hi pot haver res més gran. Diuen el teu nom i saltes al camp i tothom està pendent de tu. I tu fas el que saps fer. Sí, el que fos, donaria. El que fos —en Marc, com en un somieig infantil.

—Encara hi ets a temps.

—No fotis. Jo sé que no. Fa uns anys, potser sí. Ja hi pensava. No ho hauria dit així, amb aquestes paraules, però també hauria donat qualsevol cosa. Però ara ja he fet tard.

—Per què hauria de ser massa tard? Ho estàs fent bé. Aneu bé. Van venir els del Lleida, l'altre dia...

—Però això és una altra cosa, no té res a veure.

No té res a veure. En Marc havia tingut el seu somni de nen, cada dissabte al matí, en camps de terra, cada dia de cada dia als patis de les escoles, n'hi ha milers de ben iguals. Ser del Barça. Ser una estrella del rock. Ser astronauta o cuiner o top model. Va a èpoques. Això del Barça és sempre, ha estat de sempre, o de fa molts anys. Però el que diu ara ja no és el somni infantil, és el contrari, una apel·lació a la màgia, només Mefistòfil ens ho podria arreglar. Això hauria estat l'aspiració màxima, la forma concreta de la felicitat. És una declaració de principis. Canvio tres anys de la meva vida, amb tot el seu paquet de satisfaccions i tristeses, per l'instant de plenitud de sortir al camp, no pas de broma, de veritat, amb el quatre a l'esquena, amb el nom a l'esquena, amb la samarreta dels meus. Ja no et dic de fer un gol. És un manifest, un acte intel·lectual. El pot dir ell, que és jugador del

Balaguer, o el pot dir el director d'un diari que fa cent quilos, o el pot dir un jubilat que no guanya ni el torneig de petanca del club Sant Jordi. Donaria tres anys de la meva vida per saltar al camp amb la samarreta del Barça en un partit de veritat. Aquesta és la meva representació del paradís, la il·lusió més enllà de la raó. Les il·lusions sempre són, han de ser, més enllà de la raó. El meu impossible preferit. Ho has somiat de nen. Ho dius de gran. Jugar amb el Lleida, o amb el Terrassa, o amb un equip de segona A és una altra cosa, un horitzó laboral, de peus a terra, menys màgic. Un objectiu possible; desitjat, però possible. Una cosa és voler ser músic i guanyar-se la vida tocant a les festes majors. Una altra, imaginar-se una ovació al Liceu després d'haver cantat el «Nessun Dorma». *Tramontate stelle, all'alba vincerò*. L'èpica o la feina.

Tampoc no seria mala cosa ser simplement un bon futbolista, un professional que va saltant d'equip en equip, com en Miquel Soler, aquell xicot de la Garrotxa que va acabar jugant en gairebé tots els equips de primera, amb el Barça i amb el Madrid, amb l'Atlético i el Saragossa i el Sevilla, amb l'Espanyol i amb el Mallorca. És una biografia de novel·la realista americana. De pel·lícula del Clint Eastwood. Una mena de *road movie*, no necessàriament sòrdida. Al contrari. No ha de ser una mala vida. També té el seu mite, la seva èpica. Com la gira d'una banda de rock per pobles del mig oest. Però el que pensa ara en Marc és una altra cosa. Una exaltació. Un somni. Pasolini deia que si no hi hagués ni cine ni llibres, el que hauria volgut ser és un bon futbolista. Això no ho sap, en Marc. Ho sap la Marta, que és de Filmoteca. Un dia l'hi explicarà, si tot això va endavant. Hi ha moltes coses que la Marta ha d'explicar a en Marc. Moltes coses que li vol ensenyar. Moltes pel·lícules que li vol fer veure. Moltes novel·les que li caldrà llegir. Com qui modela un bon fang amb bones mans.

—Anem més cap allà. Hi ha gent a qui no m'agradaria trobar.

En Marc agafa la Marta de bracet i se l'emporta a un racó del Bois de Vincennes, cap on hi ha un grup de famílies assegudes a terra, que acaben de sortir d'un autocar. No ho sap, però s'allunya d'on mengen l'Ignasi i companyia. Llàstima. Va mirant a banda i banda. La Marta porta la cabellera rossa deixada anar i una samarreta del Barça prou arrapada, uns texans cenyits. Pot semblar la nòvia d'un futbolista. Alegre. Jove. Una WAG de futbolista, a Itàlia i a Anglaterra hi ha webs on pots votar les més guapes. La Marta és perfecta. En Marc no la vol perdre, té por de perdre-la, té por de no estar a l'alçada. No té ganes d'explicar-li mai tot allò de Saragossa. Ni el d'abans, els desplaçaments del Barça amb tota aquella gent. No li agrada explicar-ho, perquè no li agrada sentir-ho explicar. El món és d'una altra manera. Han canviat els seus somnis. Han tornat somnis vells, d'infantesa, reciclats en adult. Donaria el que fos per sortir a la gespa amb el quatre a l'esquena. I jugar. Aquest vespre, aquí. Amb els meus.

No, no és perquè el pare n'estigui orgullós, pòstumament. El pare d'en Marc no era especialment futbolero, el mínim, l'imprescindible. Va morir fa deu anys d'accident, en Marc era encara un nano. És un record difús. Ara li agradaria que n'estigués orgullós sa mare, els seus germans. Per això es posaria Pagès a la samarreta, definitivament. O que n'estigués la Marta. La va conèixer poc abans de Saragossa. No sortien junts, encara, quan va anar a aquell desplaçament. Però van començar a sortir ben aviat, un parell de mesos més endavant, com a molt. L'atzar construeix trobades o les rebenta. És la seva manera de modelar les biografies.

—

Quan deu mil persones s'aixequen de cop, xisclen de cop totes juntes, avancen i retrocedeixen com una onada immensa, sense que ningú no els ho mani, ¿és que s'han produït deu mil decisions individuals simultànies i autònomes o és que hi ha una sola decisió, presa per un subjecte immaterial, indestriable, la massa, la primera persona del plural? ¿O en realitat no són decisions simultànies, sinó impulsos individuals successius, que es produeixen l'un darrere l'altre en micromil·lèsimes de segon, un per l'impacte de l'altre, una mena d'enorme reacció en cadena rapidíssima, potser com les estampides de les vaques a les pel·lícules de vaquers o com quan els ramats de bens presos d'un atac de pànic corren tots en la mateixa direcció només en sentir el lladruc del gos? ¿O és potser més aviat com els estols dels ocells, que canvien el rumb del vol tots de cop, potser seguint qui va davant, potser per una ordre telepàtica, potser per un instint compartit? Som com els ramats de bens o com els estols d'ocells?

—Potser hauríem d'anar passant.

Sense que la megafonia hagi dit res, sense que els envelats hagin començat a plegar, la gent de Vincennes es va alçant de terra, va recollint els papers i les bosses del menjar, es vesteix per al partit com les núvies per a les noces i comença a agafar el camí de l'Stade de France, amb metros i trens, regulars o especials, barrejats amb la gent que surt de la feina i torna cap a casa, acumulats en vagons de majoria o d'unanimitat blaugrana, ramat o estol, onada. Els de l'Arsenal estaven a l'altra punta de París, agafen uns altres metros, els omplen de la seva onada groga, no hi ha gairebé barreja, per si de cas. Algú ha planificat la batalla des del cel. Potser de tots els moments èpics entorn del futbol, aquesta sortida simultània és el més espectacular, el que més sorprendria un observador que sobrevolés la ciutat amb helicòpter. El poeta ho va comparar amb les croades medievals, tots els homes sortint de les seves cases amb posat greu per confluir en una riuada humana cap a l'espai de la confrontació, cap al ritual sagrat. Van a l'estadi nou, van a l'estadi.

En Jaume se sorprèn perquè tots els seus acompanyants s'han alçat junts i comencen a afegir-se a la corrua cap al metro, sense que ell els hagi dit res. Potser perquè de fet no són els seus acompanyants. Potser perquè ell, encara que s'ho hagi pensat —per exemple, en el moment de pagar les hamburgueses—, no és el cap de colla d'aquesta expedició menor dins de l'expedició gran. Potser de fet l'acompanyant és ell, escuder del seu fill, departament de producció del viatge, intendència i *prontopago*, el que va pagant les factures. És l'últim que s'alça, està a punt de dir que per què tanta pressa, que no cal arribar tan aviat, però s'ho estalvia a temps, perquè hauria estat un comentari inútil. Pitjor, improcedent. Hi ha una litúrgia. Hi ha un ritual. S'hi ha d'anar d'una determinada manera i a una determinada hora per poder fer i per dir unes determinades coses. Com a les misses. Com en totes les misses de totes les religions. Probablement ha estat l'Oriol el primer d'alçar-se, abans que no pas l'Ignasi, que de fet era practicant d'una altra litúrgia, encara que fos en els mateixos temples: anaven l'un i l'altre als mateixos partits, però d'una manera diferent i per fer-hi altres coses. L'Albert se n'adona abans que son pare i es posa en marxa. Quan en Jaume els veu, primer pensa que tots plegats són un ramat de bens. Després esdevé positiu i decideix que són de fet un estol d'ocells magnífics, majestuosos i compenetrats.

—Senyors, comença la festa! —sentencia en Ramon.

En Jaume es pensava que ja feia estona que havia començat, quan han baixat a la torre Eiffel. O que començarà de veritat quan surtin els jugadors a la gespa. Són fases. I ara comença la més veritable, la decisiva. Per a ells, gairebé més que el partit, perquè hi pinten més, en són més protagonistes. Es tracta de guanyar una batalla simbòlica abans de començar el partit: a veure qui crida més, qui es fa més present, qui tenyeix més amb els seus colors tot l'estadi. Es tracta de dibuixar l'escenografia en què els jugadors hauran d'actuar. I l'escenografia és important. En Ramon lliga al coll del seu cosí Oriol una estelada, l'estrella sobre fons blau, que duien a la motxilla i que han fet voleiar per París. Ara passa a ser indumentària. Hi ha gent que es repinta els colors de la cara. La núvia que es vesteix i es maquilla. Però no són núvies. La referència, per generació, és *Braveheart*. La vida imita el cinema. Són els guerrers de *Braveheart*, cadascú vestit diferent, sense uniformes com els exèrcits convencionals, dels estats i dels reis, però tots si fa no fa amb els mateixos colors. Els colors del clan, els colors de la tribu. No és el mateix. El clan és més compacte, més petit, més de sang. La tribu és la suma dels clans, variada, contradictòria, dispersa. Però no hi ha tribu sense clans. En Jaume ha tornat de Buenos Aires per refundar un clan, i s'ha trobat abduït per la tribu. Potser ja és això. Potser ja està bé.

Compactes, eufòrics, actius, pugen al metro. En Jaume i l'Albert, amb els seus, s'entaforen en un vagó d'immensa majoria blaugrana, però amb oficinistes parisencs de tots colors i de mitjana edat i senyores de sa casa carregades de bosses de plàstic com a passatge complementari. D'altres ho fan en altres vagons. Tancats allà dins, engabiats els uns amb els altres, suant junts, en una proximitat gairebé concupiscent, exèrcit en marxa cap al camp de batalla, tornen a recordar *Braveheart*. I es posen a cantar. Tot el que saben, que tampoc no és gaire. *¿Qué se quema? ¡Madrid! ¿Qué se quema? ¡París!* Els uns es graven als altres amb el mòbil i ho penjaran l'endemà al YouTube. Com els guerrers de *Braveheart* abans de la batalla, canten i fan soroll amb els escuts. No porten escuts per picar. Piquen contra les parets del vagó de metro, en una remor metàl·lica i indiscutiblement bèl·lica. El YouTube en quedarà ple. *Oeé, oaà, ser del Barça és lo millor que hi ha.* Com els guerrers de *Braveheart*, ensenyarien el cul a les parades, per escandalitzar o per provocar, però a les parades hi ha gent que no hi té res a veure, no hi ha el públic que caldria. No ho fan. Si més no, no ho fan els d'aquest vagó, vés a saber els d'altres. Tampoc no ho haurien tingut fàcil. Falta espai per a la maniobra, complexa. Canten. *Tenim un nom i el sap tothom.*

L'Albert ja és un d'ells. Del tot, ocell de l'estol o be del ramat. En Jaume encara no. Ja fa estona que ajorna la seva dissolució en el plural. Sap que arribarà, inevitablement. I que si no arriba, pitjor per a ell, serà un pop en un garatge. Li costa. Sempre li ha costat. Ja li deia la seva amiga argentina, gairebé no en recorda ni el nom, tot i que l'encertava només a mitges. Es mira sempre el món com si ell estigués a fora. Per això es devia fer periodista. Fins que no té altre remei que saltar de la platea a l'escenari. Suposa que ja arribarà el moment. Tendeix a endarrerir-lo.

—

En Joan Lluís Cardona no anirà amb metro a l'estadi, de fet no agafa el metro ni a Barcelona des de fa anys, no sap ni quant val en euros: si l'hi preguntessin en una tertúlia televisiva o en un cara a cara presidencial, faria el ridícul, no en té ni idea, tan aviat podria dir cinquanta cèntims com dos euros i mig. Però en Cardona va només a les tertúlies del Barça i no es presentarà a les presidencials d'enlloc, i per tant pot viure eternament sense saber el preu del metro de Barcelona ni de París. I no passa res. No hi anirà amb metro, agafarà un taxi fins a la porta de convidats de tribuna, ha quedat per anar-hi junts amb en Jordi Puig, un directiu aparentment de segon ordre, gairebé invisible dins de la directiva, però que fa una certa feina discreta de relacions públiques amb els qui parlen als diaris i a la ràdio, com en Cardona. Fan temps amb en Puig, al *hall* de l'hotel, camisa oberta sense corbata sota l'americana, sabates sense cordons i flexibles, mentre veuen petits grups d'exquisits blaugrana que ja comencen a passar cap al camp.

—Hi hauria d'arribar abans que no comenci —informa, sense pressa, en Cardona—, per les cròniques. Ja saps, els qui no podem explicar el partit, hem d'explicar coses que passen quan no hi ha partit. A mi el que de veritat m'agradaria és fer la crònica. El lateral que puja, si val més la feina de destrucció de Van Bommel o la de construcció d'Iniesta al centre del camp en un partit físic com el de l'Arsenal, la diagonal de Giuly que obre l'espai... Però no em deixen. Als escriptors, les notes de color. La filosofada. I a mi el que m'agrada és el futbol. La pilota. El que passa al camp.

En Jordi Puig és advocat, amic d'infantesa d'en Laporta i de tota la tropa, de la ceba com tots ells, forjat en el barcelonisme d'oposició catalanista i en les vacances familiars a Calella de Palafrugell, casa bona, trenta-set anys, fortuna moderada, cultura per sobre de la mitjana, fam de guanyar, gust per la victòria, n'estem tips de perdre sempre, n'estem tips que ens fotin els calés, n'estem tips que manin els altres. Que n'aprenguin. Som joves i moderns i sabem anglès i hem vist el món. Més que no pas ells. Ara ens toca a nosaltres. Havia militat uns mesos en un partit independentista que es va enfonsar. No creu que Catalunya s'hagi d'alliberar entre els laments dels damnats de la terra, amunt els qui pateixen fam. I del vell catalanisme xirucaire i montserratí el que més l'emprenya és una certa complaença en la pròpia derrota, una autocompassió malaltissa d'hivernacle, com quan una habitació té l'aire enrarit perquè fa massa temps que no se n'obren les finestres.

En Cardona pren el cafè amb en Puig perquè li cau bé. A l'observador professional, obligat a fer d'espectador encara que no vulgui, el fascinen els homes d'acció. No és com ell. Potser li agradaria ser com ell, però va néixer en una generació que encara no tocava. O potser va néixer, en Cardona, de la collita del cinquanta-set, fora de cap generació, en terra de ningú, quan les coses de la seva infantesa estaven a punt d'acabar-se i les de la seva maduresa encara no havien nascut. En Puig el manté al dia del que no surt al diari. Ara fitxarem, ara vendrem, ara negociarem els drets amb aquests, ara estem discutint una oferta d'aquells. Notícies pròpies i de la competència. Mira el que fan els del Madrid, no en tenen ni idea. *Pan para hoy, hambre para mañana*, de les poques coses que accepta de dir en castellà, no hi troba equivalent català. Ell s'ho mira d'una altra manera. No va anar a ESADE, però els seus amics sí que hi van anar. A en Cardona, en Puig li agradaria com a gendre, però hi ha la pega que en Cardona no té cap filla. Ni cap fill, de fet. Ell ja agafaria el taxi cap a l'estadi, però en Puig no té pressa.

—Seria terrible perdre aquest vespre —en Puig té la virtut de presentar les evidències com una revelació privilegiada.

—Sí, esclar. Imagina't tota aquesta gent —en Cardona assenyala els petits escamots de jovent maquetat de barcelonisme, amb les seves banderes pel carrer.

En la visió literària d'en Cardona, la retirada d'un exèrcit derrotat té una dimensió èpica. Bíblica o homèrica? Vint mil persones tornant a casa amb la cua entre cames, deprimits i vençuts, el vell barcelonisme amargat tornaria a aixecar el cap, ens han pres el partit, l'entrenador és un patata, els jugadors cobren massa i no corren, segur que algú hi ha sucat en aquests fitxatges esotèrics, tota aquella mena de saviesa agra i tronada de Canaletes, amb pudor de romàtic, amargada. Sí, seria terrible, perquè tot això tornaria. Però en Puig no parla d'això.

—Ens tocarà de negociar el contracte dels drets de televisió. Si ets campió d'Europa, pots demanar. I tant, que pots demanar. Si has quedat finalista, ningú no se'n recorda. Mira, jo ja no me'n recordo, de qui va perdre la final contra nosaltres a Wembley.

—La Sampdoria.

—Sí, bé. Qui se'n recorda, a més de tu? Et sembla que la Sampdoria és un dels equips grans? Tu en pagaries una pastarada pels seus drets de televisió?

Per un moment, a en Cardona, liberal progressista, li sembla que en Puig és un marxista leninista infiltrat. Tot és economia. Les condicions objectives. El repartiment dels excedents. El compte de resultats. Bé, perdó, això no és dels leninistes, això és d'uns altres leninistes dels calés. Ell, poeta i *bon vivant*, creu en les tragèdies morals, en les grans epopeies individuals. Fins i tot, i això és una novetat respecte als del seu gremi i els de la seva espècie, li agraden les que acaben bé.

—Si no guanyem, serà una llàstima. Per a vosaltres també, i no tan sols pel contracte dels drets. Imagina't el relat: una generació de joves barcelonistes heu agafat el Barça en dies tèrbols, enfonsat, i l'heu pujat a dalt de tot, a la Champions. És bonic. Fa goig. Teniu la reelecció assegurada. I en Rijkaard, un xicot amable, que agrada enormement a les dones, simpàtic i europeu, però a més a més exòtic i divers, l'agafem quan encara no hi creu ningú i pugem junts fins al cim. Hi ha tot d'històries personals que esperen un final feliç. La del teu president, que és també el meu. La de l'entrenador. La de cadascun dels jugadors. Si guanyem, totes tenen un final feliç. Si perdem, totes queden escapçades. Pitjor. No és que quedin a mitges, és que no hi ha història.

Ho ha après dels americans: no hi ha una bona història sense un bon final. Aquí no sabem com acabar-les; la felicitat, la victòria, ens fan vergonya. En Cardona, romàntic a la fi, no es pot escriure als diaris si no tens una mínima orientació romàntica, si no barroca, pensa també en tota aquella canalla que s'ha anat trobant al llarg del matí, que han arribat amb tren o amb cotxe o amb autocar, que han demanat un dia de permís a la feina, que demà es trobaran un veí perico o del Madrid, que són en el món en tant que són barcelonistes, que ho viuen com una cosa seva, pròpia, individual. Per a cadascun d'ells, que guanyi i perdi el Barça té a veure directament amb ells, amb la seva vida, amb el seu destí personal. Fins al punt que creuen —d'una manera difusa, en part paròdica, però no del tot fingida— que el Barça guanyarà si porten els mateixos calçotets que duien el dia de Wembley, si fan la prometença de fer el camí de Santiago o de pujar a Montserrat amb bicicleta o si posen la fotografia de l'Arsenal, o més particularment la de l'Henry, que és qui ens pot fer més mal, al congelador de la nevera de casa seva. És a dir, com que la victòria o la derrota del Barça és un assumpte personal de cadascun d'ells, creuen que és possible que una divinitat celestial dotada d'unes balances acceptarà un tracte de tu a tu, un intercanvi de la victòria avui del Barça per una penyora o una penitència variable i sentimental o un malefici particular. En tots aquests pensa també en Cardona, i li sembla que ja té el fil per a un altre article.

Podria pensar, i no ho fa, en el seu vell amic Jaume Cortès, dels temps del Correu, amb qui ha esmorzat aquest matí: segur que ell també es juga alguna cosa transcendental en el resultat d'aquest partit, no tinc ni idea de quina. I cadascun d'aquells joves que l'acompanyaven, es veu que un és fill seu, també es deu jugar en el partit alguna cosa pròpia i íntima, potser del tot esotèrica. La derrota o la victòria d'aquest vespre no és una cosa d'un equip contra un altre equip, subjectes col·lectius de la història. Ni és una història d'onze individus contra onze individus. És la suma d'una pila de reptes individuals, és un episodi central de centenars de biografies. Cada partit. I la sort pesa molt, per això tothom és tan supersticiós. A la graderia i al camp. Els futbolistes són supersticiosos, com els toreros, perquè en un cert sentit es juguen també la vida en cada partit. I la sort ho arbitra. Mira, en Zuviría: quan perdien un partit amb el Barça, en arribar a casa cremava el pijama amb què havia dormit la nit anterior. Creia que li havia portat pega. És fonamental guanyar o perdre, per a tots, per a cadascun. Seria terrible, perdre aquest vespre. I tant. Terrible per a molts. Terrible, personalment terrible, per al president i per a l'entrenador i per al lateral esquerre i per a qui ha vingut amb tren i per a qui s'ho mira per la tele. Cadascú hi té alguna cosa a perdre. I alguna cosa a guanyar. Ell també, en Joan Lluís Cardona. Els articles de la victòria serien infinitament més lluïts. Però no és tan sols això. (I segur que en Puig, en el fons, sense dir-ho, sap també que la diferència entre guanyar i perdre no són només uns números al compte de resultats. Però li agrada més parlar de números que de qualsevol altra cosa.)

—Potser sí que hauríem d'anar passant.

Si en Jaume Cortès hagués pogut sentir per telepatia el fil de l'article encara no escrit d'en Joan Lluís Cardona, a veure què s'hi juga cadascú de personal i intransferible en el partit d'aquest vespre, potser hauria respost d'entrada que ell s'hi juga un fill. Però ni en Cortès ha sentit la pregunta ni ha pensat gaire en la resposta. Si hi hagués pensat, i ho fes d'una manera sincera —no sempre ho fem, ni quan pensem per a nosaltres mateixos, sobretot quan ho fem per a nosaltres mateixos—, hauria hagut d'imaginar una resposta més llarga i més complicada.

Entra al camp encara mig buit travessant controls i preguntes, exhibint les entrades com un trofeu. A les portes de l'estadi n'han robat algunes. De la manera més simple i més estúpida, algú que la duia a la mà com si res i algú altre que l'ha tibat. I el robat s'ha quedat sense saber què fer, paralitzat, amb cara d'imbècil. O tens entrada o no en tens. I ets dins o ets fora. El dia o la nit. Ell ha guardat la seva i la de l'Albert fins a l'últim instant, l'ha donat al seu fill només quan era imprescindible, i han entrat amb tot de gent, amb els companys del tren també, cap al Gol Sud, darrere la porteria. Damunt del seient troben un enorme cartró vermell i les instruccions per participar en un mosaic gegant abans que no comenci el partit. En Jaume somriu: fa molts anys, de periodista jove, li va tocar fer un reportatge sobre una cosa estranya que farien en l'acte de cloenda d'uns Juegos Deportivos Escolares a Terrassa, una cosa organitzada pel Frente de Juventudes, que de fet era còpia del que feien a la Xina de Mao. En deien calistènia. I era això, si fa no fa: els nanos alçaven cartrons de colors i feien així uns dibuixos successius, força complicats, en tot cas més complicats que no pas aquest d'ara, amb il·lustracions d'esports diferents. Potser no del tot maoistes en el tema, però sí en la tècnica. A totes les dictadures sempre els ha agradat molt això de construir coses amb la suma d'individus esdevinguts formigues del formiguer, cèl·lules del cos, parts d'un tot on deixen la individualitat. Li agradaria d'explicar-ho a l'Albert durant l'espera, però no l'hi explicarà, no entendria res, són històries velles, anècdotes de veterà, insubstancials. Caldria explicar massa coses: Mao, Franco, el Frente de Juventudes... Li fa mandra.

—Encara falta més d'una hora —es mig queixa en Jaume de l'excés de puntualitat. Arribar massa aviat no és ser puntual.

—Però s'hi ha de ser abans. Tenim feina. Hem d'acollonir una mica aquesta gent —teoritza en Ramon, des del seient del darrere.

S'hi juga un fill, en Jaume, en el resultat d'avui? ¿Si guanyen, apa, l'Albert recuperarà, com si això fos Lourdes, com si baixessin del cel unes llengües de foc, un indefinible sentiment filial, redescobrirà el pare perdut, perdonarà? ¿Si perden, l'Albert s'allunyarà definitivament cap a una edat adulta freda i hostil, carregada de retrets que no es diuen mai en veu alta (fins que un dia esclaten de cop, com un torrent que desborda la presa) i esdevindrà irreversiblement aliè? No, això no va així. Ni pot esperar un acostament absolut i sobtat ni es juga la llunyania en dues hores i a una sola carta. I, en tot cas, no depèn del resultat, només. Pot dependre de tot el viatge. Però el resultat hi pot ajudar. A aconseguir-ho o a enfonsar-ho. Depèn.

Però, i si allò que es juga en Jaume no és el fill, sinó alguna cosa d'ell mateix? Alguna cosa difícil de definir, el futur, el relat, el sentit. Ell se'n va anar a Buenos Aires desenganyat. No era tan sols un desengany amorós. No era només que la Rosa el volgués mig deixar, potser deixar del tot. Hi havia una vida que fallava, la seva vida. Havia volgut unes coses que no havien arribat. Una vida on havia fet tot el que tocava fer, obedient i previsible, simpàtic i endreçat, i no se li havia donat el que desitjava. Havia anat a futbol de la mà del pare, havia fet la carrera amb notes raonables, treballava. Però allò no era la plenitud somiada. Va anar-la a buscar lluny. Tampoc no la va trobar. Potser ha tornat per veure si hi ha sentit sense plenitud. Si podem viure també com les pedres al clot, acomodats i una mica indiferents, una mica minerals, acceptant i estimant el guió simple que la vida proposa. No esperar el triomf ni témer el fracàs. Això és el *Beatus ille*, en el fons, un tema ben grat al barroc espanyol, a la poesia barroca, que tant admira. Cony, altra vegada ja està fent l'article. Quin fotut vici! Viure editorialitzant, fent reportatges de la pròpia vida, buscant titulars.

Què és aquest present que cal esprémer i gaudir? Si la cosa és el *Carpe diem*, què tenen ara els dies, de què estan fets? El pare, malalt. Els fills, recelosos. Quin panorama, podríem dir. Però tampoc no és ben bé això, no només, no és una cosa trista i resignada, és aspirar a la felicitat abastable, donar valor al que és possible, al que pots tenir, al que està en catàleg, encara que sigui difícil. Potser una cosa solar, eufòrica. Viure en pau, tenir un nom, tenir un bon nom, poder parlar amb els qui t'envolten francament, sense cuirassa, sense estar exposat a les ferides que et provoca el menyspreu d'aquells qui odies o d'aquells qui estimes, els altres és igual. Ha tornat per això. Per provar de viure una vida possible. Sense trencar el fil.

Avui, a l'hora del partit, en Jaume no es juga —ho intueix d'una manera gasosa— l'èxit o el fracàs de la seva vida. Es juga, avui també, com altres dies, el sentit de la barreja d'èxits i de fracassos i de coses que no són ni una cosa ni l'altra que és i ha estat la seva vida. El pare el duia a futbol, ell porta el fill a futbol. *Som la gent blaugrana, tant se val d'on venim, si del sud o del nord.* I com això, en tot. Reconstruir. Continuar. Prendre la torxa, córrer els cent metres del teu relleu el millor que puguis i passar la torxa a qui ve darrere en les millors condicions. I així successivament, com sempre s'ha fet. Simplement. No és poca cosa.

—Et sobra una bandera?

En Jaume demana a l'Albert que busqui en el fons de la motxilla. Podria demanar-ho a qualsevol dels altres, segur que l'Ignasi porta materials d'animació de sobra, però estaria bé que fos una bandera de l'Albert. No en porta cap a la maleta, però es desfà el nus de la que du penjada del coll i la deixa a son pare. Ell ja té la bufanda i l'estira com una pancarta horitzontal, entre els braços. És més útil per a la causa una bandera ondejant que una capa amagada a l'esquena d'un xicot. La fa voleiar com els marines d'Iwojima, primer com un joc, com una paròdia, després, quan ja n'onegen moltes, com una manera de deixar-se anar, de diluir-se en un món blaugrana que li ofereix escalf i acollida, que li sembla del tot seu, un ventre càlid on no hi neva ni plou. També una presó. Només és un moment, per ara. Després la torna a desar, falta molta estona per al partit. Però n'ha sentit el gust.

—

En les fases eliminatòries de les competicions europees, també a la Copa del Rei, els gols en camp contrari valen el doble en cas d'empat. Per què? Quina dificultat afegida té jugar en camp contrari que faci més meritoris els gols que s'hi obtenen? Metre amunt metre avall, amb la gespa millor o pitjor, tots els camps de futbol s'assemblen, que els jugadors estiguin avesats a l'herba una mica més llarga o al terreny de joc una mica més ample no sembla una diferència substancial. Per tant, el valor afegit deu estar a la graderia. No deu ser objectivament el mateix jugar amb la graderia a favor, aplaudint i animant, que amb la graderia en contra, insultant i xiulant-te. O això dels gols en camp contrari és una convenció atzarosa, una manera de tirar una moneda a l'aire, o és el reconeixement explícit que el públic té alguna cosa a veure amb el resultat.

—Gràcies a això —il·lustra l'Àngel, en el paper de complement enciclopèdic— vam guanyar la Copa d'Europa de Wembley. En els vuitens de final, el Barça va guanyar a casa el Kaiserlautern per dos a zero. A Alemanya es va muntar un clima terrible, entre el públic, i ens en van fer tres. Semblava que ens eliminarien, però quan faltaven vint segons per al final, en Bakero va fer el tres a un de cap, entre dues torres alemanyes, i vam passar l'eliminatòria gràcies al valor doble dels gols en camp contrari, per desfer els empats. Si no, no hauríem arribat mai a la final.

Apel·lant a la racionalitat, a l'argumentació professoral, en Ramon ha convençut així en Jaume, encara escèptic, a la graderia de l'Stade de France a Saint Denis, perquè s'afegeixi d'una punyetera vegada als crits i onegi la bandera que li ha deixat son fill mentre encara va arribant gent i comencen els càntics. L'Albert ja n'estava convençut abans d'arribar. És l'argumentació científica o jurídica, mig d'advocat mig d'estudiant de física, amb què sustenta la seva teoria: som aquí abans d'hora perquè hem d'aconseguir que el Barça jugui com si fos l'equip de casa, hem de fer que això s'assembli més a la graderia del Camp Nou que a la de Highsbury. No pas per raons estètiques o èpiques, sinó absolutament pràctiques, perquè això tindrà a veure amb el resultat. No ho veus? Fins i tot el reglament reconeix amb això dels gols en camp contrari que el públic és decisiu. Que el públic és com si fes gols. Doncs hem de fer nosaltres els gols que ens pertoquen. No hem vingut aquí a mirar, ho dic sempre. I és cert que ho diu sempre. Perquè ho creu sempre. Perquè com ell ho creuen els qui han volgut arribar molt aviat, sense seure encara al lloc, drets i tensats com abans d'una cursa de cent metres.

És una competició de crits, de cants i de banderes. Teòricament, abans que no comenci la competició de veritat. En realitat, marcant-ne l'inici veritable. Passen coses enmig de la gespa, però no acaben d'interessar a ningú. Banderes i espectacle, un *speaker* que ho anima. És igual. Els fets són darrere les porteries. Al Gol Sud, una graderia blaugrana. Al

Nord, una de groga. Es repten, es piquen, s'envien càntics. Són diferents. Els *gunners*, a l'altra punta, no se'ls pot comptar ni distingir, com si no fossin individus, són només una massa groga. Nosaltres devem ser una massa blaugrana des de l'altra banda. No cal ni la calistènia, no hi ha pèrdua. El propi cos és la peça d'un mosaic. Cantem nosaltres més que no pas ells, fa uns quants anys no hauria estat igual, és una generació nova, més orgullosa, menys derrotada per la història. Ells es diuen *gunners.* Pistolers. Ningú no ho diria de nosaltres. No és un nom que ens escaigui. Culer no vol dir res, i si vol dir, deu tenir a veure amb cul, i més valdria no lluir-ho gaire. *Som la gent blaugrana. Tenim un nom i el sap tothom.* Cantem més fort, o ens ho sembla. Per això som aquí.

—A mi això del jugador número dotze —encara s'ha resistit una estona en Jaume, tot i que porta a la mà la bandera que li ha deixat l'Albert— em sona a Manolo el del bombo i a tòpic de cronista esportiu franquista. Què vols que t'hi faci. *Arropado por su público, llevado en volandas por su afición, el conjunto cántabro...*

—Sou d'una generació carregada de manies. Tot us sembla contaminat, embrutat per una cosa o altra. No sou capaços de disfrutar res plenament. Sempre feu cara de pomes agres. Bé, no volia dir això, ja m'entens... —en Ramon es pensa que s'ha passat, en l'entusiasme de la discussió.

—No, però si tens raó... És veritat que el públic pesa. Allò que deies: abans, en els meus temps, els de la meva generació —no és un sarcasme d'en Jaume, vol ser una expressió de complicitat—, els diaris posaven en la classificació, entre parèntesis, els positius i els negatius que tenia cada equip. *El Barça es queda amb cinc positius.* Com si guanyar a casa fos gairebé obligatori, amb l'afició a favor, i si no complies l'obligació et carregaves de negatius. Ja és això. Però no m'hi sé veure, amb el del bombo.

—Doncs és el que et deia, i amb perdó: el teu fill sí que s'hi veu. Depèn de qui sigui el del bombo. Potser els temps estan canviant. O potser ja han canviat —en Ramon s'empassa sense dir-les les últimes paraules naturals de la seva frase: *i tu no te n'has adonat.*

—Encara que haguessin canviat, que no és gens clar, jo ja no tindria solució. En tot cas, ja veurem l'Albert.

L'Albert levita. Té una sensació d'irrealitat, no pot ser, no sóc jo, no sóc aquí. Però, al mateix temps, una consciència d'esdeveniment de cara a la història: jo hi era. Aquell dia, allà, jo hi era. L'heroi és el qui hi era. El qui ha estat en cent batalles. El qui ha vist llocs impossibles, meravellosos. El qui ha pescat en els mars de Tasmània o qui ha vist atacar naus en flames més enllà d'Orió. El qui col·lecciona possessions d'estones d'història. Sóc jo i sóc aquí. L'Albert pensa que si no hi fos, si s'hagués quedat a casa, en l'enorme mosaic que rebrà el Barça quan salti al camp s'hi veuria un forat negre, que cantaria una barbaritat, tothom s'hi fixaria. Ell i el seu cartró vermell són imprescindibles en el mosaic. L'Albert se sent més acompanyat que mai, però més ell que mai. Ell entre els seus, igual i diferent, tot i part, heroi i figurant. Està eufòric. Tothom està eufòric i arreu es veuen en tot moment flaixos de digitals, llampecs de fotos. Aturem aquest moment. Fem-lo etern, perquè és el nostre moment.

No hi pensa. Si més no, no hi pensa en aquests termes. Però per primera vegada en molts anys sent que forma part d'una mateixa cosa que son pare. Que comparteixen alguna cosa, a més de l'atzar d'un cognom. No, que en Jaume no canti victòria. No comparteix més amb ell que amb l'Ignasi o en Ramon o l'Oriol o l'Àngel. Potser fins i tot una mica menys, tenen menys coses en comú. Però en tenen alguna. Un mosaic. A sota, Barça; al damunt, la bandera blaugrana, i a dalt de tot, la catalana. Ells són en una de les franges vermelles de la bandera del mig. Si no hi fossin, els dos forats negres estarien l'un al costat de l'altre, com un forat doble, el doble de visible, clamorós.

—

Han quedat en un bar de Dublín on cada setmana passen per televisió un partit de la Lliga espanyola, en una cadena per satèl·lit. El d'avui el fan també per la televisió irlandesa, és la final de la Champions, la podrien veure a casa, però ja és un costum anar a veure el futbol al bar de sempre. Els ha sorprès que s'hi apunti la Glòria. Odia el futbol, diu. No entén els partits ni l'encurioseixen, però d'això se'n podria derivar estrictament, i com a molt, una indiferència mineral, absoluta. El que li provoca un veritable odi, un sentiment actiu, militant, un rebuig que surt de l'estómac, és l'ambient de mirar futbol. Els comentaris, els crits, els entusiasmes. Ho odia. Amb el grupet d'estudiants espanyols es troben per a altres coses, per fer un arròs o per sortir a ballar, però ja saben que per als partits no poden comptar amb la Glòria ni té cap utilitat fer-li conyetes futbolístiques donant per suposat que com que és catalana ha de ser del Barça —encara que no sàpiga ni quina és l'alineació d'aquest any ni com funciona el fora de joc— i sospiten que li importa un rave que guanyi el Barça, el Madrid o el papa de Roma.

—Doncs avui vindré a veure la final. És la final, oi?

—Quin sant s'ha penjat?

—Hi ha anat el meu germà, al camp, a París. I contra qui juguen?

—Contra l'Arsenal. Uns anglesos.

—Doncs a mi, què voleu que us digui, aquí segur que no es pot dir i avui encara menys, els anglesos em cauen bé.

—Vols que guanyin? —sorpresos per l'excés d'heterodòxia.

—No, que el meu germà tindria un disgust.

No els enganya, la Glòria. Hi va perquè hi ha el seu germà. Perquè hi ha l'Albert, per una mena de comunió incondicional amb l'Albert. Quan son pare va fotre el camp, acomiadant-se a la francesa, a la Glòria se li va esquerdar el món. Primer va ser una estranya sensació d'irrealitat, allò no podia ser, no li podia estar passant a ella, de sobte se solucionaria, no podia ser d'altra manera, i farem veure que no ha passat res. Tot tornaria a ser com abans. Després es va enfonsar. Va plorar, però només en la intimitat. En públic, a casa, es va posar seriosa, amb un gest a la punta dels llavis d'emprenyament amargat, i va decretar la mort civil del senyor Jaume Cortès, qui és aquest home, no el conec de res. Però amb això no n'hi devia haver prou. En la guerra contra la memòria del pare dimissionari —pitjor que dimissionari, desertor—, no podia prendre el partit incondicional per sa mare, bleda assolellada, tota la culpa és teva, per burra, compendi i resum de tot el que la Glòria no volia ser, no voldria ser mai a la vida, les dones traïdores a la causa de les dones, les dones errades i submises. Llavors va prendre partit per l'Albert, en una mena de maternitat alternativa, exagerada, protectora. Va voler esdevenir una amiga mare de l'Albert, acomboiant-lo, amb consells i amb abraçades, amb un immens mantell blanc damunt de l'Albert.

D'un tret matava dos pardals. Amb la seva protecció al més feble —a l'únic veritablement feble—, la Glòria expressava el seu retret màxim a son pare fugit, capaç d'abandonar una criatura quan més falta li feia. Però també la mateixa Glòria obtenia un paper privilegiat, actiu, fort, en la nova família creada pel buit patern; no era una família formada per una mare i dos fills petits, sinó per tres persones amb papers precisament definits, i el de la Glòria no era un paper passiu ni subsidiari, infantil. Protegint l'Albert, la Glòria creava i s'adjudicava una figura inèdita en el panorama familiar, feta de la suma de la germana i el germà i un tros de pare i un tros de mare, fins que va notar que amb això engavanyava l'Albert i que s'hi engavanyava ella també i va decidir desaparèixer. Com son pare, però això no se li podia dir de cap de les maneres.

Per tant, la Glòria odia el futbol, i l'ambient masculí —i de dones resignades a papers complementaris— que envolta el futbol, però a través de l'Albert no té altre remei que conrear en secret una curiositat mínima i un sentiment positiu molt tènue per la cosa del Barça. Per a ella, el futbol és com el pare: una boira aliena i hostil, masculina i covarda, que fuig quan començaria a ser útil. Abans que en Jaume se n'anés, simplement no li agradava. Podia veure'n algun partit per la tele, però sense atenció ni intenció. Quan en Jaume se'n va anar, el futbol i els futboleros van esdevenir diana dels seus celebrats sarcasmes, d'un feminisme paròdic i exagerat, però no absolutament fingit, amb un fonament real.

—Quan es descobreixi científicament la manera que no sigueu necessaris ni per a la reproducció, els homes us acabareu extingint d'una manera natural, com s'extingeixen en l'evolució els òrgans i les espècies perfectament inútils. Com desapareixeran els dits dels peus, que ja no tenen cap funció ni serveixen absolutament per a res. Com a molt, us quedareu allà fossilitzats i incomprensibles, com l'apèndix, que te'l treuen i no passa res.

La Glòria sap de futbol, via Albert, més coses de les que fa veure que sap, però moltes menys que el comú dels mortals hispànics instal·lats a Dublín provisionalment, que el tenen en el centre de les seves oracions políticament correctes: està ben vist discutir de futbol i hauria estat mal vist fer-ho de política, catalana, espanyola o irlandesa. Es pot ser del Barça, és natural que un català sigui del Barça, però posa de molt mal humor que digui que no és espanyol i que Espanya ens roba. I un espanyol pot ser amb naturalitat del Madrid, però si va dient pels pubs que *Cataluña es un trozo de España aunque ingrata lo quiera negar y por más que se empeñen algunos no se irá, no se irá, no se irá,* serà considerat de mal gust, per part fins i tot dels qui també ho pensen. El futbol és un tema de conversa excel·lent, un lloc on es poden projectar d'una manera acceptable les complicitats i les disputes, sense que esdevinguin doloroses ni irreversibles. Un territori pactat, una mena de sagrera.

La Glòria es planta, així, al bar on una dotzena llarga de peninsulars trasplantats, uns quants del Barça, d'altres del Madrid o del Bilbao o de ningú, miren els partits cada dissabte al vespre i avui miraran la final de la Champions. Podia haver anat a un altre lloc, al pis d'uns catalans que s'han aïllat per veure el partit tots junts en unanimitat barcelonista, sense haver-se de reprimir gens, però això per a la Glòria ja hauria estat excessiu, ja hauria estat una renúncia, li hauria semblat un homenatge immerescut a son pare, a la seva pàtria —que ve de pare—, al món de la seva infantesa, al món dels homes, al món de sempre, a allò que toca, als avis i els casaments i els batejos, als cosins i les cosinades, a tot allò que ha volgut deixar enrere, contra el que s'ha revoltat quan va decidir anar-se'n a Dublín.

Els companys de bar s'han adornat amb bufandes i banderes. Els del Barça, ostentoses. Els qui no, amb una samarreta o una bufanda de l'Arsenal obtinguda en préstec. Gairebé ningú no és de l'Arsenal, d'una manera positiva i constant, excepte alguns dels indígenes que comparteixen pub. Alguns hispànics s'han fet avui de l'Arsenal, per anar contra el Barça. Com els del Barça se'n van fer quan l'Arsenal —gràcies, Arsenal— va eliminar el Madrid. Enmig de la tercera guerra mundial simbòlica en un bar de Dublín, la Glòria arriba neutra i neutral, com Suïssa, amb els texans de sempre, una camisa clara, cap senyal d'adscripció ni de pàtria. Demana una cervesa. S'asseu en una punta neutra i sense passió apreciable. A veure si enfoquen l'Albert.

—

No sap si trucar. Què ha de dir, en el fons? D'abans del temps dels mòbils, la Llúcia té a casa un telèfon fix, però sense fil, que normalment hauria de ser a la tauleta de l'entrada, però que es pot agafar i dur allà on convingui. Mai no és a lloc, i sempre quan sona la primera feina és trobar-lo, com un explorador que es guia precàriament pel soroll, que mai no arriba d'on et penses. Entre això i la sordesa de tots dos, que fa que no el sentin mai a la primera, els pocs qui truquen i que no són per vendre matalassos, oferir menjar per al gos o anunciar descomptes revolucionaris en les assegurances, els qui saben on truquen, esperen que el timbre soni moltes i moltes vegades, segur que quan el sentin i el trobin, finalment, l'acabaran agafant. Al capdavall, sempre són a casa. La Llúcia, doncs, es passeja pel menjador amb el telèfon sense fils a la mà, dubtosa de si trucar o no al fill, a en Jaume, a París, abans no comenci el partit, no del tot segura que no hagi trucat ell fa una estona i no l'hagin sentit, ens hem fet grans.

—Què fas amb el telèfon? —remuga el marit des del sofà, despert de sobte, inquisidor.

—No res. Pensava si trucar.

—A qui? Al metge?

—Al Jaume. Abans que comenci el partit.

El televisor és encès sense volum, en una punta del menjador. Davant seu, el sofà, d'un blau viu, elèctric, pop, dels anys seixanta. L'Antoni està estirat entre coixins, cobertes les cames amb una manta, amb un batí rogenc damunt de les espatlles. Fins ara dormia, per això la Llúcia havia tret el volum del televisor. Abans d'endormiscar-se ha passat una estona molt estranya, dient coses que no s'entenien o que no tenien cap mena de sentit, coses com les que es diuen enmig dels somnis. La Llúcia ha pensat que devia ser un efecte normal d'aquelles pastilles contra el dolor, però després ha començat a dubtar. Potser s'ha equivocat i n'hi ha donat més del compte, i això provoca a l'Antoni aquesta excitació que sembla fronterera a la follia. O potser s'ha quedat curta i en calien més, per tal d'evitar-la. Ai, no ho sé. Trucaria al metge, però li fa cosa. Trucaria a en Jaume, però ves que li haig de dir i què em dirà, allà a París, al camp de futbol. Però en Jaume ha dit que sobretot, sobretot, si passa alguna cosa, truqueu, el que sigui, no tingueu manies. M'enfadaré si no truqueu. Que no féssim un nyap, per massa prudència.

—No l'emprenyis ara, això està a punt de començar. I posa la ràdio o apuja una mica de volum, no suporto la tele sense volum.

No està com estava. Remuga com sempre, potser una mica més, més a poc a poc, amb menys veu. Però ja no diu coses estranyes ni té aquella lluïssor de bogeria als ulls de fa una estona. Li deu haver anat bé dormir una mica. La Llúcia no deixa el telèfon, però busca el comandament per posar volum i s'asseu en una butaca al costat del sofà, més lluny del televisor, sota un llum de peu. És el seu lloc. Durant molts anys, mentre l'Antoni es mirava els partits des del sofà o des de l'altra butaca, la seva, ella els sentia sense escoltar-los des d'aquí. No s'hi sap estar davant de la tele, sense fer res. Sempre hi ha algun botó per cosir, una vora per fer, uns mitjons per sargir, i, si no, es pot fer alguna cosa amb punt de mitja, tantes que n'havia fet quan els néts eren petits, bufandes i peücs. L'Antoni, més aviat sorrut, comentava el partit en veu alta —de vegades també la pel·lícula, però no tantes—, com si en parlés amb la Llúcia, quan de fet era simplement parlar tot sol a crits, però la Llúcia responia i feia veure que se l'escoltava, com en una partida de frontó, fent-li de paret perquè ell pogués desfogar-se amb cops ben forts a la pilota.

La Llúcia ha teixit bufandes del Barça i ha brodat escuts del Barça i sap l'himne, que cantava com una cançó infantil als néts, arri, arri, tatanet, som la gent blaugrana. Podria dir que és fanàticament barcelonista, la que més de la casa, no es mira els partits per no posar-se nerviosa, va directe al resultat. Vol apassionadament que guanyi el Barça. No li importa qui juga ni com juga. No ho entén ni li interessa. No li agrada el futbol, en el fons. Recela per sistema dels jugadors estrangers, i molt especialment dels brasilers, són uns dropos, només vénen aquí a cobrar, i després, al segon any, comencen a gratar-se la panxa i a sortir de nits i no corren ni amb fums de sabatot. A picar pedra, els posaria a tots. No són conclusions de veure els partits, que no els veu ni els vol veure, sinó d'escoltar aquí i allà, a plaça, a la parada de la fruita sempre pontifiquen del Barça, saviesa de préstec, coses que de vegades diu l'Antoni. Li agraden els jugadors de casa, sobretot els defenses, aquests que ho deixen tot al camp, ara el Puyol, abans el Gallego o el Migueli, semblen bona gent, seriosos, transmeten confiança. S'escolta els partits sense mirar-los perquè no li importa gens el que es veu, els detalls, li importa el guió general, els gols, les victòries, les derrotes. Ensenyava als néts a cridar «Visca el Barça». Però quan fan el partit, es posa sota el llum de peu i cus o fins i tot se'n va a la cuina per no haver-ho de sentir, ja m'ho diràs si fan un gol.

No ha estat mai al camp i sap que s'hi avorriria: és un lloc on no ha vist mai ningú cosint mentre juguen el partit. Només miren, s'hi feriria. Li agradava, fa anys, que l'Antoni s'hi emportés el Jaume alguns diumenges a la tarda. Ella es posava la ràdio, però només al final, a l'hora de la veritat. O caixa o faixa. O hem guanyat o hem perdut. Anar-lo escoltant tot sencer seria com si la matessin a pessigades. No es miraria ni per tot l'or del món un partit on no jugués el Barça. Bé, potser sí, del Terrassa, si en fessin, perquè aquest és el seu altre gran patriotisme, amb el Barça contra el Madrid, amb els de Terrassa contra els de Sabadell, que ens tenen enveja, un senyor de Terrassa i un home de Sabadell. És del Barça —i del Terrassa— per un imperatiu genètic, perquè és d'aquí, perquè és el que és, perquè les pastisseries es diuen la Montserratina i el Canigó i no de cap altra manera, perquè a casa fem Nadal i Sant Esteve i no pas la *Nochebuena*, perquè la vida té uns codis, perquè li agraden els canelons i la mongeta tendra i no suporta la crema de llet, perquè sa mare era així i la seva àvia era així. O no ho eren, però ella se les imagina així. D'aquí. Com s'ha de ser. Com cal. Com la vella sacerdotessa d'uns cultes mil·lenaris, que potser no comprèn la litúrgia però manté la flama viva. La Norma que canta la *Casta Diva* enmig d'un bosc tel·lúric, com una oració, la veu secreta de la tribu en la nit.

—No te'l miraràs, el partit?

—Potser més endavant si guanyem. No m'hi puc estar, tota quieta. A la sala tinc roba per plegar. Crida'm si fan un gol.

—I si ens el fan?

—Llavors no em cridis. Prou que ho sabré.

La Llúcia se'n va cap a la sala, però no ha deixat el telèfon. L'Antoni té els ulls tancats. El partit no ha començat encara. El volum és massa fort. Diuen tot just les alineacions. De la porta estant, la Llúcia s'ho mira a peu dret. La tele i l'Antoni. Mai no l'ha vist, en tants anys de casat, amb aquest decaïment. Estirat. No ha estat mai malalt. Només quan el van haver d'operar, però als quatre dies ja corria i feia tot el que els metges li havien dit que no fes. Ara és diferent. Ara la Llúcia intueix que va de veres, però no s'ho vol acabar de creure, ella mateixa s'ho desmenteix. Però aquella excitació de boig de fa una estona, quan les pastilles li han fet efecte... Aquest decandiment d'ara, mirar-se el futbol estirat, tapat amb una manta, on s'és vist. Entra a la sala, encén el llum, però no s'hi queda, continua passadís enllà fins a l'altra punta del pis, a la cambra, s'asseu sobre la vànova de quan es van casar, d'entretemps. Es posa les ulleres per marcar el número del mòbil d'en Jaume.

—Jaume? Sóc la mare. Em sap greu trucar-te...

—Que li ha passat alguna cosa al pare? —inquiet, en Jaume, però no vol que el to en què ho diu sigui gaire histèric, no la vol posar més nerviosa.

—No, ara està bé. Estirat davant de la tele, per mirar-se el partit. Només que fa una estona, quan li he donat les pastilles, l'he trobat estrany, diferent...

—Endormiscat?

—Al contrari. Com si anés borratxo. Dient coses rares.

—Pot ser l'efecte de la pastilla. És com una droga. Suposo que és normal. Vols que truqui al metge? —intenta ser pedagògic.

—No pateixis. El pare no volia que et truqués, és una ximpleria. Diu que estiguis ben tranquil, que estiguis pel partit. No t'havia d'haver trucat.

Però sap que ha fet el que calia, trucant-li. Això no va bé. Un dia o altre havia de passar. Ja som grans. S'envien petons i records i fórmules de comiat. Au va, mira't el partit ben tranquil. Guanyarem, no pateixis. Ja pateixo prou jo. La Llúcia necessitava parlar amb algú. Només pot parlar amb en Jaume. Sent com si després d'haver carregat des de ben jove, des de sempre, tot de vides damunt de les seves espatlles, ara ja no li quedessin forces per carregar la malaltia del marit. No s'hi veu amb cor, tota sola. Està espantada. En Jaume també.

—Au va, que comencen. Segur que no el vols veure?

—Acabo de plegar uns llençols i vinc.

No plega res. Ni llençols ni tovalloles. Tot ja estava plegat. Fet una pila ben endreçada per colors i per mides damunt del bufet. Tanca el llum de la sala, penja el telèfon al seu lloc i s'asseu a la seva cadira de respatller ben recte, amb l'agulla i el didal, sota el llum de peu, on ha estat sempre, al costat de l'Antoni, en silenci. Quan comenci el partit se n'anirà a la cuina amb qualsevol excusa, per no haver-lo de veure.

—

¿Pot ser que son pare l'hagués dut a futbol alguna vegada, al camp del Barça, potser més d'una vegada, quan ell era petit, devia tenir sis o set anys? ¿Pot ser que un dia que jugaven al camp de les piscines, al costat del camp gran del Terrassa, la final d'alguna cosa, potser d'un campionat d'alevins, i ell era el capità de Can Culapi, amb la samarreta de color de taronja, son pare hagués fet tard al partit, però el veiés aplaudint des de la banda quan va sortir a recollir la copa i la va alçar davant de tothom? Els records, si no es reguen, es marceixen. I d'això, a casa de l'Albert, fa anys que no se'n parla, no es poden reactivar els records. Si no els regues, si no hi vas tornant de tant en tant per vivificar-los, si no passes les diapositives, els records es moren o de vegades, al contrari, s'inventen, es fonen, creixen del no-res.

En la memòria conscient de l'Albert, en la història oficial, establerta, el pare és absent. No és que no hi sigui, hi és, però està absent. Fora. Per tant, és la memòria d'una desolació, d'una absència, de la buidor. Però entremig d'aquesta buidor surten uns flaixos. El pare aplaudint. El camp del Barça, des de la graderia, una bona localitat, prop de la llotja. Un partit amb un equip a ratlles blaves, potser l'Espanyol, però també podria ser el Màlaga posem per cas, o la Reial Societat, la celebració joiosa d'un gol. Potser no era el camp del Barça i resulta que era el camp del Terrassa, quan estava a segona B. Però son pare hi surt, al seu costat. Això va passar, s'ho ha inventat, ho ha construït amb retalls agafats d'aquí i d'allà? No li dóna la gana preguntar-ho a en Jaume, que està al seu costat a Saint Denis. Ho interpretaria malament. Li semblaria potser una rendició: està buscant en la seva memòria coses que ens uneixin.

—Atenció! Lluíííííísssssss...

No es tracta de fer un reportatge periodístic. L'Albert enfoca amb el mòbil els companys de graderia i de viatge, els avisa abans perquè hi facin carotes, perquè mirin la càmera, perquè dibuixin la V de la victòria o el que els roti, quan arribi a casa en farà un àlbum, potser, o les enganxarà al suro de l'habitació, una fàbrica de records. Si no els regues, es moren, els records. Si no els aties, com les fogueres, els acabes inventant. Si no fas fotos, al final ja no saps què has viscut i què has somiat. L'Àngel somriu i fa la V davant dels ulls amb la mà dreta, un gest de tímid. L'Ignasi aixeca els braços i obre la boca, no diu Lluííííís, diu Gooooool. Abans de cap gol. En Ramon i l'Oriol s'agafen pel coll i fan cara de madridista el que no boti, de fet és el que canten, en comptes de foto els hauria de fer imatges en moviment. I en Jaume? En Jaume es mira l'Albert com amb una súplica, i jo? No tinc foto? No tinc dret a la memòria? No em penjaràs al suro de la cambra, amb tots els altres? No ho diu amb paraules. Ho diu amb els ulls. I amb els ulls li respon l'Albert, au va, fes alguna cosa, disparo. Però en Jaume simplement fa cara de foto, estén la bandera davant del pit, com la muleta d'un torero, la imatge de la verònica, però més amunt. Ja està. Va, anem per feina.

—Servirà el Barça. Van Bommel i Deco són al costat de la pilota al centre del camp. El partit comença amb un lleuger retard —comença a radiar-lo en Ramon, de broma. Esperem que no es passi el partit explicant-lo en veu alta. No, no. Només és un joc, ara al començament. De petits, quan jugàvem de broma, fèiem veure que retransmetíem el partit en veu alta, arriba la pilota a en Ramon, dribla un contrari, xuta amb l'esquerra i gol, gol, gol, gol.

Jugar és fer veure que ets gran. Fer fotos és triar els records del futur. No cal ni retocar-les. Qui surt a la foto i qui queda fora. Quin moment. Amb qui. Si s'haguessin fet fotos, llavors l'Albert sabria ara si és cert que son pare el va dur a futbol de petit o si hi era realment quan li van donar a ell la copa a Can Culapi com a capità de l'equip. Però no hi ha fotos. Tampoc n'hi ha de la mare, però sap segur que hi era. Durant algun temps, només ella hi era. A les reunions de pares de l'escola. A urgències, aquell dia que es va clavar la trompada amb la bici, tots els genolls pelats. A casa. A la festa de final de curs, que cantaven aquelles cançons irlandeses, mai no ha estat el seu fort això de cantar, però enmig de la coral quedaves dissimulat. La mare hi era. El pare no. No pot dir que el trobés a faltar. Era el que era. Les regles del joc. La canalla les entén de seguida, les regles, i s'hi adapta. La canalla és com si fos de goma, es fa a tot. Diuen que tot surt després, de gran. Però llavors no el trobava a faltar. No estava en catàleg. També els capitans de la marina mercant tenen fills i es passen mig any a alta mar. I potser fins i tot l'astronauta de l'estació orbital americana té fills petits o adolescents, i ell s'està allà dalt, fent voltes.

El problema no és qui hi ha i qui no hi ha, sinó el perquè.

Per què no hi són els qui no hi són. Per quina raó o per quina excusa. Honorable o no gens honorable. Si haguessin fet fotografies, el dia del partit contra aquell equip que anava a ratlles blaves, ara n'estaria segur, el meu pare em va dur a futbol. I li podria preguntar contra qui jugaven. I segur que l'Àngel en sabria el resultat i qui va fer els gols. Però no hi ha fotos. Hi ha un garbuix de coses que bullen, sota la imatge desolada d'una absència. Com si fos un llac glaçat, blanc i pla, aparentment sòlid, translúcid com el gel, però saps que allà sota hi ha aigua freda i potser peixos i segur que vida. Mira enrere i només veu la superfície del llac glaçat. Bé, no passa res. La pregunta llavors és, altra vegada, per què ha tornat, en Jaume. Si tornarà marxar. Si es quedarà aquí. Per fer què.

—Apa, som-hi, que això engega.

Puja el volum de la cridòria, al seu voltant. No s'estaran pas així tot el partit, sense aturar-se. Hi haurà moments de càntics i de silencis i de crits. Però ara, per començar, han de cridar com folls, més que mai. Per marcar el territori. Per començar la batalla. Toca la pilota Van Bommel. Tot el món exterior a l'estadi queda en suspens, deixa de sobte d'existir. L'Albert mira cap al camp i esborra les velles preguntes com s'esborraven les pissarres de l'escola, fora les paraules de guix i tot queda verd.

6

Quan les lloances, però, dels herois i les fetes del pare començaràs a llegir i què és la virtut a conèixer, el camp es daurarà lentament de tendres espigues, el raïm vermellós penjarà dels arços feréstecs i els roures durs suaran una mel com una rosada.

VIRGILI. *Pol·lió*

El seu pare jugava de porter en equips de segona fila, al Paranà. Ell va començar jugant també de porter de futbol sala. Potser per això els entén, els porters: com n'és de difícil tapar tota la porteria amb el propi cos, com un cos humà es diferencia d'un mur i deixa escletxes entre les cames i sota els braços, sense poder cobrir-ho tot. Però avui Juliano Haus Belletti, *Crazy Haus* quan jugava al seu país, també Cuchuflito de malnom, juga de lateral i ha sortit a la segona part de reserva. Se sap discutit, dubtós. Sap que diuen que puja massa a l'atac, que defensa malament, que no juga en la posició que caldria. Però ara sí que cal atacar. L'han posat per això, jugant-se-la.

—Has de fer gran el camp, tant com puguis. Fins al córner. A l'extrem —li ha dit algú. Potser en Rijkaard.

Fa deu minuts que ha sortit. Per l'Oleguer. Mala cosa. Sempre és emprenyador que et treguin per a un xicot de la casa, que cau bé a la gent. Però aquesta vegada és clar. L'Oleguer és per defensar. Belletti és un defensa discutible. Una mica foll, *crazy Haus*, capaç de fer coses estranyes, d'arriscar en passades no gens clares, de perdre una pilota quan tot just comença la jugada i regalar-la al contrari a punta de la pròpia àrea. Però, en canvi, arriba bé fins a la línia de fons, desdobla l'extrem si se'n va cap a la posició del davanter centre o dels antics interiors, s'entén amb Ronaldinho per buscar l'esquena del defensa i la passada pel mig. L'han tret perquè necessiten atacar. Necessiten algú que centri bé des del lateral. Algú que entri, que punxi. Que empenyi. Avui no el discutiran, no diran ai, ai, ai cada vegada que agafa la pilota, com han fet tota la temporada. L'aplaudeixen. Va, endavant. De cara a barraca

Davant seu, el porter. El *goleiro*, que en deien al poble, quan ell va començar, quan jugava el seu pare. El porter de l'Arsenal, Manuel Almunia Rivero, navarrès, havia estat porter del Sabadell fa uns quants anys, ha començat també el partit a la banqueta, com Belletti. Però no és igual. A Belletti l'han tret al camp amb esperança, per guanyar. A Almunia, amb resignació, perquè als vint minuts de partit han expulsat el porter titular, Lehmann, alemany. Els dos porters estan en guerra, tota la temporada. No s'avenen. Competeixen per un lloc que no és de ningú. Puja l'un quan cau l'altre. Per a Almunia, ara és la seva. Demà farà vint-i-nou anys, jugar és com un regal d'aniversari avançat, en aparença. Però Belletti el sap nerviós. Són coses que qui ha jugat de porter les intueix. El porter és obsessiu, si tot li surt bé, sembla que sigui més alt i més àgil i més llest. Mira en Valdés, a l'altra banda. Ha començat parant dues pilotes a Henry i ara se sent imbatible, com Aquil·les, tocat pels déus. Invulnerable. Almunia, no. Almunia porta un parell de sortides equivocades. La gent no s'hi ha fixat, Belletti sí. Herència de porter. I de fill de porter. I, a més a més, està plovent. La pilota rellisca. El camp rellisca. La idea d'una pilota que rellisca és el malson del porter. La idea del bot dolent, de la mà insegura, de la pilota accelerada per l'herba molla. Plou molt, des de fa una estona. Massa, per a Almunia. Encara que hi estigui avesat. Tota una carrera, sota la pluja: Navarra, Eibar, Londres.

Quan ha sortit Belletti, el Barça perdia. Les dues primeres pilotes que ha tocat han estat bones. Una centrada. Un tall defensiu. Se sent segur. No rellisca. Ell no rellisca. Ho sap. Cinc minuts després, Eto'o ha fet un golàs, per l'altra banda, per l'esquerra, de molt a prop. Ha xutat molt fort. No ha estat culpa d'Almunia. Era imparable. Però Almunia no ha sortit bé. Li ha clavat pel pal curt, no el cobria prou. Estava encongit com una aranya espantada, que concentra totes les potes cap a dins. No estirat, com els porters d'handbol, tapant porteria. Per això li han pogut endinyar la pilota pel pal curt, en un pam i mig que ha quedat entre el porter i la porteria. Almunia té el Gol Sud al darrere, la gent del Barça, que crida i atabala, sobretot després del gol d'Eto'o, una massa efervescent, en ebullició. Plou. Plou encara més. La pilota es dispara quan toca l'herba, rapidíssima. Un malson. Els del Barça han encès bengales i el camp ha quedat una mica emboirat, confús. Tot és confús. Tot rellisca. El partit s'ha trencat, la virginitat de la porteria s'ha perdut —com si entre els tres pals hi hagués un plàstic invisible, una mena d'himen que quan s'esquerda ho fa per sempre—, tothom està intentant trobar el seu lloc nou, paint l'empat, la pilota rellisca, plou, hi ha boira, criden. Belletti juga sobre segur, sobre un terreny sòlid, a favor del vent del partit. Almunia, espantat i tens, amb el vent en contra.

Deuen faltar deu minuts. Empat a un. Belletti s'ha avançat, però no gaire. La pilota és a l'altra punta del camp, a l'extrem esquerre, la porta Ronaldinho. Belletti és al mig del camp, si fa no fa. Ronaldinho avança per l'extrem, a punta d'àrea, però topa amb un defensa i la pilota queda sense amo, cap a la banda dreta, a mig camp. Belletti se'n va a la banda a buscar-la. Encarat a l'atac, s'ho mira i veu en Larsson que fa una diagonal a dins de l'àrea, cap a l'extrem dret. O centra o li posa la pilota allà. Millor cap a l'àrea, en curt. Larsson sembla que no la controli bé del tot, que se li escapa una mica. Sort. Es guanya també gràcies als petits errors: com que sembla que no la té gaire ben controlada, li surt un defensa de l'Arsenal a disputar-l'hi. I és precisament el defensa que hauria de cobrir la pujada de Belletti. Belletti s'adona que el defensa no el mira. S'escapa cap a l'àrea, vertical. Larsson sí que la controla, la sort que se li hagi avançat una mica més del compte, l'habilitat d'acabar-la controlant. Alça el cap i veu, entre tres o quatre samarretes grogues, com Belletti corre en paral·lel a la línia de fons cap a la porteria. La posa allà, tova. Passa per entremig de totes les cames. Li arriba a Belletti, que la frena una mica amb l'esquerra per posar-se-la a la dreta, la cama de centrar o de xutar. De centrar o de xutar?

És un instant. Els laterals tenen visió panoràmica. Veuen on és la pilota i veuen el que passa al voltant. Seria millor centrar. No té angle, hi ha un defensa que vola per tancar-li el poc que té. Mira enrere per veure a qui centrar, però no hi ha ningú. Doncs haurà de xutar. Hi ha el porter davant. Només el porter, Manuel Almunia Rivero. Intenta cobrir el forat mínim pel qual pot passar la pilota, molt esbiaixada cap a la dreta. Però Belletti ha estat porter. El seu pare havia estat porter. Ell va començar a jugar al mig del camp per carambola, perquè es va presentar amb son germà a unes proves i li van dir de què jugava i no necessitaven porters i va dir el primer que li va passar pel cap. Però té instint de porter. I els coneix. Els coneix de quan son pare, al Paranà, li ensenyava a col·locar-se. Sap que Almunia està encongit, la pilota rellisca, plou. El partit s'ha trencat i tot l'atabala. Xuta. Tan fort com pot. No apunta gaire. Potser, si ningú no l'hagués tocat, la pilota hauria anat a fora. Però Almunia té el vent del partit en contra. És un bon porter, però ha sortit fred i tens, ja ha errat dues pilotes. Cobreix malament. Se n'adona. Intenta que la pilota s'estavelli en el seu cos com en un mur, com fan els porters d'handbol o d'hoquei patins. Però un cos no és un mur. Deixa forats. Toca la cama dreta. Rebota. Entra a la porteria. Gol de Belletti. Gol, sap greu, d'Almunia. Dos a un. No hi ha temps de remuntar, ho sap tothom. Tot enfolleix.

Juliano Haus Belletti havia tingut un accident de cotxe molt greu set anys enrere. Va estar entre la vida i la mort. Quan el va tenir, li va passar allò: tota la vida se li va projectar a la memòria com una pel·lícula accelerada. Belletti no havia fet cap gol amb el Barça en tot l'any. Quan marca, li passen fotografies accelerades pel cap. El fill, primer que qualsevol altra cosa, el fill que acaba de néixer, de seguida li dedica el gol, amb un gest de bressolar. El pare. El pare *goleiro* al Paranà, Divaldo, futbolista sense glòria, que és a la graderia de París, ha vingut expressament del Brasil, i es queda sense dir res, mirant el gol del fill, orgullós del fill, sembla que estigui a punt de tenir un atac de cor perquè no parla ni crida ni s'abraça a ningú, tot sol; la mare sí que s'abraça i crida. Divaldo, no. El fill i el pare. L'accident de cotxe i la infantesa de *goleiro* al Paranà. Llavors li cauen al damunt tots els companys, la glòria s'encomana, tothom vol tocar a qui la posseeix, abraçar-lo és la manera de compartir-ho, de prendre-n'hi un tros, de fer que sigui de tots. Per això els jugadors s'abracen. Per concelebrar. Per això qui marca comença a córrer com si fugís, per celebrar-ho sol, fins que l'atrapen o es deixa atrapar i ha de compartir el que només era seu. L'han atrapat, a Belletti. L'abracen i el fan caure. Una melé de carn humana cara.

—Juliano, t'ho mereixies.

No sap qui l'hi ha dit. Potser en Ronnie, el seu amic. Després l'hi diu més gent. Es posa a plorar. Per la frase, més que pel gol. Pel pare i el fill. Per la il·lusió momentània que les coses passen perquè han de passar, perquè es mereixen, perquè són justes. Pel miratge momentani que existeix la justícia i la plenitud de la victòria. I que el futbol hi té alguna cosa a veure. Que és una manera de ser feliç plenament, per un instant.

—

En Jaume és dels qui ho veu negre. L'Albert, tot al contrari. Però ningú que se'ls mirés, l'un al costat de l'altre, drets al Gol Sud de Saint Denis, podria endevinar-ho. Ni els podria distingir —distingir-ne l'optimisme, el pessimisme, l'estat d'ànim— de tots els qui els envolten, l'Àngel i l'Ignasi, l'Oriol i en Ramon, tots els altres, amb bufandes i banderes com les seves, samarretes com les seves, moltes del groc fosforescent del segon equipatge que es veuen d'una hora lluny. Tots han començat el partit amb els mateixos càntics, només tenen sentit si es canten junts. Han fet voltar les bufandes i les banderes com les carraques de divendres sant —gairebé ningú no sabria dir què són—, totes en la mateixa direcció i al mateix ritme, com les hèlices d'uns avions a punt de sortir. Només en la treva de la mitja part, la graderia s'atomitza en individus que opinen i sentencien, torna la primera persona del singular, descansa el plural.

—Que surti el Xavi o l'Iniesta, algú que la remeni. Jo no l'entenc, el Rijkaard. Ha fet un mig camp per destruir. I no en sabem, d'això. Qui la toca? Qui pensa? I mira, contra deu, però perdent.

—Hem sortit acollonits, això és el que passa. A defensar. I a aquests paios no els pots deixar ni un pam. L'Henry és un crac. Ens passen per on volen.

—Jo posaria el Larsson al davant, i el Ronaldinho enrere. No té el dia, el Ronaldinho. Li falta espai. I l'Eto'o, a la banda.

Només en la treva del descans, això. Abans en Jaume s'ha deixat dur. L'Albert també. Sense pensar en res més. Això ho té, el futbol. Com el tennis o el pòquer: no penses en res més. No pots pensar en res més mentre hi ets. Això són els jocs. Suspenen el temps. Ajornen el dolor i la temença. Tot és damunt la taula, tot a una carta. O surt l'as o no surt, no hi ha termes mitjans. D'aquí a una hora, el Barça o l'Arsenal. Un haurà guanyat i l'altre haurà perdut. I demà serà un altre dia. Et treuen de la realitat, et regalen una realitat nova, sencera, completa. Acabes un partit com qui es lleva després d'un somni o d'un malson, intentant recordar on ets, què t'espera a casa l'endemà, el metge o l'inspector d'hisenda, què et fa por del futur, què hi desitges. El futbol és una bombolla. Felicitat completa. Derrota completa. Per això quan perds no sopes, perquè el disgust és esfèric, total. Però sopes l'endemà. Ja t'ha passat, no n'hi havia per tant. Per això la felicitat del futbol és també rodona, sense escletxes.

En Jaume no és dels qui es queden sense sopar si perd el Barça. Quan era a Buenos Aires, trucava per saber els resultats, i la il·lusió o el disgust li duraven set segons i mig. Però quan ha vist un partit sencer, encara més al camp, quan s'ha posat dins de la bombolla, quan ha fet d'allò per un instant el centre de la pròpia vida, quan s'hi ha implicat fins a confondre-s'hi, llavors pot haver-se quedat sense sopar, pot haver llançat a terra amb violència una ampolla de plàstic, pot haver donat una puntada de peu a una porta. No és la notícia que t'arriba en un segon. És el desenllaç d'una partida on t'has abocat, on has arribat a creure que t'hi jugues la vida. O rei o res.

En Jaume és pessimista de mena. L'Albert encara no. Ja

ho serà. Però ara són el que són, cadascun diferent, només per dins. Per fora, han cantat junts quan han sortit els jugadors, s'han acollonit junts quan l'Henry es quedava sol davant de porta, han cridat junts el nom del Valdés quan l'ha aturat. Com tot el formiguer del Gol Sud, s'han indignat amb el gol anul·lat a Giuly i s'han enfonsat amb el gol de Campbell. Han fluctuat entre l'esperança i la desesperança en onades rítmiques, compulsives, compartides. Com un estol d'ocells o com un ramat de bens. Han oblidat junts. Han oblidat els anys que el pare no hi era, els anys que no veia el fill, per què te'n vas anar, per què has tornat. Tot això hi és, però lluny, com en un teló de fons pintat en una òpera casolana. Pur paisatge. Davant del paisatge es mouen les figures.

—Va, que encara hi ha temps.

S'ho diuen els uns als altres, però sobretot els uns als uns. Falta un quart encara no, i el Barça perd. Un a zero. Domina, juga amb onze i l'Arsenal amb deu, el gol es veu a venir. Però perd. Va, encara hi ha temps. L'Albert ho diu a son pare i son pare fa que sí amb el cap, i tant, un quart. Va ser el United que va remuntar un partit que perdia un a zero quan faltava un minut per acabar? I en dos minuts, en el temps afegit, van fer dos gols. Era una final de Champions, al camp del Barça, contra el Bayern. Encara hi ha temps. Jugues contra el contrari i jugues contra el rellotge. Sempre lluites contra el temps. Perquè s'aturi o perquè passi. Sempre el temps és l'enemic. Llavors marca Eto'o, per l'esquerra, potser en orsai, potser no, a passi de Larsson, veus com havia de sortir en Larsson? Jo ja ho deia. Veus com calia l'Iniesta al mig del camp?

Per la tele, encara et pots entretenir amb alguna altra cosa. Fent ganxet, com fa sa mare. Mirant el diari i alçant els ulls només de tant en tant, quan s'excita la veu del locutor. Fent l'amor al sofà, sense evitar una llambregada de tant en tant a la pantalla per si ha marcat algú. Però quan ets al camp, la vida és allà sencera. No hi ha esquerdes per a cap altra cosa. Ni per a la reconquesta del fill ni per a la por de l'endemà. Tot, totes les pors i totes les esperances, són a dins de la bombolla. En Jaume, pessimista, tem el contraatac de l'Arsenal, aquests paios no han atacat en tota la segona part perquè ja els estava bé, però si s'hi posen, nosaltres tenim una defensa de mantega.

Pessimisme pur? No ben bé. En Jaume, a la vida, al futbol, és pessimista perquè sempre calcula que pot passar el pitjor, contempla la possibilitat més negativa, més hostil. Així, pensa que, si passa, mai no l'agafarà desprevingut, amb la guàrdia baixa. Ens fotran. Encara ens fotran. En Belletti no defensa. Estem massa avançats. Però, en el fons, és un optimista clandestí, perquè, a la vida, al futbol, tot i saber que existeix aquesta possibilitat terrible i contemplar-la seriosament, mai no se l'acaba de creure, sempre confia en un miracle d'última hora que ho arreglarà tot. Una cosa és el que tem i una altra la que desitja. La que pensa realment que passarà queda sempre a mig camí, entre totes dues, la mitjana aritmètica entre la hipòtesi desitjable i la funesta. La probable.

L'Albert, encara esfèricament optimista, creu —al contrari— que hi ha un guió èpic de les coses, com un rellotge: comences perdent, empates, remuntes. Naturalment. Només faltaria. Tots els partits memorables que li han explicat a la vida tenen aquest guió èpic. La remuntada del dia de l'Anderlecht. El gol del Bakero al Kaiserlautern. El partit contra el Madrid un mes després que morís Franco, quan en Rexach va fer el gol de la victòria a un minut del final. Els partits que s'avenen a aquest guió, simplement no els hi han explicat mai. No són dels que s'expliquen. En Jaume ha vist moltes derrotes. A l'Albert li han explicat moltes victòries. Però res no serveix per endevinar el que passarà ara. No serveixen els precedents. Tot es juga ara mateix. Pessimistes o optimistes, no els serveix de res el que han viscut. Tot és present, només present.

—L'Henry em fot més por que una pedregada.

—Tranquil. Encara no hem vist el Ronaldinho. Ha de sortir, no pot perdre l'oportunitat. S'ha de notar.

Tot és present. Tot és allà al damunt. El món i el futur. Pot haver-hi pròrroga. Pot haver-hi penals. Però d'allà no surten sense un que guanya i un que perd. Sense uns jugadors que s'abracen i uns que s'asseuen a terra plorosos, desolats. Sense uns que han de tornar a casa amb trens silenciosos i uns altres que tornen fent sonar les trompetes i els clàxons i onejant les banderes. Guanyar o perdre. I és tan diferent!

I llavors marca Belletti.

—

Som el que som i el que els altres ens diuen que som.

La Glòria ha arribat al bar de Dublín neutral i indiferent, com qui va a veure un espectacle de dansa contemporània, sense implicació sentimental. O només amb una implicació sentimental molt lleu, el Barça és l'equip de casa seva, és l'equip que anima el seu germà a l'estadi de Saint Denis, però porta l'antídot al costat del verí: és l'equip de tot el món que ha volgut deixar enrere, l'equip de son pare, el codi familiar que l'avorreix i l'embafa. Enmig del bar, no és l'única neutral, però és l'única que arriba a la neutralitat per la compensació de forces poderoses de sentit contrari: la resta dels neutrals, indígenes afeccionats al futbol però sense partit pres en la final, ho són per la raó inversa, perquè res els empeny en cap de les dues direccions.

Però al costat de la petita massa arbitral dels neutrals i dels indiferents, hi ha clarament dos bàndols al bar, formats per sumes heterogènies, per aliances recargolades i exòtiques, per coalicions escassament cimentades, però efectives. Uns quants van obertament amb el Barça, catalans d'Erasmus, emigrats laborals, alguns irlandesos antibritànics, alguns anglesos de militàncies futbolístiques enfrontades als *gunners*, gent que simplement és del Barça perquè sí des de Dublín o des de Nàpols (però que en aquells moments és a Dublín), espanyols que diuen: al capdavall, encara que no us agradi, encara que tampoc ens entusiasmi a nosaltres, el Barça és un equip espanyol. Uns altres van obertament amb l'Arsenal, anglesos desplaçats, madridistes antibarcelonistes, gent que és de l'Arsenal perquè sí, irlandesos que han perdonat els britànics i per contra estan cada vegada més emprenyats amb els llatins que ocupen Dublín per estudiar anglès i intentar arrambar amb tota irlandesa que se'ls posa per davant (aquests són més aviat els italians, però acaben generalitzant-se en tots els qui vénen del sud). Dues coalicions conjunturals, heterogènies, de circumstàncies, però perfectament enfrontades sobre el camp de batalla de Dublín.

La Glòria comença el partit avorrint-se. Preguntant. Una mica bleda. Sense entrar-hi, si estigués a París, en Ramon la renyaria: no hi ha futbol sense passió. El futbol no és mai un espectacle estrictament estètic. No és un espectacle coreogràfic ni d'habilitats de circ. Necessites el complement de la passió, que no vol dir obcecació ni ceguesa ni salvatjada. No hi ha futbol sense èpica.

—Per què l'han expulsat, el porter? —ingènua.

—Cony, perquè ha agafat per la cama l'Eto'o quan anava a fer gol. L'havia d'expulsar per pebrots. Però, a més, havia de donar el gol, la llei de l'avantatge.

—Quin collons d'avantatge si ja havia xiulat!

—Tu l'ha sentit xiular? L'has sentit? Doncs calla! No tenia temps de xiular. La jugada continuava. Giuly seguia la jugada. Un gol com una catedral!

La Glòria no entén res. Arriben les cerveses. Tornen a arribar, repetides. En les dues coalicions enfrontades, els qui són a un o a l'altre bàndol perquè sí s'ho prenen a conya. Hi ha, en els seus crits, una paròdia dels crits, una ficció irònica. En els seus renecs i en els seus insults, una paròdia d'enfrontament, sense hostilitat, de per riure. Però a banda i banda hi ha un nucli dur, podríem dir-ne. Gent que crida i retreu i insulta per coses de veres, sense fingiment, excitada i plorosa, emprenyada i taquicàrdica, tremolant. Gent que s'hi juga la vida. Uns quants catalans. Uns quants dels altres, alguns de l'Arsenal de tota la vida, alguns d'antibarcelonistes de tota la vida. La Glòria es pensa que tot és comèdia. Fins que s'adona que no és comèdia. No tot.

Quan comença la segona part, després de la treva i de les cerveses del descans, quan passen els minuts i el Barça va perdent, la Glòria s'adona que hi ha gent allà que pagaria milions, donaria cops de puny o se'n deixaria donar (no pas de gust, entrant en la disputa i el risc) perquè el Barça guanyés. Que hi ha gent allà que faria exactament el mateix perquè guanyés l'Arsenal. Però el que més la sorprèn és que hi ha un grup, molt visible, molt clar, molt fàcil de definir, que faria tot allò perquè el Barça no guanyés. No pas perquè guanyés l'Arsenal, això els és indiferent, l'Arsenal, el Bayern o el Dinamo de Moscou. Que perdés el Barça. La Glòria recorda que això ja ho ha vist, al revés. De petita, quan es miraven a casa els partits del Madrid —no contra el Barça, contra la Reial Societat o contra l'Inter de Milà— amb l'objectiu explícit que el Madrid perdés. Aquesta mateixa negació. S'és d'una cosa i s'és contra alguna cosa.

La Glòria retroba de sobte una certesa que sabia i que havia oblidat, potser perquè no l'havia entès o perquè l'havia viscut només des de l'altra banda: en un partit de futbol xoquen també mons, tribus, records, infanteses, arrels, idees, banderes, lleialtats. Mons sencers. Mons essencials, per a qui els vol trobar essencials. Tribu contra tribu. Món contra món. Enormes universos complicats, emotius, que ens permeten no estar sols, sentir-nos part, sentir-nos transcendits i sobreviscuts per alguna cosa. Ella s'ho ha trobat aquí, sense tampoc acabar-ho d'entendre: molta gent va pels carrers amb samarretes de ratlles horitzontals verdes i blanques del Celtic de Glasgow, l'equip catòlic escocès, enfrontat als Rangers protestants. Un catòlic irlandès i republicà de Belfast pot anar amb una samarreta del Celtic. El Barça deu ser una cosa així, però ella l'ha viscut d'una altra manera, potser de massa a prop. El Barça deu ser un univers, alguna cosa que té a veure amb els camps magnètics del sentiment, t'atrau o et repèl. El futbol és una excusa.

Falta encara prou estona, però corre el temps, a Dublín i a París, al mateix ritme. Empata el Barça, fa el gol Eto'o, tothom ha begut molt, uns s'abracen com folls, uns altres piquen amb les cadires contra el terra, irats. No són tots. Els uns i els altres. Amb molts entremig. La Glòria és d'aquests, no sap què fer.

—Què passa si empaten?

—No poden empatar. Si empaten, pròrroga. I si encara empaten, penals. D'aquí no en sortim sense que hagi guanyat algú.

Aquest aquí no és Saint Denis. Aquest aquí és Dublín, el bar. Els dos bàndols s'han allunyat físicament, no poden estar l'un al costat de l'altre, separats pels cascos blaus d'incògnit que formen els neutrals. La Glòria està desconcertada. Protegida entre indiferents, que aturaran el xoc, si és que arriba. No arribarà. Els neutrals i els indiferents són més. Les passions pugen i baixen, esclaten i es dilueixen, tot i que la cervesa les empeny amunt. Què ha de fer, la Glòria? No li agrada tot allò. No voldria ser-hi. Pensa que potser hauria de marxar, però no se'n va. Ara vol saber qui guanyarà. No se'n pot anar sense saber-ho. Ja hi ha entrat. Però on es posa? No se n'anirà al costat dels qui volen que perdi el Barça, contra el seu germà, en la distància. En tot cas, continuarà a la zona dels neutrals. Però hi ha amics seus a l'altra banda, a la zona barcelonista, tensos i guerrers. Deu ser això, el més que un club. Tots els clubs són més que un club. Bé, potser no tots. Uns quants. El Barça. El Madrid. Són encarnacions de coses difuses, estranyes, però existents i reals, absolutament reals. L'Albert estaria en una banda. Però son pare també. I ella? No en té ni idea. Alguna cosa l'empeny cap a la seva tribu, però li fa vergonya. No ho vol. No vol tribus. Ni la seva. És absurd, només és futbol. Però no és només futbol. Hi ha els seus amics, allà, en una banda. Hi hauria el seu germà. És el seu món, el món d'on ve. Quan ha marcat l'Eto'o algú ha fet onejar una estelada. Això li agrada. A l'altra punta algú ha dit als seus una frase en veu baixa, em cago en no sé què, collons de catalans, n'estic fins als pebrots, que se'n vagin a prendre... A la banda barcelonista no l'han sentit. A la banda barcelonista deuen dir les mateixes coses, amb altres destinataris. Els quatre insults no eren perquè ho sentissin. Era un desfogament intern, no pas rutinari, tens, carregat, irat. Però la Glòria sí que ho ha sentit. Li ha semblat, potser una mica paranoica, que se la mirava a ella. I no, no hi està acostumada, no decodifica. S'emprenya.

L'antisemitisme és una fàbrica de jueus. La Glòria endevina que no pot ser neutral. Que no pot estar al mig. Que està en una banda encara que no vulgui. Que hi ha coses que no es poden triar, perquè ja estan triades. Però al pare mai no el perdonaré. Escèptica, sense cantar, com un agnòstic a missa, resignada, recelosa i desconcertada, potser precisament perquè és lluny de casa, perquè és enmig de Dublín, potser perquè ha sentit el que no havia d'haver sentit, la Glòria se'n va a poc a poc a la banda dels seus. Amb els seus. No pas al mig, entre els qui més criden. Als límits. A les fronteres de la tribu on la van parir, que a estones li desagrada, que a estones odia, però que és la seva. I quan en surt, quan es pensa que n'ha sortit, els altres l'hi recorden.

Va, endavant. Guanyarem. Que pugui saltar l'Albert, encara que salti també son pare. Que hagi de callar el que remugava, a l'altra punta, mirant-se-la a ella. Som el que som i el que ens diuen que som.

I llavors marca Belletti.

—

Diu que millor aquí que no pas a la llotja, amb el rei, el Zapatero i tota la pesca, perquè a la llotja està mal vist cridar i fer gestos, protestar i celebrar, demostrar cap mena d'emoció visible. I no és que en Jordi Puig tingui gaire el costum de cridar al camp. I encara menys el seu amic, convidat i veí de seient Joan Lluís Cardona, escriptor i periodista. Però millor aquí, una mica per damunt de la llotja, zona noble, centrats, es veuen perfectament totes les autoritats arrenglerades, el president s'ha tombat un moment i els ha fet una salutació irònica i resignada, preferiria ser on sou vosaltres, poder cridar, encara que no cridis, sense cotilles, sense majestats, sense haver de quedar bé. Potser no és veritat, però és el que s'ha de dir. Prou que es coneixen, des de fa molt de temps.

A en Jordi Puig li agrada guanyar. Des de sempre. De petit. No pilotejava, al tennis. Directes a comptar, quinze a zero, avantatge al servei. Competir. I guanyar. De seguida va trobar ridículs els esports en els quals no guanyava. I es va dedicar amb tossuderia i eficiència als esports per als quals tenia dots: els diners, les noies, el tennis. No era dolent jugant a futbol, però no era prou bo per destacar. De seguida ho va deixar córrer. I era del Barça bojament, amb entusiasme il·limitat, amb tota la capacitat d'obsessió de què era capaç i que, al costat de la intel·ligència, era el que l'havia portat a les victòries.

—No podem perdre, avui.

—Per tu, ni avui ni mai. Com si acceptessis perdre alguna vegada! —se'n riu en Cardona, que el coneix—. Tu només jugues per guanyar.

—Esclar que sí, no et fot. Com tothom.

—No pas com tothom —no voldria en Cardona dedicar-se a la psicologia recreativa.

—Doncs no pas com tothom. D'acord. Però quina gràcia té, tot plegat, si perds? Cap ni una. Però s'hi val, voler guanyar. És una cosa noble. És natural. Mira, encara que el Barça perdés quinze lligues seguides i les guanyés l'una darrere l'altra el Madrid, jo no em faria del Madrid. Jo no em faig dels que guanyen. Jo vull que guanyin els meus, que és diferent. Just al contrari, vaja. Que les coses de les quals sóc, en les quals crec, de les quals formo part, guanyin. No hi ha cap mal. El que canvia de bàndol per anar-se amb els guanyadors és un caragirat. Jo no ho sóc ni ho seré mai, la mà al foc. Jo sóc el que sóc. I ho sóc molt més content si guanyem. Per això estic aquí, en el fons.

Però l'Arsenal marca abans. Som aquí per guanyar, no es contempla la possibilitat de perdre, però Campbell ha saltat sol a dins l'àrea, collons d'anglesos, només saben fer una cosa, centrar i rematar, una cosa primitiva i bàsica, però la fan més bé que tots els altres. I funciona. En Cardona s'acolloneix. Miren cap al Gol Nord de groc en moviment, com una tempesta de groc. En Cardona voldria ser com en Puig, però no ho és. Com els passa a molts que escriuen, admiren i lloen aquelles persones que encarnen els principis i les idees en què creuen per reflexió i raonament, però que ells mateixos no sabrien encarnar. Com qui dedica els seus articles a lloar els emprenedors i els empresaris capaços d'aixecar els seus propis negocis, però ell mateix no podria muntar ni una botiga de caramels sense arruïnar-se. En Cardona admira la seguretat d'en Puig. Perquè no la té. Perquè li agradaria tenir-la.

—Ara es tancaran a darrere i no hi haurà déu que obri la llauna —en Cardona, com un barcelonista clàssic.

—Som més equip i juguem contra deu. Només els queden dos canvis. El camp està molt mullat i això encara els cansarà més. A la segona part no s'aguantaran. I em sembla que el porter està nerviós.

Sembla tranquil, en Puig. Potser sí. No hem vingut aquí a perdre. Tot el món ens mira. Això per a en Puig és el més important de tot. Català, té el sentit del ridícul exagerat, sempre li fa l'efecte de ser enmig d'una pista de ball i que tothom et mira. Llavors no pots fer tota mena de moviments. Has de pensar com et veuen, veure't amb els ulls dels altres. En Puig es va fer de la junta del Barça perquè era amic d'infantesa d'en Jan, però també perquè creia que el Barça era, de tot allò que ell era, el més gros, el més visible, el més potent, el més conegut a tot el món. Saps?, de vegades vaig pel món i em pregunten, en anglès, de quin país sóc. Jo els dic que sóc del país del Barça. I ja m'ubiquen. Si els digués de Catalunya hauria d'adjuntar un mapa. El Barça, el Dalí, la Sagrada Família, els Jocs Olímpics i gairebé res més. I de tot això, l'única cosa que pot anar encara més lluny és el Barça. Que encara pot créixer. No, no podem perdre. Ho fan per totes les televisions del món. És la nostra. Ens miren. I som millors. Som molt millors. En això en Puig és com en Cardona. Quan el miren, es talla en allò que no té prou clar, prou segur, on no sap si es mou bé. Però si el miren quan fa una cosa que segur que sap fer, s'embala, s'excita. I llavors ho fa més bé. Necessita públic. Són tímids que necessiten públic. Que no lluirien sense públic.

Passen els minuts, això s'acaba i no marquem. En Puig es mira amb decepció els nervis de la llotja, els nervis del Gol Sud, homes de poca fe, no s'ho acaben de creure. Animen amb l'ai al cor, espantats. Gairebé d'ofici. Com qui demana un miracle, però sap que els miracles són estranys i no s'hi pot confiar gaire. Ànima de derrotats.

—I tu? No dubtes gens?

—Remuntem. Segur.

Quan marca l'Eto'o, en Puig busca el president a la llotja. Sap que es tombarà. Es tomba. Li fa un senyal, com un vell gest pactat en moltes vacances, en molts partits de dobles de tennis, en molts balls de vespres d'estiu, en molts exàmens a la facultat, això ja està fet, ara ja és segur, aquesta la tens al pot, ara ja es veu que guanyarem, només cal esperar, només cal que passi el que ha de passar. Ja és segur. Inevitable. No està fent números en aquest moment. No pensa en com pugen o baixen, segons els resultats, les perspectives del contracte dels drets de televisió. No pensa en la despesa addicional de primes per als jugadors i el seu canvi de preu en el mercat, de campions a sotscampions. No pensa en les conseqüències de guanyar o perdre. Pensa a guanyar o perdre, al marge de les conseqüències. Els dubtes afebleixen. La seguretat ajuda a la victòria. Creure que guanyaràs, saber-ho del cert, és imprescindible per guanyar. Guanya qui vol guanyar, qui ho desitja amb tota l'ànima. Potser per això en Puig s'ha tensat, no mira en Cardona, està concentrat en el camp, com si fos una emissora d'energies invisibles, com si pogués rematar els córners de cap. Tota la seva tossuderia, tots els seus somnis, tot allò que és i que vol ser, tot el seu infinit desig de guanyar.

—Va, per favor, que tot el món ens mira —s'ho diu cap endins, no perquè ho senti en Cardona, però en Cardona ho sent.

I llavors marca Belletti.

—

En Marc Pagès jugava de migcampista més aviat endarrerit, just per davant de la defensa. No és fàcil trobar algú que jugui al mig del camp en alevins de primer any, tots volen ser davanters, anar a fer gols, i els qui no, de porter o de central, com qui vol ser bomber o paleta, oficis clars i evidents. Però en Marc es recorda més aviat lluny de la porteria, xuta prou bé, pot pujar seguint la jugada, però no espera que li arribi al davant a punta d'àrea, en tot cas és ell qui ha de fer que la pilota circuli fins allà per terra, jugada, no volant, en condicions per al davanter.

—Si veus forat i el qui et marca no et segueix, tu endavant —l'ha cridat l'entrenador a la banda.

En Marc Pagès es recorda, se'n recordarà sempre, d'un partit al seu camp, a l'altra banda del riu, a la banda del Cappont, ell amb les ratlles roges i blanques de l'Atlètic Segre, encara no hi havia el camp de gespa artificial, s'acabava la seva primera temporada als alevins, la primera que jugava amb un club, no amb l'equip de l'escola. Endarrerit. Amb el quatre. Una temporada molt bona, si guanyaven quedaven segons, ja no recorda contra qui era, potser amb el Balàfia, o amb el Mollerussa, un dels equips del Mollerussa. L'entrenador li va dir que no es retingués, que s'havia de guanyar, que endavant. Fins i tot que pugés als córners, ell mai no hi pujava, li costava posar el cap, fins i tot quan treia de fons el porter contrari ell deixava botar la pilota, no saltava a disputar-la, era un acte reflex. Però era l'últim partit, calia guanyar. I hi havia anat son pare. No hi anava gairebé mai, treballava els dissabtes a la tarda, no s'ho podia combinar, algú ha d'haver-hi a la sabateria. Normalment era la mare qui venia, i tampoc cada dia, el portaven amb cotxe els pares dels companys. Però el pare s'ho havia pogut muntar, aquell dissabte, era especial. Al pare no li deia res, el futbol. No es mirava els partits per la tele. No en parlaven a casa. Però aquell dia havia fet mans i mànigues per ser-hi, dret a la banda, amb els altres pares, gairebé no els coneixia, s'havien hagut de presentar. No sabia gaire què s'hi ha de fer, no cridava com els altres pares, no l'amenaçava si no tocava pilota, ja ens veurem tu i jo aquesta nit a l'hora de sopar, no insultava l'àrbitre, no exigia a son fill que trenqués el nas a aquell fill de mala mare, no veus quina entrada que t'ha fet, amb tota la llesca... En Marc es mirava son pare i el veia boirós, incòmode, estranger. Però cofat del nen. Incrèdul.

—Diu que vindran a veure'ns uns espies.

—Espies de qui?

—No ho sé. Del Lleida, potser. O qui sap si del Barça.

Eren llegendes. Sempre s'ho deien en veu baixa, els nanos. Fonts generalment ben informades. Ràdio macuto. Els entrenadors no ho negaven, així els nanos s'ho prenien més a la valenta. En Marc ho havia dit al seu pare, saltant-se passos intermedis, anant directament a la versió més exagerada. Vindran a veure'ns del Barça, aquells que busquen jugadors per a la Masia. Son pare no sabia què era la Masia i si ho sabia feia veure que no. Mai no l'hauria deixat anar-se'n, amb onze anys, deixar a sa mare i a tots per anar a jugar a futbol, quina cosa més absurda. Però mai no hi va haver ocasió. Ni van trucar mai del Barça ni son pare va tenir l'oportunitat de donar cap resposta: va morir l'any després d'aquell partit, d'un accident, arribes a casa i et diuen que el teu pare és mort i no saps on mirar ni què pensar. Ja no ets un nen. Encara no ets un noi. El món trontolla. La temporada següent en Marc Pagès no va fer res de bo, en el segon any d'alevins a l'Atlètic Segre, i ho va acabar deixant córrer. No del tot, encara jugava partits, però ja no creia en res. Ni en els reis d'Orient ni en els espies del Barça. Ni en els gols que s'obliden ni en els pares que es moren.

—Va, puja! Ara! —li fa un gest l'entrenador.

—I qui es queda aquí darrere?

—Ja s'hi queda l'Àlex. Tu a punta d'àrea, per si hi ha un rebot.

Recorda en Marc que era la segona part i que anaven empatats, potser empatats a tres, es fan molts gols a alevins. Un cabàs. Trèiem un córner, des de la dreta de la porteria. També n'hi ha molts, de córners, hi ha molt de tot, la pilota puja i baixa, els partits són una cosa emocionant i desendreçada, boja, atzarosa. Normalment no hauria pujat, però si l'entrenador ho diu... No a dins de l'àrea, fora, a la ratlla. Per si hi ha un rebot. Per si cal tallar una sortida dels altres. Però més endavant de la seva posició de quatre, endarrerida. Llavors va passar tot com a càmera lenta. El Jonatan va treure el córner en curt, no és que volgués treure'l en curt, és que no va picar prou fort i va entrar la pilota a l'àrea, rasa i sense força, no semblava difícil treure-la o que l'agafés el porter. Però el defensa es va posar nerviós i la va voler controlar, va aturar-la, algú se li va tirar al damunt, va quedar la pilota encallada allà al mig tot d'estona, absurda, morta, fins que va acabar rebotada a punta d'àrea, com si l'entrenador hagués estat un profeta, tu a punta d'àrea per si hi ha un rebot. Doncs mi-te'l. Hi ha vegades que la pilota t'arriba com l'has somiada, com a les pel·lícules, no va forta, va tova, tampoc va rasa del tot, a aquella alçada bona per empalmar-la. No el marcaven, no hi havia ningú al voltant. Potser va tancar els ulls quan va picar. Però la va enxampar de ple, forta, a mitja alçada, cap a porteria, no semblava un xut d'aleví. Però entre la porteria i ell hi havia una gentada. Propis i estranys. El porter, rai. El porter estava venut, tapat, perdut. Ni la veia. Però era com un eslàlom gegant entre esquenes i cames. Com una jugada de billar. No la va tocar ningú. Sembla mentida, però no la va tocar ningú. En Marc la veia avançar a la mateixa velocitat que anava la pilota als dibuixos animats, «Oliver, Benji, sueños de campeón». Lentíssima. A prop d'una samarreta de ratlles matalasseres que s'havia girat, a tocar d'un peu, en direcció cap al pal esquerre, a la dreta del porter, ves si encara anirà a fora. Però no va anar a fora.

L'entrenador va saltar a la banqueta i ell va anar a abraçarlo, era mèrit seu, tu a punta d'àrea per si hi ha un rebot. Els companys el van perseguir fins a la banqueta, eufòrics. Llavors va mirar son pare que aplaudia des de la banda, entusiasmat, desconegut, perplex, ai cony de nano, qui diria que és fill meu, jo que no sé si la pilota és quadrada o com un meló. Ai cony de nano, quines coses que sap fer. L'orgull de veure en el fill algú que ja és diferent de tu, que diu i fa coses per ell mateix, que hi ha coses que ja fa millor que tu, sense que siguin reflex del que ha sentit a la taula del menjador. El seu pare l'aplaudia i li va fer un gest inhàbil, el polze cap amunt, un gest tímid i de col·lega fingit. Però se'l veia orgullós.

—Marc! Força! —no va saber què dir son pare i va copiar alguna cosa sentida en algun telenotícies.

Van guanyar amb aquell gol. Van quedar segons. El pare va morir mig any després. En Marc va pensar en aquell instant que potser sí que hi havia algú del Barça i se l'endurien cap a la Masia, després d'una voleia com aquella, mitja alçada, imparable, un golàs, mira que en feia pocs de gols, tan endarrerit.

En Marc, assegut a la graderia de Saint Denis, se'n recorda, d'aquella tarda al camp de l'Atlètic Segre, no és que ho rememori, és que ho té a la memòria enregistrat, permanent, no s'hi recrea. Recorda perfectament aquell moment precís d'intensitat, de plenitud. Un instant en què va creure que tot seria possible. Que tot s'obria davant seu. Feliç. Després va passar el que va passar, però això mai no aigualirà la memòria d'aquell instant. Ara, uns anys després, com a espectador, simplement pensa com n'és de fàcil fer un gol, una mena de miracle senzill, complet, i com entre un gol i un xut que se'n va enfora hi ha no res, un mil·límetre, una bufera de l'atzar, la pilota que t'arriba a l'alçada justa per un rebot imprevisible, però hi ha també la distància entre l'orgull i la decepció, la distància entre la felicitat i la derrota. Tot o res. I si no hagués entrat, aquell xut? Son pare no li va veure ja mai més cap altre partit. No n'ha fet gaires més, de gols. Ara, amb el Balaguer, també juga endarrere, no va a rematar els córners, només si hi pensa, queda't a punta d'àrea, per si hi ha un rebot. Però aquell dia que havia d'entrar va entrar. De vegades passa. De vegades les coses surten bé. De vegades ens en sortim. De vegades el miracle cau a la banda que toca, allò de la mantega i de la torrada, però al revés.

Va passar un dia, pot tornar a passar. Pot passar també aquí, ara. Estaria bé que passés. Seria com el record d'aquell partit de Lleida. Les coses poden sortir bé. Més d'una vegada i tot. Ara a París la pilota és bona. Llàstima que Larsson no l'hagi pogut controlar prou bé. Però tampoc no se li ha escapat. Està d'esquena a la porteria, però la pilota ronda l'àrea. Que acabi entrant no ha de ser tan complicat, només és cosa que t'arribi un bon rebot, a mitja alçada, potser a la sortida d'un córner, o d'una passada de Larsson cap a l'extrem.

I llavors marca Belletti.

—

En Ramon és un fingidor. De l'espècie més sofisticada: d'aquells que fingeixen sense adonar-se'n. Es fingeix despreocupat i jovial, però en el fons és patidor de mena, patidor compulsiu, que no vol semblar-ho i porta tot el sant dia una màscara somrient i humorística, com els atracadors de les pel·lícules que assalten els bancs amb una escopeta de canons retallats i una carota de Mickey Mouse. L'Oriol el coneix, i precisament per això no juga mai a aixecar-li la màscara per veure en la cara de veritat l'arruga al front de la inquietud i el temor, tampoc no exageréssim, no pas pànic, només un ai, ai, ai perpètuament congelat a la fesomia. Sap que li agafen olles, obsessions neuròtiques, l'atracció i el rebuig de la tempesta. Però fa com si no. L'Oriol parla sempre amb el Ramon públic, perquè sap de l'existència del Ramon privat i la vergonya que passaria si li descobrissin el joc.

—Va, cony, pilotes a l'Eto'o. A barraca. I avancem el mig del camp... —impacient i nerviós l'Oriol.

—Què va! La clau és al darrere. Que no es posin nerviosos. La clau és que l'Edmilson i el Van Bommel tallin el contraatac. Si ens en fotessin un altre, ja hauríem begut oli. Però si aguantem, cauran. Apunta, nano: en el minut 40 de la primera part i perdent per un a zero, en Ramon Torrent ha profetitzat que acabarem guanyant per dos a un.

—Paraula de déu —se'n fot l'Oriol.

—Us ho demanem, senyor —respon malament en Ramon, poc avesat a la litúrgia.

L'Oriol no pateix tant com fa veure. En Ramon, molt més. No és fatalisme negatiu. Es declara optimista, dos a un, al final, però es deixa la porta oberta a la retirada, si no ens en foten un altre. No passa pena com a profeta. O en tot cas, les seves profecies tenebroses, que el fan patir, són d'una altra mena. Quan Campbell ha rematat la centrada d'Henry i ha fet l'únic gol fins ara, no ha pensat que perdrien. Ha pensat —i s'ha fotut de molt mala llet— en els petards que ja sap qui deu haver tirat a ja sap on, no a Madrid ni a Londres, a Madrid i a Londres també, a segons quin barri de Lleida. Això és el que l'emprenya. No pas els altres, els de fora. Els de dins, que li semblen infiltrats, a l'espera de l'errada, de la desfeta. Va, enllestim-ho. No deixem que respirin i que es confiïn. No pas els de l'Arsenal, els dels petards de Lleida. *Catalanes, acordaos de Sarajevo.* Abans de la mitja part, l'Eto'o la clava al pal, a passada de Ronaldinho.

—Collons, si perdonem, retiro la profecia! Que em tornin els calés.

—No, home. Al contrari. Si xutem, alguna acabarà entrant. El cas és que arribin pilotes davant.

—El cas és que no n'arribin darrere —tossut, en Ramon.

El pare d'en Ramon, hereu d'una família de mestres, criat en la postguerra i el silenci, en els penellons i les bates de ratlles d'escolapi, és una persona tímida i callada, que voldria ser invisible, transparent. Nen, no et facis notar. Com a la mili. Mai un pas endavant. Per si de cas. Confós amb la tropa. Quan arribaves, el primer dia, demanaven si algú era cuiner i si aixecaves el dit, t'enviaven a fregar els vàters. Jo mai no vaig aixecar el dit per res. El pare d'en Ramon va fer encara la mili, Cartagena, infanteria de Marina, però en Ramon ja no. I en Ramon, per contrast, perquè algú ho ha de fer, per alegrar les tardes de casa, feia un pas endavant o aixecava el dit cada vegada que algú, qualsevol, demanava algun voluntari per a alguna cosa. Resignadament, a contracor. També això formava part del camuflatge. Una mena de reacció, d'*horror vacui*. Sense aquesta empenta fingida i impostada d'en Ramon, cals Torrent hauria esdevingut una mena de closca de cargol, on tota la carn s'arronsa quan sent soroll a fora. En Ramon no voldria ser com el seu pare, però ho és, però fa com si no ho fos. Es proclama diferent, els testos s'assemblen a les olles, quina collonada. Només s'assemblen una mica quan criden junts o per separat davant de la tele en els partits del Barça. Només llavors treu el geni son pare. I en Ramon no pot arronsar-me el seu.

—Tu no saps els que va ser, aquell temps —s'excusa de vegades son pare en la grisor dels anys joves, no l'estricta postguerra, un franquisme tardà de sis-cents i sueques, però que servava el record mai prou ben enterrat, sense haver pogut exhibir-ne el dol, dels parents morts en la guerra, de la gana de la postguerra.

—Els temps han canviat —fa veure en Ramon—, no podem viure perpètuament acollonits.

En Ramon està acollonit. Hòstia, si perdem. Els petards se sentiran des de Balaguer. Sap perfectament quins somriures burletes i quins somriures provocadors haurà de patir, la setmana vinent, a la feina, al barri. Però quan marca l'Eto'o el gol de l'empat, hi ha una mena de capgirament, una esperança. No a la màscara, al rostre de sota.

—Veus? Jo ja t'ho deia. Ara ve l'altre —figura que en Ramon ho diu a l'Oriol, però s'ho està dient ell mateix.

I si arribés l'altre gol, realment? Per un instant, el món dels petards i de les pors, dels parents morts i del pare espantadís, un món fet d'arestes, dur, punxegut, sembla que es pugui diluir en un altre món acollidor, de cotó fluix blanc i calent. Com aquelles coses tan apegaloses, els núvols de sucre que venien a la fira, de petit. Sense arestes ni punxes. Només caldria una cosa: deixar-se anar. Allò que ha dit a en Jaume, no et pots quedar un pas enrere, has de fer un pas endavant, t'has de barrejar amb tothom, has de sortir de la sorra i banyar-te al mar. El contrari del que li deia son pare. Però de veritat, no per compromís, no perquè és el que toca. En una embriaguesa eufòrica i sentimental, narcòtica i plorosa. Els pecadors són els qui més prediquen. La recepta per a en Jaume, una recepta lògica i pensada, meditada, però gairebé mai acomplida, és la recepta per a ell mateix. Sempre diu el que no fa, encara que ho faci veure. I si ho fes? I si ho pogués fer? I si abandonés les pors de sempre, de tota la vida, la màscara de sempre, de tota la vida, i la seva joia fos de veritat i la seva alegria no fos un fingiment i engegués a prendre pel sac els petards i les pintades sobre Sarajevo, i pensés que tot és possible, que també nosaltres podem guanyar, que quan aixeques el dit no sempre t'envien a fregar els vàters? I si després de treure't la màscara la teva cara no et desagrada tant com et pensaves? I si resulta que al final té una mica de retirada amb la màscara mateixa, n'ha acabat agafant el somriure distès? I si vengés en un cop de ràbia autèntica els silencis acumulats dels pares i els mals temps?

Sí, estaria molt bé. Però per això cal que fem un gol. Cal que guanyem. Cal que s'acompleixi la profecia, i amb la profecia acomplerta, tirar-se de cap a l'aigua i ser un entre tots, alegre com tots, sense fingiment ni màscara. Fa falta un gol, collons, no ha de ser tan difícil.

I llavors marca Belletti.

—

—Jo em pensava que trauria en Xavi.

No ho diu només per patriotisme terrassenc, en Jaume. Però també. Tothom ha dit a la mitja part que cal que surti algú que la remeni, un dels petits, hem sortit amb un centre del camp molt físic, però anem perdent i, a més, juguem contra deu. Iniesta o Xavi. Però ha estat Iniesta. En Jaume volia que fos en Xavi. Perquè és de Terrassa, perquè coneix son pare, perquè ha de ser terrible ser allà a la banqueta, mirant-te el partit, jugant-te el teu futur en el partit, però sense poder sortir. Ve d'una lesió, ho sap tothom. No està al cent per cent, que diuen els cronistes esportius. Fa gairebé mig any es va trencar el lligament encreuat del genoll dret, al desembre de l'any passat, una lesió greu, molt temps de recuperació. Mesos d'anar a córrer per Sant Llorenç, de sessions de fisioterapeuta, d'entrenament sense pilota per enfortir la cama, per poder tornar a jugar. S'ha recuperat, però no del tot i no a temps per a la final. Ha jugat ja alguns partits després de la lesió, però encara no és el que era. El cervell. El que dirigeix els partits. El que endevina com s'ha de jugar, a quin pas, per quin espai. El que porta la pilota enganxada al peu, sempre és capaç de protegir-la amb el cos, sempre és capaç de trobar a qui donar-la perquè l'aprofiti. No ho és del tot. O potser sí. Si ho és no ho pot demostrar: està assegut a la banqueta, ja ha sortit l'Iniesta, ja s'ha fet el canvi, s'havia de triar o l'un o l'altre. Rijkaard ha anat sobre segur, no és el dia de fer provatures.

—Jo hauria tret en Xavi —lamenta públicament en Jaume.

—L'Iniesta juga una mica més endavant. Porta més perill —en Ramon fa el savi.

—Però en Xavi té més visió del partit i del ritme. I, a més a més, és de Terrassa, com nosaltres —en Jaume invoca l'argument d'autoritat suprem i, a més, hi involucra l'Albert, amb aquest «nosaltres».

—Però ve d'una lesió —la rèplica ja és inútil.

Sí, l'argument incontestable és que és de Terrassa, que el coneix, que coneix son pare. Quan estava a l'Argentina ho deia a qui el volia sentir: en Xavi és del mateix poble que jo. I rebaixava Terrassa a la categoria de poble per fer encara més miraculosa la coincidència, com si tots dos haguessin nascut paret per paret. No, però gairebé. Coneix son pare: havia estat jugador amb el Condal i amb l'Europa i amb el Girona i amb el Sabadell i amb no sé qui més, tota la vida embolicat en això del futbol, manobre del futbol, correcamins, rodamón del futbol, entrenador d'equips petits pertot arreu, a Rubí i a Tàrrega i a Tremp. També al Terrassa. Quina sort que t'hagi sortit un fill així! És el somni d'un pare futbolista, d'un home que viu per al futbol. A casa seva tots eren d'això. El sogre, l'avi d'en Xavi, havia portat el club de Can Palet, el Sant Josep, i era un foll del futbol, del Barça a matar. Tots els nanos de casa seva hi han jugat. Com si els Hernández de Terrassa fossin en això del futbol com eren els Bach de Turíngia en la música: una nissaga que va perfilant, apuntant, que va apostant per un i per un altre, com qui va fent provatures per anar-se perfeccionant cada vegada més, fins que en surt un que ho concentra tot, que ho hereta tot, quina sort per a la família, quina feinada, quina selecció genètica, quant aprenentatge condensat. El mèrit és una mica de tots, com qui forma part d'una expedició al cim, però va fent només aproximacions, portant el campament al més a prop possible, perquè al final un i només un acabi de pujar.

En Jaume coneix també poc o molt el jugador: l'any que va fer el pregó de la Festa Major de Terrassa, en Xavi li havia demanat —a través del seu representant— si el podia ajudar a redactar-lo, ell que és periodista, cadascú sap fer el que sap fer. Podia esprémer sense mentir alguns vincles sentimentals més. En Xavi venia del Jabac, del Jaba Carmelitano, abans d'anar a jugar amb el Terrassa. Son pare havia estat el qui duia els equips petits del Terrassa, l'escola, li agrada tant el futbol que fins i tot pot suportar el món procel·lós i aspre del futbol base, habitat per pares de futures estrelles que sempre estan convençuts que l'entrenador no ha entès el potencial extraordinari de son fill i que els de la junta són uns aprofitats que es poleixen les quotes que paguen els pares en bars i llocs de mala vida. No és fàcil aguantar els partits dels dissabtes al matí, no és fàcil aguantar els pares i les mares esgargamellant-se a l'altra banda de la tanca, els crits contra àrbitres de setze anys, les bronques al propi fill que no respon a les expectatives de ser un figura des de l'escola, els insults als contraris de metre vint. De vegades els cops de puny. De vegades fins i tot les navalles. El pare d'en Xavi s'ho ha empassat, tot això, i li ha sortit un fill bo, boníssim, quina sort, quina satisfacció, i als onze anys se l'emporten al Barça, però no dorm a la Masia, va i ve de Terrassa. No és com qui compra un bitllet de loteria. És com qui rega cada dia un arbre, que ja veu que s'ha de fer gran i esponerós. No és atzar. Una mica d'atzar, només. La resta, feina.

Sí, en Xavi havia jugat amb el Jabac. I quan en Jaume era petit, els del Jabac anaven vestits de blanc i amb una ratlla verda travessera, com la del Rayo Vallecano, però verda. I jugaven al camp de darrere de l'avinguda de l'Abat Marcet, al costat de l'Hogar de la Ancianidad de la Caixa, i en Jaume anava llavors cada dijous amb tota la classe a esbargir-se al camp del Jaba Carmelitano i a jugar partits simultanis sense àrbitre ni regles ni el camp marcat, de vegades s'arribaven a jugar quatre o cinc simulacres de partit de pati d'escola simultàniament i perpendicularment sobre un mateix tros del camp, amb cinc pilotes diferents, com un miracle de la física quàntica, xocant només una mica, repartits segons l'edat i el curs dels jugadors, les porteries marcades amb pedres o amb jerseis o amb llibres, sempre hi havia discussió sobre si la pilota havia entrat o no, ha sigut pal, com si hagués topat amb la projecció del pal imaginari. Això crea un vincle. Això fa que en Jaume tingui una germanor unilateral amb en Xavi, com si en tingués accions sentimentals, com si els seus èxits li donessin uns dividends afegits de satisfacció. Podria haver sortit en Xavi. En nom de son pare i de totes les tardes als camps com el del Jabac i de les esperances dels onze anys i del Terrassa i dels Carmelitans. Hauria estat bé que sortís en Xavi i hagués marcat un gol, encara que fos de cap, o de rebot, el gol definitiu, el de la victòria.

—Som del mateix poble, jugàvem al mateix camp, al camp del Jabac —hauria dit llavors en Jaume, traient pit, tot i que el camp ja no era el mateix, a l'antic camp del Jabac ara hi ha l'escola nova dels Carmelitans.

En Jaume s'imagina en Xavi a la banqueta. Se l'imagina patint. Tota la vida pensant en el moment gloriós. Arriba el moment gloriós, i tu hi ets, però no hi ets del tot. Hi ets, però a la banqueta. I ja han fet el canvi de l'Iniesta. Et quedaràs a la banqueta. I son pare pensant que aquest podia ser el dia, però no serà el dia o no ho serà prou o no ho serà del tot. Jo sóc el pare del qui ha fet el gol de la victòria. Era jugador del Sabadell, m'he empassat tota una vida al voltant del futbol invisible, dels camps sense herba, dels pares que criden, però mireu el que ha fet el meu fill. No és el mateix que dir jo sóc el pare del qui està a la banqueta. Mala sort de lesió. Si no hagués estat per la lesió, aquest era el seu any, el seu partit. Què deu pensar, en Xavi, a la banqueta? ¿Deu desitjar secretament, sense gosar ni pensar-ho, que les coses no acabin de funcionar, que algú digui si haguessin tret en Xavi llavors sí que hauríem aixecat el partit, la glòria individual, el jo ja ho deia, que el trobin a faltar? ¿O deu sentir-se part d'alguna cosa, de l'equip, del club, del grup, dels amics, dels colors, de la història, de qualsevol primera persona del plural, de qualsevol cosa que està per damunt de tu mateix, de què formes part, si guanyem jo també guanyo encara que no hagi jugat, si guanyem jo també tindré una temporada millor l'any que ve, si guanyem jo sóc d'aquest nosaltres que ha guanyat? Això del futbol ho juguen els equips. Però els equips estan fets de persones. Persona o equip? Jugo per mi o jugo per tots? Què deu pensar en Xavi? A en Jaume, que s'ho mira des de la graderia, tens, nerviós, abduït pels Argonautes que l'envolten i criden, per la passió del fill, amb la bandera a la mà, li passa pel cap només un instant, com si en Xavi fos ell, com si ell estigués mig lesionat, com si fos el seu dilema.

I llavors marca Belletti.

(I en Xavi salta de la banqueta i s'abraça als qui l'envolten i crida com si el gol l'hagués fet ell, com quan feia els gols al camp del Jabac de petit, com quan els feia amb onze anys, que ja portava la samarreta del Barça i no era una samarreta de broma que li haguessin portat els reis.)

—

I llavors marca Belletti.

I tothom al Gol Sud perd el món de vista. Com a missa, quan diuen allò del doneu-vos la pau, que tothom es gira i dóna la mà a qui té al costat, encara que no el conegui de res, i al del davant i al del darrere, al Gol Sud s'abraça tothom, volen les banderes, es filmen els uns als altres amb els mòbils. Però a crits, amb soroll, amb moviments. El gol ha estat allà davant mateix, però al camp no el repeteixen: qui l'ha fet? Belletti? Qui ho havia de dir! L'ha tocat el porter. Entrava igual. S'encenen bengales roges més amunt de la graderia. Hi ha esdeveniments que criden al tacte, a la comunió física, llocs o ocasions on la gent es toca, necessita notar-se i sentir-se, saber-se. A les festes. A les celebracions. A totes les ocasions concelebrades i compartides, emocionants. La gent s'abraça i s'està una estona abraçada, agafant-se ben fort, de vegades passant la mà per l'esquena de l'altre com si el raspallessis. Clavant les puntes dels dits.

Ha marcat Belletti i mentre avançava per la banda dreta de l'àrea, controlant la pilota d'en Larsson amb l'esquerra, el Gol Sud ja s'ha anat aixecant, tensant, alçant els braços, a càmera lenta. I quan s'ha vist que entrava, ha esclatat, ara ja a velocitat normal, fins i tot una mica accelerada. Primer tots els braços amunt, com en una coreografia assajada. Tothom ha cridat gol. Tothom. Com si no fos una evidència palmària. Com si tots estiguessin retransmetent el partit per ràdio. Com si les coses no passessin fins que es diuen, fins que se certifiquen amb paraules. L'Albert i en Jaume han alçat els braços i han cridat. I l'Oriol i en Ramon i l'Ignasi i l'Àngel. L'Albert ha alçat els braços i ha buscat a qui tenia al costat per abraçar-se i al seu costat hi havia en Jaume i s'han abraçat amb en Jaume, fent saltirons ridículs, infantils, fregant-se l'esquena l'un a l'altre, més abraçats que les parelles abraçades. Tan abraçats com en Ramon amb l'Oriol, l'Ignasi amb l'Àngel, tothom amb tothom.

—Quant falta?

—Deu minuts. Això ja està. No hi ha temps.

—Massa que n'hi ha!

I de sobte se n'han adonat. Estan abraçats. Estan abraçats com no ho han estat mai des de fa molts anys, potser d'ençà que l'Albert era un nen. Si més no, com no ho han estat mai d'ençà que en Jaume va dir que se n'anava. Mai des de la infantesa havien estat físicament tan a prop. Mai no s'havien tocat així. En una abraçada adulta, d'iguals. Podia haver arribat en una altra ocasió, en la solemnitat d'una cerimònia. Ha arribat aquí. A casa no es toquen. Si poden, s'estalvien fins i tot el petó a cada galta de la cortesia familiar. Si se'l fan, avancen el cap, allarguen el coll com una girafa, que només entrin en contacte la galta amb la galta, la mà amb la mà. El mínim. Com si tinguessin una malaltia que s'encomana. I ara estan abraçats. I, sobretot, s'adonen que estan abraçats. Com si en l'abraçada passés un corrent de molt voltatge, que els enrampés. Quan se n'adonen, no és que es glaci l'abraçada, no és que se separin de sobte com si s'electrocutessin en el tacte. Però alguna cosa canvia. Ho allarguen, ho mantenen, en Jaume intenta donar-hi una calidesa que desconeix, deixar-se dur. L'Albert es tensa. Estan uns segons així. No saben quants.

Immediatament, com a missa, es giren cap a l'altra banda, canvi de parelles, l'Albert s'abraça amb l'Àngel, en Jaume amb en Ramon, tothom amb tothom, d'una altra manera, la bona és la primera, aquestes ja són més rituals. El partit no s'ha acabat. No es pot abaixar la guàrdia. Allà davant, ben bé al davant, els jugadors són una piràmide de carn que l'àrbitre intenta desmuntar d'una manera accelerada. Però han de començar a anar cap al centre del camp. Treu la pilota l'Arsenal. No es resignaran. Ara hem d'adormir el partit, no fem l'imbècil. Encara que sigui lleig, s'ha de ser pràctic. Assegurar la pilota, no ens fa cap falta un altre gol. Passades enrere. I a la que puguis, al córner, a protegir-la, a perdre temps. Les abraçades a la galeria es van diluint, tothom torna a les seves posicions de batalla. Això no s'ha acabat.

Per a l'Albert i per a en Jaume, les altres abraçades han aigualit la primera. Li han tret transcendència. Com aquell qui s'amaga entre una multitud, el millor lloc perquè no et trobin. Una entre moltes. Però no del tot. La noten encara com una cosa enganxada a la pell, com si hagués tingut un tacte o una escalfor diferent de les altres, com si en poguessin percebre els rastres damunt de la pròpia carn, molt nítids. Com si hagués deixat una empremta física, l'àcid damunt del ferro, l'aigua damunt del vellut, una taca de vi a les estovalles blanques. No, no és —Jaume— un final feliç de pel·lícula, tot ha canviat, m'ha perdonat, som una família. No. A la Glòria la imatge li hauria repugnat. O potser no. Però no és un punt i final. Un punt i seguit. Un punt i a part. Era una abraçada enmig de moltes abraçades. Era una xarxa d'abraçades, però també les xarxes són fils que fan nusos de dos en dos. Dos punts units entre ells per un fil. I després, units amb molts d'altres. Està plovent a bots i barrals, però no se n'adonen gaire. La pluja tampoc neteja la memòria dels tactes. Se senten xarxa, entre molts. Se saben dos.

—Ara hauríem de cantar allò dels del Liverpool, *You'll never walk alone...* —proposa l'Àngel, que s'ha passat tot el matí caminant sol per París.

—Però si ningú no se la sap —protesta en Ramon, que no se la sap.

—Jo sí que me la sé —s'ofereix en Jaume, però no n'hi ha prou.

Es posen en Jaume i l'Àngel l'un al costat de l'altre, cantant en veu baixa, però no se senten ni ells. Són un soroll més enmig de l'estadi, sota la pluja, imperceptible. Continua caminant a través del vent. Continua caminant a través de la pluja. I mai no caminaràs sol. Mai no caminaràs sol. Canten i desafinen, però no els importa. No se'ls sent, però gesticulen. Es gronxen de dreta a esquerra, sense moure els peus, agafats per la cintura, com en un ball adolescent i primitiu. L'Albert se'ls mira divertit. Només un instant, s'ha de tornar a mirar el camp. Algú, en una graderia de més amunt, comença amb l'himne del Barça, i la gent s'hi enganxa. Aquest sí que se'l saben. Hi ha un punt d'atzar en què triomfa i què no, en una graderia, a qui segueixen i a qui no segueixen les masses. *Som la gent blaugrana, tant se val d'on venim.* No se l'acaben, perquè ha agafat la pilota l'Arsenal. Tot queda per un instant en suspens.

En Jaume encara està cantant, cap endins, sense veu, el mai no caminaràs sol. Ningú no està sol, allà. Ningú no creu que hi pugui estar mai. Borratxos de grup, borratxos dels altres. Com una germandat guerrera. S'han abraçat amb l'Albert. Era això? Ha vingut per això? Aquesta és la tornada al món, la plena tornada? Sap que no. Sap que, de la mateixa manera que les ofensives militars comencen per aire, però s'han d'acabar per terra, abans de tornar a Barcelona haurà de parlar amb l'Albert. Comença a entendre què li ha de dir. Comença a saber què vol dir-li. Mentre ell va cantant per sota el *You'll never walk alone*, el Gol Sud està cantant l'himne del Barça. Es fonen.

Tenim un nom. Mai no caminaràs sol.

I llavors marca Belletti i la Llúcia ho sap a través de l'altaveu del celobert, que crida goooool abans que comencin a esclatar els petards i una mena de trompes d'un so greu i desagradable. No s'ha pogut estar tota l'estona davant de la tele, sense fer res, s'hi posa nerviosa, i a la mitja part se n'ha anat a la cuina, a passar un drap pels vasos que se li entelen a l'armari, de cap per avall, com qui pentina el gat. Des de la cuina no sent la ràdio, banda sonora de la televisió silenciada. Millor. No la vol sentir, com aquell amic de la família que es gravava els partits del Barça amb vídeo i mentre jugaven es tancava a la seva habitació, a llegir, i només quan acabava volia saber el resultat: si el Barça havia guanyat, es mirava el vídeo del partit amb tota tranquil·litat i, si havia perdut, l'esborrava sense mirar-se'l. La Llúcia, igual, però sense vídeo. Si marquen, ja cridarà l'Antoni. De tant en tant li ha de prendre la pressió, però ara no: aquell dia que l'hi va prendre a mig partit del Barça li va sortir disparada. I això que anaven guanyant. L'Antoni no ha dit res. Però ara el celobert s'ha omplert altra vegada de crits: a la primera, fa una estona, s'hi ha resistit, ara no, i la Llúcia se'n va cap al menjador, on hi ha la tele, encara hi serà a temps de veure la repetició, pot ser que estiguem guanyant? Pot ser que els crits d'abans fossin els de l'empat i els d'ara els de guanyar?

En tot cas, no són crits d'anar perdent. No són crits d'haver marcat nosaltres quan els altres ja ens n'han fet quatre. Són crits eufòrics, de victòria.

—Guanyem? Qui l'ha fet? —pregunta a l'Antoni, estirat al sofà davant de la tele, des de la porta del menjador.

Però és en Puyal qui respon des de la ràdio:

—Ha marcat Juliano Belletti el gol de la victòria! Barça dos, Arsenal un, al 35 de la segona. Belletti, Belletti, Belletti, Belletti, Juliano Belletti! Felicitat per a una munió de jugadors que s'abracen damunt d'ell, mentre la graderia culer de Saint Denis celebra aquest marcador que miraculosament ha capgirat el Barcelona.

Si el fan per TV3, no. Però si ho fa una cadena espanyola, l'Antoni Cortès sempre treu la veu del televisor i posa la ràdio, en Puyal. Un partit de futbol ja el veus, no cal que te l'expliquin. I si te l'expliquen han de ser els teus, els còmplices, com els amics al bar. Quan ha començat, la Llúcia ha tret el volum del televisor, sense que ningú l'hi digués, i ha buscat Catalunya Ràdio. L'aparell, els el va regalar fa molts anys en Jaume per un aniversari de casament, és al costat de la pantalla, sembla tot un. La Llúcia no fa cap gest, porta encara un drap de cuina a la mà, dels d'eixugar el vidre. Es mira l'Antoni amb un somriure d'alleujament, com qui es treu un pes de sobre, els partits de futbol no són per disfrutar, són per patir; quan s'acaben, respires; però l'Antoni no se la mira, té els ulls tancats i la boca una mica oberta. La Llúcia s'espanta. I si...? Però no, respira, panteixa, el pit se li mou amunt i avall, endormiscat, absent. No sembla un son profund, potser ha obert els ulls en el moment del gol, però ha tornat a deixar-se anar cap a aquest son no del tot plàcid, no gaire harmònic, una mica tallat i dificultós. La Llúcia no li diu res. No el despertis. Pensa que li agradaria saber que el Barça ha marcat, que guanya, però després pensa que no, que una cosa és una cosa i una altra és una altra. Que ara no és l'hora del futbol. Que aquest son estrany, trencat, és un mal senyal. Una cosa lletja.

—Larsson ha intervingut decisivament en el gol d'Eto'o en el minut 31, després d'una acció d'Iniesta, i en aquest gol de Belletti quatre minuts després en la passada cap al lateral, que com em diuen des de la sala d'imatges...

Els anglesos ja han tret de mig camp i en Puyal continua a l'antena. La Llúcia apaga la ràdio, però no el televisor, s'asseu a la seva butaca de sempre, no agafa les agulles de fer mitja de la bossa de vímet que hi ha al costat, no deixa anar el drap de cuina, mira alternativament la pantalla i el sofà, l'Antoni no es desperta, sembla que respira més tranquil. Llavors la Llúcia té la revelació definitiva, ara sí, que això s'acaba. Que l'Antoni ha llençat la tovallola, que pot durar més o menys, dies, setmanes, potser mesos, però que s'acaba. Irreversiblement. En altres temps —no fa pas gaires anys, només uns quants mesos—, l'Antoni s'hauria mirat el partit no ja assegut, de peu dret, amunt i avall, com engabiat, tancant els punys, acostant-se i allunyant-se de la pantalla, discutint amb en Puyal. Ara s'ha adormit. En plena final de Champions. No, no és això, no és que ja no li interessi ni el Barça. La Llúcia ja fa dies que ha entès que la malaltia va de veres. Que és greu. No entén les paraules, de vegades. Però ha vist la cara que hi fa en Jaume, la cara del metge. L'Antoni té pujades i baixades. Fa una estona semblava que estava bé, normal. I fa encara més estona estava passat de voltes, accelerat. Ara el veu fràgil i adormit, vell. Molt vell, molt més que no pas ella, i això que tenen si fa no fa la mateixa edat. Vençut. Potser d'aquí a mitja hora tornarà a cridar, per què collons no m'has despertat, jo ho volia veure. Però ara la Llúcia sap que s'acaba, que inevitablement s'acaba. Ho sap com una revelació, amb certesa.

No se li acut res que l'hi desmenteixi. Passi el que passi d'aquí a mitja hora.

Es mira la pantalla muda i es mira el marit silenciós. Tanca els ulls. Veu imatges velles, amb els ulls tancats. La vida en imatges, records de vegades estrambòtics, de tots dos junts, no hauria dit mai que me'n recordaria precisament, d'aquell moment, no em semblava memorable. I alguns dels records solemnes, per sempre, oficialment destinats a participar en la memòria, no apareixen, no són convocats. No sap quines imatges triar, de les que li vénen al cap. Li sap greu veure-les i triar-les, com si l'estigués enterrant abans d'hora. És com a les pel·lícules, que es veu el ball del dia del casament alentit, amb una música suau. Surten els moments feliços, més aviat, però no són exactament els que es pensava. Li vénen com fragments sense veu amb qualitat dubtosa de súper vuit, a batzegades, imatges mogudes, desenfocades. El veu aquí mateix, al mateix lloc on és ara, però cridant per un partit perdut, llençant una revista a terra, emprenyat, no li agradava veure que perdia els estreps d'aquella manera, no li agradava que s'emprenyés així, i menys al davant del Jaume, però ara enyora aquella energia, la vida que esclata. El veu amb en Jaume, un diumenge de partit, quan en Jaume era petit, agafant l'abric i els guants, el pràctic, al camp fa molt de fred, els entrepans embolicats amb paper de diari (encara). Els veu a tots dos jugant a pilota a la sorra d'una platja, una imatge lluminosa i feliç. El veu despert i dormint, com dormia abans, amb uns roncs profunds com si s'ofegués, però tot i així més feliç en el son que no pas ara, de panxa enlaire, amb la boca mig oberta, definitivament, irreversiblement vell, sense tornada. Amb una tendresa que no li és coneguda, diferent, melosa, una tendresa que ja té un punt de pòstuma.

Això s'acaba. No cal trucar a en Jaume, i menys a mig

partit. Què li diria? Ja li sap greu haver-li trucat abans, sense dir-li res de res, al capdavall. Què li diria ara? Que ha vist de sobte que s'acaba, que ha entès de sobte que no hi ha sortida? Això no és notícia. És la frase que diu en Jaume moltes vegades: això no és notícia. Aquí no hi ha novetat, no hi ha sorpresa, no hi ha informació. Potser en acabar el partit el despertarà, a l'Antoni. Que sàpiga que hem guanyat, si és que guanyem. No deu faltar gaire. No té el cap per a això, però es mira la pantalla. Déu meu, si ara pogués aturar el món aquí. Si això durés per sempre, aquest instant, encara que fos amb l'Antoni dormint al sofà! Ell al sofà, jo a la meva cadira, en Jaume amb l'Albert. Per sempre. Tots. Per sempre. Si el temps no passés. Si allò que hi ha una mica més enllà del revolt, la patacada, l'incendi, el final, no arribés mai. Sempre així. Aturat. Congelat, com quan s'espatlla un vídeo.

Hi haurà un dia, aviat, que l'Antoni ja no hi serà. I llavors què farà, ella? Nota un buit. No és un buit metafísic, al contrari, és absolutament físic, absolutament tangible. Què farà a l'hora de dinar? Pararà taula només per a ella? Qui canviarà les bombetes? Quan jugui el Barça, com ara, ella s'estarà també a la cuina? Però llavors qui s'estarà davant de la tele per dir què ha passat? A quina hora decidirà anar-se'n al llit? Per què? Totes les litúrgies han estat construïdes per a dos. Cap per a ella tota sola. Ja no recorda ni què li agrada ni què li desagrada només a ella. No fem mai coliflor perquè a mi no m'agrada o perquè l'Antoni no la pot suportar? Què farà, ella? Què faria, ara mateix, si l'Antoni no hi fos? Hi pensa i s'espanta, més que espantar-se, ho veu impossible, no pot passar. Què faria?

Silenciosa i lenta, la Llúcia engega altra vegada la ràdio, molt fluixeta, com qui restaura un quadre, com qui posa una peça en un trencaclosques, molt delicada.

—Deco endarrere, cap a Iniesta. Som ja al 40 de la segona. La Champions a tocar. Assistència per a Ronaldinho —torna a sentir-se en Puyal.

Que no s'acabi el partit. Que duri sempre. Que sigui etern (o és que aquest fer-lo etern és ja la mort?). Però si s'acaba, que s'acabi bé.

—

I llavors marca Belletti i es fa evident que les coses poden canviar, que el món pot donar un tomb en qualsevol instant, que les coses no són per sempre i que d'aquí a un minut les pots veure exactament al contrari que les veus ara. Qualsevol nit pot sortir el sol.

La Rosa es mira el partit a casa, tota sola, descalça, i ha tret el volum del televisor, però no ha posat cap ràdio, escolta el partit amb el volum del carrer, que canta els gols i les ocasions perdudes, les esperances i els temors. Quan Belletti fa el gol, s'aixeca descalça fins a la nevera i en treu una ampolla de vi blanc que ha posat al congelador, no xampany, vi blanc, i busca una copa ampla de quan es va casar, que han fet servir ben poc, unes copes sueques de vidre fumat que es trenquen amb una facilitat increïble, en queden ben poques de la cristalleria. Se serveix una copa curta de vi blanc i s'asseu davant del televisor silenciós a veure passar els últims minuts del partit, sofisticada, arraulida, assaborint la soledat de la casa més que no pas la copa de vi. Tot importa, en l'escenografia. Anar descalça. La copa de vi. El silenci. La manera de seure, sobre les pròpies cames encongides. Se sent Audrey Hepburn a punt de cantar *Moon River*. Així és exactament com es vol sentir. Però calia que marqués Belletti. Calia que el partit anés bé, com una seda, ben suau i feliç, sense volum, és a dir, sense excés, sense barroeria, sense passió descordada. Amable.

No se l'esperava, la Rosa, el gol de Belletti. I no pas per

cap raó futbolística, perquè no confiés en el joc del Barça o perquè creia que la defensa de l'Arsenal era molt més sòlida. No li interessa prou el futbol, ni el vol entendre, per fer consideracions d'aquesta mena. Tampoc per cap pessimisme sistemàtic, estructural. Més aviat era per una raó metafísica, perquè, per a la Rosa, la força més poderosa del món, la que explica més coses, és la inèrcia: les coses no canvien, les coses tendeixen a quedar-se sempre com estaven. No hi ha revolucions. Quan n'hi ha, són només aparença. En el fons, tot queda igual. Canviar-ho tot perquè res no canviï. Una mena de fatalisme, per a bé i per a mal: ni el que està bé tendeix a espatllar-se ni el que està malament s'arregla de sobte. Ho pensa per ella, fonamentalment. Per la seva vida. Creu que ja està escrita, fins al final. Que és això per sempre, en tot cas una mica més gastada i descolorida cada dia, però amb el mateix dibuix i els mateixos tons. D'ençà que va marxar en Jaume, d'ençà que no va funcionar allò d'en Gabriel, va ser potser la darrera esperança, creu que el futur és del tot previsible, dia per dia, hora per hora. Ni trist ni alegre. Normal. Ineludible.

Però ha marcat Belletti. I allò que fa deu minuts era una derrota i l'Albert tornant plorós de París i una mena de tristesa atmosfèrica i resignada, ara és un esclat de joia i petards als carrers i l'Albert que deu estar xisclant allà dalt, al costat d'aquells que encenen aquestes fogueres roges. Potser sí que el món pot canviar. Potser sí que les coses s'espatllen i s'arreglen. Potser sí que hi ha revolucions. Potser sí que un petit canvi pot canviar el món. S'ha alçat a buscar una copa de vi blanc i s'adona que si l'havia posat al congelador era per alguna cosa, perquè en el fons sí que creia que les coses poden ser diferents. Els partits de futbol. La vida.

Va decidir veure el partit tota sola com una mena de penitència, que se n'adonés tothom, pobreta, es quedarà sense ningú. Això del futbol és per comentar-ho, per cridar junts, per abraçar-se. Per compartir. Ella s'ho haurà de fer sola. Fer llàstima. Però hi ha trobat el gust. Ara està contenta d'estar sola. Abans li semblava un càstig. El pitjor que li podia passar. Ara s'adona que no ha estat mai sola i que li hauria anat bé estar-ho. Sempre hi ha hagut algú, a casa. Sempre s'ha hagut de fer dinar per a algú, sopar per a algú, recollir a la cuina els plats dels altres, fer rentadores amb samarretes dels altres, fer els llits on altres han dormit. Potser allò d'en Gabriel va anar malament per això, perquè no estava sola. Amb en Gabriel, quan en Jaume va marxar, van viure com una parella amb dues cases, cadascú a casa seva, quedaven per sopar o per passar uns dies fora, però quan ella tornava a casa hi havia la Glòria i l'Albert, els llits per fer, la nevera buida. Potser si hagués estat sola allò d'en Gabriel hauria durat, hauria estat bé, va ser feliç unes quantes estones. Desgraciada, unes altres. I si no en Gabriel, algú altre, algú dels qui hi va haver abans i després, no va haver-hi ocasió de provar-ho, va ser sempre de pressa i corrents, tornant a casa després. I la casa mai no era buida.

Quan hi pensava, la vigília, veure el partit sola era un fracàs, la prova d'un fracàs. Allò de la Gelu: *por qué, por qué el domingo por el fútbol me abandonas, no te importa que me quede en casa sola...* Sense l'Albert. Sense la Glòria. Amb la casa buida. Ara li sembla la seva millor victòria, estar sola, davant de la tele. Fer el que li ve de gust. Anar descalça. No hi ha res que faci més lliure que anar descalç. En Jaume no ho podia aguantar, davant d'ell no ho hauria fet mai, no per res. Treure una copa de vi blanc. Seure malament, com una adolescent. Ser Audrey Hepburn. Poder canviar de cadena sense haver-ho de preguntar a ningú. Enmig de la final del Barça! Doncs apa, perquè vull, perquè sí. Prem el quatre a veure quin documental fan al trenta-tres o quina pel·lícula antiga i romàntica, en blanc i negre, del Fred Astaire i de la Ginger Rogers, d'aquelles que els altres li fan canviar sistemàticament quan hi ha un zàping comunitari, amb els fills davant.

—La Gayané també hi posa tomàquet trinxat i pebre vermell. Ho pasta amb una mica d'aigua fins que tots els ingredients en fan un de sol.

Apuja un instant el volum, mira el diari, un «Karakia» sobre els armenis, s'hi quedaria. O a «Hospital Central», però ni tan sols prem el botó del cinc. Torna al futbol. Treu la veu una altra vegada. S'hi ha enganxat. No pot faltar gaire, a veure com acaba, a veure com s'abracen, com aixequen la copa, li agrada més això que no pas el partit, com de vegades al teatre li agrada més quan els actors surten a saludar que no pas l'obra. Les emocions, l'alegria deixada anar, les llàgrimes. La Rosa és sentimental. Una mica operística. Però ara, davant de la tele, quan falten pocs minuts perquè s'acabi el partit, s'adona que no troba a faltar els fills. Sorpresa. Que estarà contenta quan tornin, i contenta quan tornin a marxar. Com si ja tingués tota la feina feta. Com si aquell sentiment maternal possessiu, absolut, s'hagués anat diluint amb els anys i n'hagués quedat un amor tendre i tranquil. Certament, no suportaria la idea que els passés res. Certament, sempre estarà al seu costat. Però no cal que sigui d'una manera literal. I encara menys d'una manera constant.

Potser sí que les mares voldrien els fills eternament petits i quan se'ls fan grans és com si s'allunyessin d'una manera natural i irreversible. Les mares els voldrien sempre petits, sempre nens, i els pares els voldrien de seguida adults, els comencen a interessar els fills quan comencen a fer coses, a parlar, a jugar a futbol, a voler anar a veure els partits. Les mares estimen el que hi ha de nen en els fills, i els pares el que hi ha d'adult. Per això, ara que els fills s'han fet grans, la Rosa està contenta d'estar sola i en Jaume ha tornat de Buenos Aires per endur-se el fill a futbol a París. Això del futbol sempre li ha semblat una cosa de pares i fills. Abans pensava que contra ella. Ara s'ho mira de fora estant. Una cosa aliena, però neutra, no pas hostil.

Sona un parell de vegades el mòbil amb el senyal de missatge rebut. No l'agafa. Es mira el partit sense volum. Li interessa. No per l'Albert, per ella, per la seva pròpia curiositat. Podria posar «Hospital Central» si volgués i ningú no l'hi impediria. Però prefereix veure com acaba el partit. Sense veu. Sense crits. Amb una copa de vi blanc. Com si fos l'Audrey Hepburn a Tiffany's. Ha marcat Belletti i ha demostrat que les coses poden canviar en un sol instant. La Rosa pensa que han canviat. Que ara li toca a ella. No sap ben bé què. El que sigui.

—

Com per Nadal o cap d'any, quan Terje Hauge xiula el final comença a teixir-se una xarxa de sms ///hi ha detalls que fan realitats els somnis, visca el barça i visca catalunya///, com circulars de l'Associació de Propietaris de la Victòria, tots els qui l'han fet, els qui l'han vist, els qui són a París, els qui s'ho miren per la tele, els qui no ho han mirat però la desitjaven. Primera persona del plural, enorme, majestàtica, de perímetre amplíssim: hem guanyat. Milers d'amulets han demostrat la seva eficàcia. Milers de pregàries han estat escoltades. Milers de rituals han atret la benvolença de les divinitats. La victòria és tan filla de la cama dreta de Juliano Belletti com de la samarreta que portava l'Àngel, posada al coll com una bufanda, la mateixa que duia quan es va guanyar a Wembley, acreditat parallamps de la bona sort.

—No tens pebrots de trucar als teus cosins d'Espejo

—repta en Ramon a l'Oriol, també cosí seu, però per part de mare.

—Trucar, no. Però sí un sms.

L'Oriol té cosins de la seva edat al poble del pare. S'han vist poc. Alguns estius, però sobretot algunes setmanes santes, de petit, ell hi baixa amb els pares, per conèixer la família. I els cosins han pujat algun estiu a Lleida a passar un parell de setmanes, a banyar-se a la piscina i a fer excursions per la muntanya. D'això els coneix en Ramon, de quan sortien tots plegats de Festa Major, ja fa anys. Els cosins d'Espejo són del Madrid. O potser no ho són, però a Lleida ho feien veure, per portar la contrària, per recordar que potser són de la mateixa família, però no de la mateixa tribu. Ara se'n recorda, en Ramon. La victòria mai no és discreta. La victòria és com un paó que vol estarrufar la cua. No diu, al missatge, *han guanyat*. Diu *hem guanyat*. He guanyat jo, en la meva tribu, en la tribu que he escollit, gràcies al que jo he fet: he vingut, he cantat i cridat, hi era. Nosaltres hem guanyat. El nosaltres que vaig triar. N'hi havia d'altres de possibles. Però jo vaig triar aquest. Jo i en Ramon i l'Ignasi i l'Àngel. Som la gent blaugrana. Ara estem d'acord. Ara hem guanyat. Escolta, Espejo: jo he guanyat amb els meus.

A la gespa s'abracen i es persegueixen, el Víctor Valdés ha corregut a buscar en Rijkaard, hi ha un caos alegre. Però a la graderia van a la seva. L'Oriol és ràpid fent missatges i enviant-los, un ull a l'aparell, un altre al camp, de tant en tant el puny enlaire d'una revolució inexistent.

—Veus com ha valgut la pena? Havíem de venir. Havíem de ser-hi —en Ramon sembla enllaçar amb una vella conversa, a Lleida, abans de marxar.

L'Oriol dubtava, són molts calés. Estava acollonit. Una setmana abans de venir l'havien parat els mossos, al vespre, passat Alfarràs. Deien que s'havia saltat un semàfor en vermell, no era veritat, només estava carbassa. El van fer bufar. Potser sí que havia begut un pèl massa. Però només un pèl. Si no hi hagués hagut això del semàfor, no l'haurien fet bufar. I això del semàfor era injust, n'estava segur. No anava borratxo. Li van prendre el nom i la matrícula. Anava amb en Ramon i en Ramon, que també va bufar, no va donar, és estrany perquè havien begut si fa no fa el mateix, i va ser ell qui va agafar el cotxe, per això els van deixar continuar. Arribarà a casa una multa de pebrots. Em prendran punts. Potser em deixaran sense carnet i el pare es posarà com una moto, tu ets burro o què, per descomptat que t'ho pagues tu, però a més fa falta el teu carnet per anar a repartir. Ara ho haurà de fer un altre, a veure d'on sortiran. L'Oriol estava acollonit a Lleida, ara només falta que me'n vagi a París, i quan arribi la multa estaré sense un duro, penjat com un fuet, i el meu pare com una fera. Va dubtar molt. Però en Ramon el va convèncer. Amb la seva retòrica florida i amb un préstec sense interessos. Sort que el va convèncer.

—Veus com havíem de venir?

—Vaig dir jo mai el contrari? —la memòria de l'Oriol és selectiva.

—No em facis parlar! Que encara et demanaré interessos pels tres-cents euros!

Però ara l'Oriol no se'n recorda, de tot allò. Se sent, en la victòria, invulnerable, invencible, protegit de tot mal. No tenen cap prova que em passés el semàfor en vermell, no em poden multar per una cosa que jo sé que no és certa. I vaig donar molt poc, vaig deixar el cotxe, el va agafar en Ramon. No vindrà cap multa. No em prendran cap punt. Se sent protegit per la victòria. O encara una cosa més enllà: li sembla que tot plegat, la multa, el carnet, la feina de repartir, pertanyen a un món somiat, irreal. L'única cosa de veritat és el que està passant ara a París, i ell hi és. Com si per una banda hi hagués el futbol i per l'altra la vida. De vegades, a Lleida, entre setmana, quan va a comprar l'*Sport* o el *Mundo Deportivo* i esmorza un tallat amb el diari obert per les pàgines que parlen del partit vinent, li sembla que el futbol és una mena de parèntesi enmig de la vida, un temps de somni que s'obre i es tanca cada cap de setmana, també els dimecres quan hi ha Champions o hi ha Copa. Però ara li sembla exactament a l'inrevés: la realitat són els partits. El parèntesi és el temps que hi ha entre un partit i un altre, temps de segona qualitat.

A col·le li van fer llegir un conte, a la classe de castellà. Un home té un accident de moto i mentre està a l'hospital somia que és un guerrer indi i que l'estan perseguint per la selva per sacrificar-lo. De tant en tant es desperta, a la sala d'operacions de l'hospital, però quan es torna a adormir reapareix el somni angoixós de la persecució: ara ja l'han agafat i estan a punt de sacrificar-lo. En el pitjor moment del somni, l'home intenta despertar, sembla que ho aconsegueix per un instant fins que descobreix terroritzat i sorprès que ell és en realitat un guerrer indi a qui immediatament mataran i que en el cansament de la persecució s'ha adormit i ha tingut un somni increïble d'una ciutat del futur, amb motos i semàfors i hospitals. L'Oriol pensa que és això. Creia que la realitat era la vida de cada dia i que els partits del Barça eren com el somni i ara pensa que potser és al revés —per què no?—, que el somni és tota la resta, que ara se'n pot oblidar, que ara a París és feliçment despert, que no el poden atrapar ni les multes injustes ni els crits de son pare ni les mil collonades que l'esperen a Lleida. Mentre és aquí no li pot passar res de mal.

Mentre són aquí, tots plegats, no els pot passar res de mal. Els mossos i els semàfors, la malaltia del pare, els exàmens de fi de curs, la feina i el desamor, la soledat i l'amenaça, són coses llunyanes, innòcues, tots plegats són cavallers protegits per l'armadura de la victòria, que comparteixen. Es protegeixen els uns als altres. Tot els protegeix. Aquí no arriba res. Tot allò pertany al temps de mentida, al somni. Ara són desperts.

En Jaume també va llegir fa molts anys el conte de Cortázar de l'accident de moto i del guerrer. Si l'Oriol l'hi comentés, li donaria la referència: *La noche boca arriba*. Però ni l'Oriol l'hi comenta ni ell hi pensa, en el conte. Pensa en el mateix, però d'una altra manera. Recorda més aviat un joc de *trompe-l'oeil*, un vell joc d'imatges en blanc i negre on si tu decideixes que la imatge és blanca sobre un fons negre veus una copa, però si decideixes que és negra sobre un fons blanc veus dos rostres encarats. El dibuix és sempre igual. Pla. Tu decideixes com te'l mires. Què està en primer pla i què és el fons. Una convenció. Un acte de voluntat. Ell decideix que el món, ara, és blanc sobre un fons negre. Que el dibuix és una copa. Demà, potser abans d'arribar a demà, tornarà a ser a l'inrevés. Tornarà la memòria del que ha deixat a Barcelona. La memòria dels seus fracassos, de les seves angoixes. La trucada de sa mare, la impossible reconquesta del fill, la vida que ha de construir a la tornada de Buenos Aires.

Però ara, de moment, les coses són com són, com vol que siguin. Com si estiguessin protegits en una mena de sagrera, com en la nit de Sant Joan en les velles tradicions, que les coses passen però l'endemà és com si no haguessin passat, no n'has de donar comptes a ningú. Però han passat, i tant que han passat. Ha empatat Eto'o, ha remuntat Belletti, l'àrbitre ha xiulat el final del partit. I en aquest món blanc sobre fons negre, on es veu el dibuix d'una copa, on la vida real és un partit de futbol i el balanç de la vida és una victòria que mai no s'espatllarà, que és per sempre més, en Jaume pot tornar a abraçar-se amb l'Albert, passar-se el braç de l'un per darrere de la cintura de l'altre, saltar tots dos al mateix ritme com en una dansa de guerrers massai, enllaçats, mentre amb l'altre braç fan rodar cadascú una bandera com un molí de vent. I no passa res. Tampoc no passa res.

—

Ha xiulat l'àrbitre el final del partit i els cotxes travessen el pont del Passeig camí de la Rambla, fent sonar les botzines, i se senten petards per tota la ciutat, fins i tot es veu la llum de foguets i palmeres sobre els terrats. Hi ha una remor de televisors encesos i de cridòries de cava.

De Terrassa estant, asseguda com Audrey Hepburn, a casa seva, davant del televisor, la Rosa s'ha adonat que això del futbol és, en el fons, un assumpte de pares i fills. El Belletti ha dedicat el gol al fill acabat de néixer, mentre son pare, que havia estat futbolista, està a punt de tenir un infart prop de la llotja. En Jaume havia anat a futbol amb el seu pare, que s'està morint, i ara ha dut son fill a futbol. Un assumpte fonamentalment de pares i fills. I ella que s'ho mira. Amb un punt d'alegria i un punt d'ironia.

Ludovic Giuly està a punt de fer trenta anys. Ha fet un bon partit. Llàstima d'aquella jugada a la primera part, la falta que el porter de l'Arsenal ha fet a l'Eto'o, que no han donat la llei de l'avantatge: ell seguia la jugada i l'ha ficat dintre. Però figura que ja no s'hi valia, no havia xiulat pas, l'àrbitre. No és igual haver jugat bé, haver fet bé la seva feina, que sortir entre els golejadors, nom i minut entre parèntesis, incorporat a les enciclopèdies, a la història. Eto'o i Belletti. Però no Giuly. De tota manera, sap que ha fet un bon partit i una bona temporada. El primer francès que triomfa al Barça, no és fàcil. Ell no és com el Dinho, una estrella que sempre ha anat amunt. Ha tingut mals moments. Lesions llargues. Males temporades. L'han discutit. Soledat. És baixet, el petit ratolí. Tampoc li ha anat sempre bé, a la vida. Però aquesta vegada sí. Potser és el moment de fer les paus amb tot. Amb tota la vida. Dins i fora del camp.

Quan s'acaba el partit, els jugadors es treuen la samarreta, es busquen, s'abracen amb energia, gairebé amb violència. Ludovic Giuly també, com tots els altres. Però poca estona. De seguida el perden de vista. Torna un parell de minuts després, molt aviat, molt de pressa. Porta a coll en Diego, el seu fill, cabells rinxolats, cara rodona, una caçadora d'aviador —USA Army, una bandera americana i tot de pegats—, texans i vambes. L'únic nen que hi ha enmig del camp. Un món sense dones i sense nens. Només d'homes. I entre ells, en Diego, privilegi absolut. Deu tenir cinc o sis anys, no pas més. Està atabalat, suant. El pare també. Sembla que ha parat de ploure. El nano s'ho mira tot embadalit, assenyala aquí i allà. Sembla que plora, com a mínim es frega els ulls, potser té son, ha de ser molt tard per a ell. En un moment, es mira son pare i es fan un petó als llavis. Deu ser un costum francès.

Es diu Diego perquè son pare voldria ser Maradona. Napoleó o Maradona. Els baixets es busquen herois baixets i Ludovic no arriba al metre setanta. Però no sempre: de petit, l'heroi d'en Giuly, el pòster de la seva cambra, era Michael Jordan. Potser amb el temps adaptem els somnis a les possibilitats, encara que sigui per l'alçada. Va posar Diego al fill en el temps de l'esperança. Era molt jove, feia no res que s'havia casat. També adaptem les esperances. O s'adapten soles, s'encongeixen a cada bugada. Es van separar de seguida. La mare del nano es va quedar a Lió. En Diego amb ella, però s'ha passat tot aquest any anant i venint de Lió a Barcelona, amb avió, de vegades tot sol, acompanyat per l'hostessa i amb aquella cosa de plàstic que pengen al coll dels nanos que van sols. A Lió, en Diego ja juga a futbol. En sap, per l'edat que té. Ja es veu. Això es veu de seguida. A Barcelona, en Ludovic surt amb una noia. A França diuen que està embolicat amb la dona del seleccionador francès, una periodista, i que per això no el seleccionen, ell diu que de cap manera. La vida continua. Però en Diego va i ve. El pare li va prometre que s'hi guanyaven l'aniria a buscar i el passejaria pel camp. En nom de tot. En nom del futbolista que serà un dia, tu també recolliràs copes. En nom dels viatges tot sol amb avió. Per fer-se perdonar la nòvia nova. Per fer-se perdonar l'absència. Per tenir-lo. Per conquerir-lo. Perquè se l'estima. Perquè ho necessita.

Mentre munten l'escenari on donaran la copa, els jugadors van amunt i avall com bojos, cridant i abraçant-se. Tots amb tots, cadascú té una història per explicar a cadascú, un agraïment per exhibir, una reconciliació pendent. L'Oleguer va a buscar una estelada i se la posa al coll igual com la du l'Albert, *U-U-Oleguer*, un dels nostres. Com nosaltres. En Márquez es posa la pilota a la panxa, com si s'hagués prenyat de sobte. Coses de pares i de fills. En Giuly ho fa tot amb en Diego a coll. De seguida se'l puja a collibè, pesa una barbaritat. I és molta estona. I no el pot deixar a terra, l'atropellarien enmig de la follia. Tothom que passa l'escabella, el petoneja. Ve el Ronaldinho i li fa un petó. Quan es barregen amb els de l'Arsenal, l'Henry saluda en Diego abans que a son pare, els escabella a tots dos, qui es resisteix a escabellar un nen enmig de la glòria o de la derrota, enmig de l'èpica? Son pare el baixa un instant, però el torna a pujar. Ha decidit que el portarà arreu. Que ho farà tot amb ell. El somni del pare. El somni del fill.

El somni del pare. El pare d'en Giuly, en Dominique, era porter d'equips petits a Còrsega. Professional. Va somiar que el fill seria gran. Millor que no pas ell. Arribaria més amunt. El va empènyer. Algú ha dit als diaris que li pegava, de petit, de tant empènyer. No ho recorda. De cap manera. Tenia la febre del triomf del fill, el triomf delegat. Que ell arribi allà on no he arribat jo. En Dominique és cors. Això vol dir alguna cosa. En Ludovic ha nascut a Lió, no pas en un barri de gent de casa bona. A baix de tot. Els barris dels immigrants, els primers immigrants venien del primer sud, del més pròxim. En Ludovic no és ben bé cors, o sí, segons com es miri, però en tot cas és fill de cors. També, en un cert sentit, de la tribu. Alguna cosa hi entén, de tribus, potser això l'ha ajudat quan ha arribat al Barça. Fill, arriba fins dalt de tot, en el nom del pare i de la tribu. Pare, he arribat a dalt de tot. He agafat la torxa i l'he dut molt amunt. I la recullo amb el fill, en el nom del pare. I ell un dia també en recollirà una. Potser més amunt i tot. Jo ja he fet la meva feina. Jo ja he corregut el meu relleu. Un dia ell correrà el seu. I el seu fill rebrà també una torxa, qui sap, potser també enmig del camp, el dia que es guanya una copa.

Ara ja no es pot aturar. Com un centaure, pare i fill Giuly ja són un cos únic, una mateixa cosa. Quan comencen a posar les medalles als jugadors, Giuly va el segon, darrere de Deco. Amb en Diego a coll. Quan puja, el paio de la Uefa se'l mira amb una certa perplexitat, però entén la jugada. Posa la medalla al coll d'en Diego, no pas a la d'en Ludovic. En Ludovic ha estirat el coll, potser quedarà malament, potser em passo amb això del nano. Però el paio de la Uefa ha pensat que no, ja van bé aquestes coses familiars i simpàtiques, el futbol és emocions. Un negoci d'emocions. I ha posat la medalla a en Diego. Pugen tots dos a l'estrada. Tornen a baixar: han passat al costat de la Copa d'Europa i no li han dit res. No pot ser. Baixen tots dos i topen amb l'Eto'o de baixada i amb en Xavi de pujada, i tothom fa una carantoina al nano, el petonegen i li esbullen els cabells. En Ludovic i en Diego Giuly fan un petó a la copa. Després tornen al seu lloc, salten amb els qui salten, es fan fotos, saluden a algú que els deu saludar des de la graderia. Primer en Diego, després son pare. Potser la mare d'en Diego? Potser l'avi Dominique?

Llavors el paio de la Uefa dóna la medalla i la copa a en Puyol, i el capità del Barça l'aixeca per damunt del cap. Hem guanyat. És nostra. És vostra. Els Argonautes han conquerit el Velló d'Or, després del seu llarg viatge i de la batalla esgotadora. Confeti vermell. Es retraten tots amb ella, en Diego Giuly arran de gespa, com una mascota, nen entre homes, futur. Se la passen de mà en mà, com guerrers borratxos després de conquerir la ciutat assetjada. L'orgia de vèncer. El futbol i la guerra. L'ofereixen a la graderia del Gol Sud. L'ofereixen al pare que és a la graderia. L'ofereixen al fill que és a la gespa. L'hem guanyada en el teu nom. En el nom del pare. En el nom del fill. Quan passen per davant seu, en Jaume i l'Albert criden, exulten, saluden. En Diego i en Ludovic corren darrere de la copa.

Un assumpte de pares i fills, pensa la Rosa, que s'ho mira encara des de casa, sola i tranquil·la, sense fer zàping, dins i fora, contenta i indiferent, emocionada i cansada. Li sembla bé, més aviat, tot plegat. Ella s'hi ha fixat, en la cursa per la gespa d'en Ludovic i en Diego, a la vegada tendra i culpable, a la vegada celebració i penitència, a la vegada exhibició de força i de feblesa, de glòria i de por, conquesta i reconquesta. Després s'ha fixat en una altra cosa. Quan ja fa estona que s'ha acabat el partit i la gent ja se n'ha anat i els empleats recullen l'utillatge, Belletti surt tot sol al camp, vestit de carrer, i es passeja per la gespa, per tota la banda dreta que ha corregut per fer el gol. Assaborint en soledat la memòria de la seva glòria. Sense ningú més, tot sol damunt del camp buit. Ha marcat Belletti. I a la Rosa li ha semblat entendre alguna cosa pròpia i pròxima, un tros de la seva vida.

7

M'alçaré i aniré al meu pare, i li diré: Pare, he pecat contra el cel i contra tu, i ja no sóc digne de ser anomenat fill teu, tracta'm com un dels teus jornalers.

I es va alçar i se n'anà cap al seu pare. I quan encara era lluny, el seu pare el va veure i en va tenir misericòrdia; i va córrer, se li tirà al coll i el besà.

Lluc 15, 18-20

En Jaume és l'únic que és despert al compartiment del tren de Barcelona. Els joves han arribat rendits a l'estació, de matinada, i s'han adormit als bancs, han entrat somnàmbuls al tren, ja ens despertarem quan arribem a casa. Efectivament, confirmat, l'Oriol ronca. En Jaume està estirat, però no agafa el son. De jove dorms en qualsevol lloc i a qualsevol hora. De gran et costa. Menys del que dius o del que et penses: creus que t'has passat la nit en blanc i els qui eren al teu costat et diuen que no has parat de roncar. Però a en Jaume l'ha desvetllat l'excitació, no tan sols la del partit, la victòria, la celebració. La sensació també que el temps se li escapa, se li escola.

—Albert, com ha anat tot? —ha intentat, abans d'arribar a Austerlitz, començar una conversa d'home a home amb el fill, un balanç, l'ocasió per dir-li el que li ha de dir, abans de tornar a Terrassa.

—Bé, molt bé. Demà en parlarem. No puc més —se li tancaven els ulls de son.

Doncs és això el que no deixa dormir en Jaume. El temps que s'acaba. Tornen. I tot està per fer. Busca una comparació i ha d'anar temps enrere per trobar-la. Al temps primer de Buenos Aires. Potser també abans. Haver quedat amb una dona per sopar. Però no és per sopar, és per dir-li alguna cosa. I van duent els plats i ja som a les postres i hem sopat la mar de bé, hem parlat de coses formidables, però no l'hi he dit i no sé com dir-l'hi i em fa por dir-l'hi, perquè llavors ja no hi haurà tornada possible, serà que sí o que no, mentre que si ho deixem per a un altre dia, bé com a mínim no et tancaran la porta als morros. La por al rebuig. El pànic al no. El mateix que li passa ara. Ha portat el fill a futbol per poder dir-li alguna cosa, perquè passi alguna cosa de definitiva. I s'ha acabat el partit i ja estan tornant i no ha passat res, i no ha estat capaç de dir-li res. O potser sí que ha passat alguna cosa, però no tot el que havia de passar, encara no han arribat ni a un sí ni a un no ni a un ja en parlarem. I el temps s'escola. Arribaran a l'estació de França. S'acomiadaran. I tot plegat no haurà servit per a res. Com li havia passat en alguns d'aquests sopars antics. El destí dels covards: potser els diuen que no moltes menys vegades que als valents. Però també els diuen moltes menys vegades que sí. Arriscar-se i piscar. Però també rebre.

Ja fa molts anys, d'aquells sopars. Ha passat el temps. Sembla mentida com podem prescindir de coses que ens semblaven essencials, al centre de la vida. I com es van fent grosses les coses que gairebé no vèiem, que semblaven al marge. Ara ja no els necessita, aquells sopars. O s'ha convençut, disciplinat, que no els necessita. Potser perquè inevitablement s'apujaria el percentatge dels nos. A Buenos Aires, al començament, ho va provar. Abans d'anar-se'n a Buenos Aires, durant algun temps, també va ser com un joc, però al final tornava sempre amb la Rosa, a casa, encara que hi arribés tard. A Buenos Aires, els primers mesos, algun dels sopars va acabar amb tots dos a casa seva, apartament de corresponsal solter, sense compromís, i l'endemà ella encara hi era a l'hora d'esmorzar. La clau és l'hora d'esmorzar. Al vespre, havent sopat, tot t'està bé. A l'hora d'esmorzar tot es complica. Però no són aquests records, la memòria del vell desig, el que ara li impedeix dormir. Al contrari, de vegades fa servir aquesta memòria per endormiscar-se, com qui compta bens, quina bestiesa, mai no n'ha comptat, de bens. Mai no li havia costat adormir-se. Fins ara.

Recordar, comptar, mirar al passat l'ajuda a adormir-se. Però sense capficar-se. Pensar en què farà, en el demà, en els projectes, en les coses que hauria de decidir i no decideix, en un article que ha d'escriure, en una reunió que ha de tenir el desvetlla. Ho té comprovat. De vegades s'ha aixecat del llit, ha escrit el cony d'article, com qui es fa una palla, i ha pogut tornar relaxat i tranquil a trobar el son. Ara no pot dormir perquè està preparant un discurs. No un article, un discurs. Però, a més, un discurs amb diàleg inclòs, és més complicat, no has de pensar només què diràs tu, sinó què et respondran i què respondràs tu a la resposta. Un discurs per a l'Albert.

—Et volia dir una cosa. Un dia em vas preguntar per què havia tornat. Te'n recordes? El dia que et vaig dir de venir a veure el Barça a París. És curiós, perquè jo em pensava que quan tinguéssim aquesta conversa, que un dia o altre l'havíem de tenir, em preguntaries per què vaig marxar. Però tens raó. La pregunta no és per què vaig marxar. Ni jo mateix en sé la resposta. És com si ho hagués decidit algú altre, no pas jo. Un jo que no sóc jo. Me'n penedeixo. No pas de separar-nos amb la teva mare, aquestes coses passen i poden passar, hi teníem dret, tant ella com jo. No era això. Era marxar. A això sí que no hi tenia dret. A deixar-vos, a desaparèixer, a fer com si no hi fóssiu. No hi tenia cap dret. Us feia una putada. Me'n penedeixo. D'això sí que me'n penedeixo. I per això he tornat. Perquè no hauria d'haver-te deixat. Perquè tenim el mateix cognom, som baules d'una mateixa cadena. Perquè em sembla que, si tu vols, encara hi som a temps.

Vés a saber què contestarà ell. Vés a saber si li deixarà dir tot això seguit, si li clavarà un moc a la segona frase. Vés a saber si li exigirà que torni amb la mare, que truqui a la Glòria, sense això no hi ha tracte. Però de quin carai de tracte parlen? D'anar-se'n a viure amb ell? D'estar-se amics, que deien al pati de l'escola, quan en Jaume era petit? Potser li dirà, l'Albert:

—Molt bé. Per començar quedem els diumenges per anar junts a futbol, em passes a buscar per casa.

Bé, una cosa així, ara el futbol ja no és el diumenge només, gairebé n'hi ha més els dissabtes al vespre o entre setmana. Però una cosa semblant, una esperança. Però també un límit. Un espai tancat. O potser li dirà:

—Has fet tard. Si això m'ho haguessis dit fa un parell d'anys... Moltes gràcies per la invitació a París. Alguna vegada ho repetirem. Adéu.

Però no. No són respostes versemblants. I el seu discurs, ho és, de versemblant? És veritat, probablement és veritat, això sí. La veritat que es pot verbalitzar, la que es pot encabir en un discurs. Però és versemblant? No és el mateix. Li agradaria arrodonir-lo, embellir-lo. Li sortiria més bé per escrit. Llàstima que ara als nanos no els facin història sagrada. Se li acut una manera de fer-li el discurs, però si li ha d'explicar tota la història sencera no funciona. Ja l'hauria de saber d'abans, per entendre-ho. Quan era a Buenos Aires, va anar un dia a una celebració protestant i un ancià, que en diuen, va fer el sermó sobre la paràbola del fill pròdig, deia que tota la Bíblia estava inclosa allà dins. El fill que se'n va de casa a gastar-se els diners de l'herència, que torna quan se li acaben i que tem que el pare l'engegarà a dida. Però el pare l'accepta. El vesteix amb els millors vestits i munta una festa per rebre'l, mentre que el germà gran no ho veu gens clar. Si l'Albert la sabés, seria senzill. El retorn del fill pròdig. Tot un clàssic. El que no té cap ni peus és explicar-li ara, així de cop, una paràbola evangèlica. Ell tampoc no n'és gens, de missa.

—Saps allò del fill pròdig? Doncs posem que jo sóc el pare pròdig. He ficat la pota fins al coll, marxant. No he trobat res del que buscava, potser perquè no sabia què cony buscava. I vull tornar, com el fill pròdig, però al revés. Amb els fills. I m'agradaria que acabés igual, amb una abraçada i una festa. Sí, ja ho sé: el fill pròdig no es va limitar a tornar i a dir que ja sóc aquí. N'estava penedit, d'haver fotut el camp. I quan va arribar va demanar perdó. Sobretot això, va demanar perdó. Va dir dues coses: he fet una cosa mal feta, però sobretot t'he fet una putada. Ell ho diu a la seva manera, he pecat contra déu i contra tu. Suposo que també és el que ha de fer un aspirant a pare pròdig. Demanar perdó. Perdó. He pecat contra teu, no cal que hi fotem déu pel mig.

No, no serveix. Encarcarat. Rebuscat. Antic. Serviria per a un públic adult, més que adult, un auditori de jubilats. No per a un fill. O no tot sencer per a un fill. De fet, potser amb una paraula de tot aquest discurs ja n'hi hauria prou: perdó. Potser no. Potser cal acomboiar-la, preparar-la. En Jaume perd el fil del discurs. Com en aquell conte de Cortázar de l'indi i de l'accident, s'adona que està a punt d'adormir-se, que ja no distingeix el somni de la vigília, que li semblen lògiques coses estranyes. S'adorm, al costat del seu fill, al compartiment silenciós del tren que torna de París a Barcelona amb la part alíquota del Velló d'Or que correspon als Argonautes que hi viatgen.

—

ELS QUI HEM ESTAT A PARÍS

Crònica del nostre enviat especial Joan Lluís Cardona.

París, 18 de maig.— Jo no vaig veure jugar mai en Kubala. El meu pare sí, i m'ho explicava. Però la infantesa dels de la meva quinta va estar marcada per la memòria dels vells bons temps d'en Kubala, tothom volia ser en Kubala quan jugàvem al pati de l'escola i en tots els tornejos de Festa Major en tots els pobles hi havia un equip que es deia els Kubales. Fins i tot quan els jutges de Perry Mason picaven amb el martell damunt de la taula i ordenaven en veu alta *Silencio en la sala*, nosaltres continuàvem la cantarella: *silencio en la sala, que pasa Kubala, con una chavala*. Per a la meva generació, el nom del Kubala i les cinc copes i el temps de Luisito Suárez i Basora i César eren una edat antiga mítica de la qual només ens arribava el ressò triomfal, l'enyorança. O els acudits: de les noves monedes petites de deu cèntims en deien un Luisito Suárez, perquè de fet eren un gallec (Franco) que duia un 10 a l'esquena...

El meu pare sí que havia vist en Kubala, i m'ho explicava. I havia viscut un temps en què el Barça guanyava. La meva infantesa i la meva joventut és la d'un Barça humiliat, derrotat, que no guanya, que li roben partits, empetitit i enfosquit pel gran mite del Realísimo. El Barça triomfant era un record borrós dels temps dels pares, com ho era, encara que estiguessin més lluny en el túnel del temps, la República, les eleccions o Catalunya. Hi havia hagut una Edat d'Or. Els nostres pares l'havien coneguda. En quedava una vaga memòria. Però el món s'havia enfosquit de sobte i nosaltres travessàvem la tenebra o, si més no, la penombra.

Jo vaig veure jugar en Cruyff. Havia de ser com en Kubala. Ho va ser, a estones. El gol que va fer a Reina, quan en Reina estava a l'Atlètic de Madrid, volant davant de la porteria. Els cinc gols al camp del Madrid. Ja no érem l'equip que perdia. Ja no érem l'equip impotent en la seva lluita contra uns elements més poderosos que no pas ell. Ja no vivíem en la tenebra. Però tampoc ben bé en la claror. Cruyff ens va dur llampecs lluminosos, esclatants. Però no va ser el seu temps una nova edat d'or, continuada i permanent, plàcida i beatífica, amb el Madrid mirant-nos des de lluny. Molt bé, havia passat el pitjor. Hi havia en Cruyff i s'havia mort Franco. Estàvem de transició. Però el Barça de Cruyff i el temps de la transició no van ser un temps de plenitud feliç. Van ser un temps de contrastos, d'esperança trufada de temor, de recel trufat de somni, una dutxa escocesa. Formidable, després d'anys de dutxar-se amb aigua glaçada. Però vam substituir la resignació de la derrota per l'ai al cor perpetu. En política també: ens vam passar anys i anys de transició, ja en teòrica democràcia, pendents del soroll de sabres, i no era una paranoia nostra, els joves no se'n fan el càrrec. Però ara estem parlant del Barça. Patíem i esperàvem des del Gamper, atents a tots els indicis, especialment als desfavorables. Aquest any potser sí. Ai, ai, ai. Sí, anem cinc a zero, a favor nostre, però encara no s'ha acabat el partit. No es pot dir blat fins que és al sac i ben lligat. No cantem victòria abans d'hora, que encara ens fotran. No perdíem sempre. Guanyàvem moltes vegades. Però enyoràvem Kubala. El temps del Kubala. El temps que no havíem viscut. L'Edat d'Or que havien conegut els pares.

Així érem. Així hem estat. Així som, els de la meva quinta, si més no en part. Però els qui han estat a París ja són una altra cosa. Parlo sobretot dels qui van arribar a París amb tren o amb cotxe, dels qui van ser al camp i sota la torre Eiffel. Però també de molts que hi haurien pogut ser, que hi volien ser, no hi cabien pas tots. S'ho van mirar als bars o al

Mini en una pantalla gegant o en moltes places majors de molts pobles amb plaça major. Ja són d'una pasta nova. Ja ho veuen d'una manera diferent. I fins i tot als de la meva quinta París ens ha canviat. Sí, no tot ha començat a París. Venia de lluny. Venia del temps del Cruyff, venia del *dream team*. En algun sentit, comença d'una manera irreversible a Wembley. Però a París encara vam arribar alguns amb l'ai, ai, ai al cor, amb el record d'Atenes i de Sevilla, amb la por de les flors que no fan estiu. I de París n'hem sortit canviats, orgullosos, feliços.

Al pròxim París que hi hagi, allà on sigui, ja hi anirem d'una altra manera. Convençuts. Despreocupats. Podent guanyar o podent perdre, però sense aquesta vella sensació de derrota i de tragèdia, sense jugar-nos-hi la vida, sense timidesa ni resignació. No hi ha Kubala. No hi ha Cruyff. Ronaldinho, amb tots els meus respectes, no és el mateix. Millor: això podria ser també sense Ronaldinho. No pivota tot al voltant d'un sol nom, d'un mite individual. És un equip, una època, una manera de pensar el futbol. Un retrobament amb el que hi ha al darrere: el país, la gent, les banderes, el sentit de tot plegat. Amb tot això sumat, ara hi ha altra vegada consciència d'edat d'or, de temps de plenitud. El Barça és la gran reserva èpica del nou món, del nostre món, de la Catalunya menestral i mesocràtica. Però aquest món ha canviat, amb els anys. Hem canviat. Som diferents.

Ara els veig tornar cap a Barcelona, els nois de París, també hi ha moltes noies. Ningú no s'ho hauria pensat, fa uns anys. Els veig pujar adormits als autocars, anar a buscar el tren a Austerlitz, omplir els cotxes que tornen sobreeixits de banderes de l'equip i del país. Són com els herois del conte que han trencat una vella maledicció, com les princeses que han fet el petó al gripau i hi han descodificat un príncep. Per a la meva generació, els bons temps eren en el passat. El que canta en Serrat: Basora, César, Kubala, Moreno i Manchón. Només de nom, més lluny en el temps, Samitier i Platko i Zamora. Ramallets. I Kubala, sobretot Kubala. Per a aquesta generació, els millors temps seran en el futur. Tot just estan començant. Però el millor encara ha d'arribar. No parlo només de futbol. Ens hem passat mitja vida enyorant el Barça que havien vist els nostres pares. Ens passarem l'altra mitja vida envejant el Barça que veuran els nostres fills.

JOAN LLUÍS CARDONA
Escriptor i periodista

—

En Jaume es desperta com si fes tres segons que s'hagués adormit, no recorda ni si estava somiant, però deu fer estona: és ben clar i la llum entra al compartiment, malgrat la cortina. L'Albert no hi és, a la seva llitera. Mira per la finestra i no reconeix el paisatge, per l'hora encara deuen ser prou lluny de Barcelona. Potser ni tan sols han passat la frontera. Surt al passadís, camí del lavabo, i es troba a mig camí l'Albert, mirant cap enfora, solitari.

—Què hi fas, aquí? —en Jaume, cordial.

—No tenia son.

—Els nervis, que surten.

—Deu ser això.

Com començava, el seu discurs? No, no pas el del fill pròdig, aquest és massa complicat. El discurs essencial, el motiu del viatge. Si això fos una pel·lícula romàntica, l'instant de la declaració. Però no és una pel·lícula romàntica. No és ni una pel·lícula.

—Què t'ha semblat, tot plegat?

—Què vols dir?

—No ho sé, tot plegat. El viatge, l'ambient, el partit...

—en Jaume no gosa afegir *venir amb mi, les hores que hem estat junts.*

—Molt bé. Sort que vam guanyar. Si no, no sé com estaríem ara.

—Estic content que hagis volgut venir —enfoca la qüestió una mica més en Jaume.

—Ha valgut la pena —amb tota la cautela, l'Albert. Peus de plom. No diré res que es pugui fer servir en contra meva o a favor teu o que en general es pugui fer servir per a una cosa o altra, per a la causa de ningú.

En alguns compartiments comencen a llevar-se. Sense fer soroll, encara. Sense treure banderes per la finestra. Això per a quan arribem a casa. Al seu compartiment ningú no s'ha aixecat. No poden tornar a entrar, per xerrar. Però drets al passadís se saben ridículs, a la plataforma els lavabos fan una mica de pudor i hi ha molt més soroll. S'estan l'un al costat de l'altre, mirant cap a la finestra. Es miren només de cua d'ull. De tant en tant passa algú amb cara de son i els cabells esbullats, camí del lavabo o simplement fugitiu del seu compartiment. Els ha d'esquivar, se saluden sense que es coneguin, en Jaume no havia imaginat aquesta escenografia per a la conversa.

—Per a mi aquest viatge era molt important. Ho saps, oi?

—Ho suposo.

—No he estat un bon pare.

—Ni bo ni dolent. No hi eres.

—Però he tornat. Ja t'ho he dit. Vaig perdre el món de vista. Suposo que m'entendràs quan siguis més gran. T'he de dir una cosa. Un dia em vas preguntar per què havia tornat... —intenta en Jaume deixar anar el discurs que s'ha passat tota la nit polint.

L'Albert es deixa anar de la barra del passadís, com si retrocedís, com si fugís, com si n'estigués infinitament cansat. No siguis broca, no m'atabalis. Però no ho diu així.

—No en tinc ganes, ara. No ho espatllis. Ha estat bé, oi? He vingut. Hem guanyat, oi? Doncs no hi donem més voltes. Ara no —potser més tallant del que voldria, l'Albert, però en tot cas amb ganes visibles de defugir o d'ajornar la conversa.

No l'hi diu, a son pare, però ho pensa. No serà quan tu vulguis, sinó quan vulgui jo. Tu no em marcaràs el temps i l'escenari. Aquest partit el vull jugar a camp propi i quan em convingui. Però potser tot això és una excusa. Li fa mandra. Li fa por. Hi ha uns instants en què només se senten els sotracs del tren, que va molt de pressa. No és gaire estona, però a en Jaume se li fa llarga. No sap què ha de fer, si és que ha de fer alguna cosa.

—No ho vaig veure gens clar, jo, fins que va marcar l'Eto'o —en Jaume es resigna, però no vol matar la conversa. Més val parlar de futbol que no parlar.

—Jo sí, jo ho veia clar des del començament. D'ençà que ens van anul·lar el gol. No podia ser que perdéssim.

—N'he vist un munt de partits que ens han anul·lat un gol injustament i hem acabat perdent. El futbol no és just.

—O potser sí. No sempre. Però gairebé sempre. Potser no guanya el que juga millor, però guanya qui fa més gols. Sempre, oi? Doncs es tracta de fer més gols que l'altre. Això sembla prou just.

L'Albert juga a portar-li la contrària. Bé, és un joc. Un joc de pares i fills, de tota la vida. Si en Jaume hagués dit que el futbol és sempre just perquè hi ha una manera objectiva de comptar les victòries i les derrotes, l'Albert hauria defensat la seva injustícia genètica i que les victòries en els partits s'haurien d'atribuir als punts, com a la boxa. Si li diu que sort d'en Giuly, dirà que sort del Van Bommel. La contrària. O això és el que li sembla a en Jaume. Potser és la seva manera de dir-li alguna cosa transcendent, de fons. Per això torna a la càrrega.

—No t'ho diré més. Però m'ha agradat portar-te a veure el partit. M'ha semblat bonic. A mi m'hi va portar el meu pare, jo t'hi porto a tu.

Nota que l'Albert està a punt de tallar-lo. Tornem-hi. No havíem quedat... Però ho ha de dir. Ha de dir una cosa que s'assembli a perdó. Ha de dir perdó. No li surt la paraula. Li sembla que el que dirà és equivalent, que ja s'entén, que queda dit.

—Em sap greu no haver-t'hi portat en tot aquest temps, quan tocava.

—A mi encara me'n sap més —tallant, l'Albert.

—Potser encara hi som a temps.

—Ara ja hi puc anar sol.

—A París, no.

—No sempre juguem a París. Una final a l'any, i amb sort.

—A Barcelona també hi pots anar acompanyat, alguna vegada.

—Sí, alguna vegada.

En Jaume agafa la darrera frase de l'Albert i se la guarda i se la mira i se la torna a mirar com un numismàtic es mira una moneda antiga, a la recerca d'indicis imperceptibles, d'aquells que demanen una mirada experta i molta atenció. *Sí, alguna vegada*. No vol dir res. O pot voler dir moltes coses. Depèn. Depèn de com l'hi hagi dit, el to de veu, el volum, el gest, la mirada. Si l'ha dit amb cansament, amb un punt de ràbia, ja n'hi ha prou, apa, vés, vol dir que no. Vol dir que ha fracassat. Vol dir que ha fet tard, no hi era quan hi havia de ser, ara que truca a la porta, la porta ja està tancada. El càstig als impuntuals. El càstig als desertors. Però si l'ha dit amb un mig somriure, suaument, rient amb els ulls, amb alguna picardia, com una concessió final, ni teves ni meves, ara no te n'aprofitis, potser sí, per què no, llavors és una victòria. No pas per golejada, però una victòria. Queda molt camí per fer, però s'ha començat.

Com ho ha dit, l'Albert? A base de rebobinar la frase una vegada i una altra, a en Jaume li sembla que ho ha dit amb simpatia, amb el mig somriure còmplice. Amable. Potser sí o potser no. Només l'Albert sap com ho ha dit. Els ulls ens enganyen, o ens poden enganyar. La memòria, encara més. Per exemple, en Jaume està convençut que en aquesta estona al passadís del tren, d'una manera o altra, ha demanat perdó a l'Albert, com el fill pròdig va demanar perdó a son pare abans de ser acollit a la casa. N'està convençut del tot. Hi pujaria de peus. Se n'ha adonat, l'Albert? Ha sentit, li ha semblat sentir, ha entès, ha interpretat, ha intuït, ha traduït la paraula «perdó», que son pare no ha pronunciat mai, tot i que està convençut d'haver-la dit?

—

La Marta condueix, al capdavall és el seu cotxe, mentre en Marc Pagès dorm al seient del copilot amb el mapa obert a la falda, no cal mapa, ja han encarat l'autopista i no hi ha pèrdua, només cal deixar de banda Lió i continuar cap al sud, direcció Marsella, i passat la sortida d'Orange agafar cap a Montpeller i Barcelona. Però encara falta molta estona per a això. S'han quedat a dormir a París mateix, de fet als afores, en una pensió, però voldrien ser a Lleida abans de fer-se fosc, no pararan per dinar, compraran unes galetes en una gasolinera. Han dormit molt poc, la distància, l'eufòria, la llibertat. En Marc encara porta la samarreta del Barça, s'ha negat a posar-se una altra cosa, però ella ja s'ha tret de sobre els senyals de la tribu, se'ls tornarà a posar a Lleida si cal, si és que avui se celebra la cosa, prou que es devia celebrar anit. Porta una samarreta negra de màniga curta, ajustada al pit, no és que faci gaire calor, però dins del cotxe l'aire s'escalfa i són moltes hores, vol anar còmoda. Potser sí que hauria estat millor anar amb tren. Però amb cotxe és una escapada d'ells dos, una cosa personal. Han construït un record compartit, són importants, aquestes coses. Passi el que passi en el futur.

—*Que Deus me perdoe se é crime ou pecado, mas eu sou assim, e fugindo ao fado, fugia de mim.*

Només s'agafen ràdios franceses. Sort que porta música, i la posa molt fluixa. És un disc que li han regalat d'una gent de Lleida que canta fados, gent d'aquí, no pas portuguesos, gent del conservatori. El món és de sobte molt estrany. A ella li agrada aquesta cosa exagerada i sentimental que tenen els fados, com els tangos i els boleros. En Marc no ho suporta, però ara està clapant. La Marta prefereix conduir que no pas anar de paquet. Està contenta. Ha valgut la pena anar al partit i tot el viatge, ha estat bé, ves qui l'hi hauria dit mai. És un món, una festa. Hi ha entrat de la mà d'en Marc, sense ell mai no hi hauria anat. Però li ha agradat. Són de mons diferents, ella és més de casa bona, universitària, llegida, de família de missa i d'esquerres. Ets com una monja de la caritat, anant a redimir proletaris, li va dir una amiga de classe. Sí, però proletaris nostrats. Marc Pagès. No gaire alt, però molt mono. Van riure una estona, però la Marta s'hi va emprenyar, amb l'amiga. No és el que volia sentir dir. Redimir? Redemptora? Per favor, aparteu de mi aquest calze.

Li fa esgarrifances, aquesta perspectiva. Al capdavall, el pare i la mare es van separar per això, no? Ells no ho saben, la Marta no els ho ha dit mai, però està convençuda que es van separar per això. La mare, la Núria, havia estudiat, pintava, llegia. Volia anar al cine i al teatre. Feia ioga. El pare, l'Ernest, jugava a bàsquet, havia estat bastant bo. Volia mirar programes xorres per la tele, als vespres, o fer cerveses amb els amics sortint de tennis i parlar de futbol. O anar a esquiar cada cap de setmana, quan es pot. La Núria, traïdora al seu nom, no suporta la neu, li sembla que una pista d'esquí és l'infern a la terra. Ella el volia redimir. Ell no es deixava. No era pas una redempció social, la família del pare té més calés i és més catòlica que la de la mare, si és possible. Era una mena de redempció cultural, interessar-lo per l'art i les exposicions, per les converses metafísiques, polir-lo. No va anar bé. La Marta va amb el pare. No només amb el pare, no és una cosa en blanc i negre —s'havien separat quan ella era prou gran, no va trencar amb cap dels dos—, però més aviat amb el pare. La mateixa amiga de sempre li deia:

—Doncs te n'has buscat un altre com ell, com ton pare. De futbol i cerveses. Nena, t'hi acabaràs avorrint. No sabràs de què parlar.

—M'aprendré les alineacions del Barça. Parlarem del Ronaldinho, de si ha de jugar pel mig o és millor que basculi cap a l'extrem.

—Ets ben boja!

—Jo crec que millor que no jugui en punta, una mica endarrerit, per aprofitar el dribbling amb espais.

—T'avorriràs com una ostra!

Però a París no s'ha avorrit. De cap manera. S'ha deixat anar, era terreny d'en Marc, la pròxima partida la jugo a casa, un concert o una pel·lícula, n'hi ha d'haver per a tothom. Però no s'ha sentit exterior. Al contrari, s'ha emborratxat de gent, de grup, d'emoció. Li ha agradat posar-se la samarreta, botar pels carrers. Que se la miressin. Que li diguessin coses. La rossa aquella del Barça. Està boníssima. No són gaire imaginatius, els *hooligans* de viatge. Li ha agradat patir i esclatar i riure i plorar. Com en una òpera. En un cert sentit, un partit de futbol és com un fado, nostàlgic i sentimental.

—Per on anem? —es desperta en Marc i s'estira sota el cinturó de seguretat, fent mandra. Es mira el mapa, per compromís.

—No en tinc ni idea. No hem passat Lió encara —abaixa la música la Marta.

—Vols que el porti jo?

—Més endavant. No estic cansada.

En Marc no deu estar del tot despert, mira per la finestra, fixat. França és un país fantàstic, verd i endreçat, amb aigua pertot arreu. Si tinguessin temps sortirien de l'autopista i baixarien per carreteretes, fins a Lleida. Si no tinguessin pressa per arribar.

—Sóc feliç —proclama en Marc de sobte, com qui anuncia que se li ha adormit una cama.

—Doncs ets ben fàcil d'acontentar. I ben barat —la Marta no sap què dir.

—Home, no tant. Una Champions, un viatge a París...

—I què més? —com una mestra d'escola.

—I tu, per descomptat —concedeix en Marc, ben educat.

La Marta està a punt de dir: quan la gent és feliç, no ho sap. Això se sap després, *a posteriori*. Però no li sembla un comentari oportú. Encara més: no li sembla cert. En Marc deu ser feliç. Sincerament feliç, primàriament, masculinament. Ella també, però ella és més complicada. Les dones som més complicades. No en tenim prou amb una Champions. I això que he disfrutat. Potser sí que la seva felicitat és de les que demana una redempció aliena. No sap que, si es tracta d'això, ja té molta feina feta, ja va començar a redimir fa mesos en Marc d'un món obscur i sòrdid que ella desconeix i que ell no li voldrà explicar. Fins i tot l'home feliç té secrets.

—

No és fàcil viure si no te n'ensenyen. On hi ha un llibre d'instruccions? Potser figura que són els pares els qui te n'han d'ensenyar. No pas una conversa solemne sobre d'on vénen els nens, els ocells i les abelles. Potser els fills es miren els pares per entendre com funciona la cosa, per tenir pistes per caminar per territori desconegut, de vegades hostil. Hosti, que complicat deu ser fer de pare. No te n'adones fins que és massa tard. No et demanen el carnet, no has de fer cap curset de capacitació, però resulta que tens uns paios, que són fills teus, que t'estan mirant tot el sant dia, fins i tot quan tu has abaixat la guàrdia, i en treuen conclusions sobre què s'ha de fer i què no s'ha de fer en aquest món. L'Albert pensa que per poc que pugui no s'hi dedicarà mai, a aquest ofici. No el faria bé. Tampoc ningú no l'hi ha explicat. I ningú no neix ensenyat. L'Albert recapitula el viatge a París com si fos una lliçó.

Potser va així. Potser aquest és el llibret d'instruccions del món dels adults, les regles del joc secretes que ningú no li ha explicat: aquest tel de mitges paraules, de coses insinuades, de començar a dir i no acabar de dir, de sobreentesos i de malentesos. Potser les escenes de les pel·lícules en què els adults es diuen de tot a crits i es llancen gerres plenes d'aigua o porcellanes xineses, com una explosió de paraules i de retrets, són només teatre, això no passa, les coses no es diuen, es dissimulen, es busca una excusa per no haver d'alçar la veu. L'Albert sabia que abans d'arribar a Barcelona hi havia d'haver una escena, una conversa. Son pare li havia de dir alguna cosa. Ja tinc quinze anys. Per això ha vingut, també. Per veure el partit i per això. I tot plegat era només aquell xiuxiueig tou al costat de la finestra del tren, mirant un paisatge francès endreçat de prats verds i campanars punxeguts? Només això? Res més que això? Això és tot? Potser les coses van així. Potser és això ser adult.

O potser no. Potser això no és la regla, sinó l'excepció. Un pare covard que fuig. Que defuig. Que té pànic al xoc i al crit, addicte al bany maria, al tu ja m'entens. I no l'entenc. Jo no l'entenc. Un pare que creu que amb quatre paraules toves i un viatge a París i la camaraderia d'un partit de futbol ja n'hi ha prou. Com si el Barça fos una manta enorme que és capaç de tapar-ho tot, d'arribar a la síntesi perfecta per damunt de tots els conflictes, ja no hi ha problemes. Digui «Barça», i els problemes s'hauran acabat. Potser sí. En Jaume és un covard, és una revelació nítida per a l'Albert. Ho era i encara ho és. Però quan el pare ha intentat començar la conversa, ell, l'Albert, l'ha tallat. I això ha passat altres vegades. No, ara no, potser més endavant. Potser també ell és un covard, potser també a ell li fan pànic les escenes, no pot suportar els crits, el posa a cent l'electricitat a l'aire. Potser ell és en això fill de son pare, no fill de l'exemple del seu pare perdut a Buenos Aires, fill de la mateixa sopa genètica, del gen de l'acolloniment, cal aturar-se un metre abans del precipici.

El pare ha tornat a dins del compartiment, ha dit que està rebentat, que es torna a estirar. L'Albert és sol al passadís, una altra vegada, el sol molt més alt, el paisatge canviant, sempre ordenat, sempre bellíssim excepte quan entrem als grans suburbis, els polígons industrials, els barris verticals. S'obre la porta del compartiment i en surt l'Àngel, amb cara de son, sorprès.

—Tinc una gana que m'alça. Saps si venen alguna cosa per halar?

—Hi ha un vagó amb un bar —ha vist passar gent amb entrepans i cerveses.

—M'hi acompanyes? Primer vaig al lavabo.

El tren es va despertant, silenciós i entumit. Ja s'ha de fer cua al lavabo, la gent en surt amb els ulls inflats, amb un somriure, sense dir res. N'hi ha que encara dormen. Quan l'Àngel en surt, travessen quatre vagons en direcció al bar, ple d'una gentada. Només hi ha uns entrepans embolicats amb plàstic, triangulars, d'on sobreïx alguna fulla d'enciam, tonyina de llauna, s'han acabat els de pernil salat. Fa olor de cafè. Ningú no crida, matí de ressaca. L'Albert i l'Àngel conquereixen una raconada amb dret a deixar el vas damunt d'una petita plataforma, espai mínim vital. Podrien estar sense dir-se res, però l'Albert va donant voltes a les seves coses.

—Tu et parles, amb el teu pare?

—Jo? Sí, és clar —l'Àngel no creu haver donat peu a la confidència, això no toca.

—No, no vull dir si esteu barallats, si ja no us parleu. Vull dir si hi tens converses, de tant en tant...

—Sí, de tant en tant —ha repassat mentalment l'agenda i no respon gaire convençut.

—I de què parleu?

—No ho sé. De res. Ell m'explica coses de la seva feina, del bar. Tenim un bar en un poblet prop de Lleida. Si les coses van bé, si hi ha novetats al poble... Parlem dels meus estudis. No de què estudio, això no li interessa gens, és un altre món, sinó de com em van les coses i si m'hi guanyaré la vida. De vegades em sembla que li agradaria que ho deixés d'una vegada i me'n tornés amb ell al bar, a servir canyes a la parròquia. De vegades parlem de política, no gaire, més aviat per criticar. I del Barça. Parlem del Barça, és clar. Potser ben mirat és del que més parlem.

L'Albert fa que sí amb el cap, com tancant la conversa. No li serveix. L'Àngel és més gran que no pas ell, set o vuit anys més, una eternitat. I se n'ha anat a viure a Barcelona tot sol. No és igual. Son pare no ha marxat i, per tant, no ha hagut de tornar. L'Àngel ja fa anys que va rebre el llibre d'instruccions, com sobreviure al món dels adults sense fer cara de perplexitat permanent. No serveix.

—Per què m'ho preguntes?

—Per no res. Mon pare ha viscut molts anys fora. Ara ha tornat.

S'atura aquí. Millor. Les confidències són obligatòriament intercanviables. Si en dónes, n'has de rebre. És el que li fa pànic, ara, a l'Àngel, haver d'escoltar una història que tant se li'n dóna, com a pagament d'haver respost a quatre preguntes d'un qüestionari absurd d'intimitats familiars. De què vol que li parli son pare? De dones? Els pares no parlen de dones amb els fills. O potser només quan són molt grans, comentaris de cafè, has vist aquella, n'hi havia una que era bastant espectacular. Espectadors. Com qui parla d'una pel·lícula o d'una novel·la, jurat de la crítica. I no és tan diferent de parlar del Barça: una innocent germandat masculina, tot de boca. S'acaben l'entrepà per força. Escuren la coca-cola. Escolten les converses dels veïns insubstancials, la moviola del partit d'ahir, intercanvis d'adreces, sense confidències. Potser això també està en les regles del joc. Els homes, sobretot els homes, no parlen en veu alta de les seves coses. Se les callen. O en parlen en llocs molt precisos i estranys, no pas enmig d'un tren que torna de París. Potser sí: el món dels adults és el del silenci. Del silenci perquè totes les paraules són filtrades tantes vegades que ben poques arriben a sortir. I les poques que surten són precisament les que no caldria, les que no espanten ni comprometen.

—Us en torneu avui cap a Lleida?

—Jo no. Em quedaré a Barcelona. Suposo que avui hi haurà tota la celebració de la Champions pels carrers. Fins al cap de setmana.

Veus? Aquesta sí que és una conversa correcta. Innòcua. L'Àngel entén que tot allò deu ser per alguna cosa, que les preguntes de l'Albert són adolescents, però no absurdes, que deuen tenir a veure amb alguna tempesta. Li agradaria ajudar-lo. Però amb què? Amb l'experiència pròpia, personal i intransferible, sense gaire èpica ni gaire lírica? Amb un consell de gran, quan hi ha dies que ell es veu al mirall més adolescent i més canalla que no pas l'Albert? No gosa dir-li res. Potser sí que els adults són bombolles que s'han d'espavilar totes soles, que van pels passadissos dels trens xocant entre elles, xocant amb les parets, sense desfer-se ni barrejar-se, simplement topant. Potser de les coses importants no se'n parla, no se n'ha de parlar, ho diuen les regles del joc. Passar-hi de puntetes, sense fer soroll. Però hi ha en això alguna cosa que revolta l'Albert, més que una sensació d'injustícia, de decepció. Com si et miressis una pel·lícula per la tele, què sé jo, un d'aquells westerns que fa TV3 cada estiu, i tota la pel·lícula fos la preparació del duel del Wyatt Earp i els Clanton a l'OK Corral, i quan arriba l'hora del duel tallessin la pel·lícula. O com si te n'anessis a París a veure la final del Barça i et prenguessin les entrades a la porta o et diguessin que no pots entrar. Una cosa interrompuda. Una decepció. És això el que més el revolta, l'ocasió perduda. O potser la pel·lícula encara no s'ha acabat.

Quan arriben al compartiment, la porta ja és mig oberta i els de dins, encara estirats, arronsen els braços i badallen, per allargassar aquest moment just abans de llevar-te.

—

El tren ha travessat la frontera a mig matí i ells han penjat les banderes a la finestra de guillotina, han apujat les lliteres per poder xerrar en rotllana als seients entapissats i s'han abocat a estones al passadís o a la finestra del compartiment per mirar enfora i per saludar els pobles somrients per on passava la comitiva. De vegades els exèrcits vencedors no estan alegres quan tornen a casa. Després de l'excitació de la batalla, no se saben avenir a les regles de la pau i al tedi de cada dia i enyoren el temps que les coses es resolien en un instant, per a bé o per a mal, a cops de violència i d'atzar. L'*Odissea*, de fet, va d'això. Els herois no sempre tenen ganes de tornar i s'entretenen pel camí, amb qualsevol excusa.

—Tornar és sempre una derrota. La victòria és anar-se'n i no tornar mai més, anar sempre endavant, no passar mai una altra vegada pel mateix camí —proclama, emfàtic, en Ramon, que hauria de passar aquesta tarda mateix per la feina, a una hora o altra.

—No és problema. Aquest tros del camí el vam fer a les fosques, de pujada —se'n riu l'Oriol.

L'Albert somriu, perquè la frase d'en Ramon sembla dedicada a son pare, tornador professional, especialista en tornades, apologista del retorn. Com si en Ramon els hagués sentit xerrar fa una estona al passadís. A l'Albert li ha agradat la frase. Tornar és sempre una derrota. L'hauria hagut de fer servir, llavors, quan volia dir sempre i de tot exactament el contrari del que en deia son pare. Al capdavall, això també és una relació. Xocar té alguna cosa a veure amb estimar-se, si més no a les pel·lícules. Quan dos comencen barallant-se, en una pel·lícula antiga del dissabte a la tarda, sa mare ja ho diu, això acabarà amb campanes.

En Ramon i l'Oriol són a la finestra. En Jaume llegeix. L'Ignasi no s'ha llevat del tot, somieja assegut. L'Àngel escolta. El món de fora els acull i els espera. Mentre ells sortien de París, a les places que hi ha més enllà de les estacions on el tren no s'atura, la gent ha sortit a beure i a fer sonar les botzines quan s'ha acabat el partit. Ara saluden els herois victoriosos, imagina't si passessin els jugadors, no és ben igual, però aquests del tren també vénen al capdavall de l'escenari de la victòria. A Barcelona hi ha celebracions previstes. Hi arribaran ben just.

De la finestra estant, en Ramon, com si fos un locutor esportiu, narra els signes de la victòria que es perceben al paisatge, cases amb banderes al vent, gent al carrer. Li fa gràcia veure un cotxe dels mossos.

—Mira, Oriol, ja vénen a buscar-te.

—No facis bromes amb això, que estic ben acollonit —sincer, l'Oriol.

—Però si dius que tens raó, que no vas passar el semàfor, no hauries d'acollonir-te, oi?

—És que no n'hi ha prou amb tenir raó. No té res a veure. Te la poden clavar ben igual. No depèn de si tens raó, sinó de les ganes que tenen de buscar-te les pessigolles.

—És veritat, si més no, de vegades —se sent amb l'obligació d'intervenir en Jaume, la veu de l'edat i de l'experiència, el qui ha viscut la vida.

Representa que hauria de dir alguna cosa més, però no li surt. Hauria de parlar de Kafka, d'*El procés*, som culpables abans d'haver fet res, naixem culpables, o si més no sospitosos. Parla per la ferida: allò que va passar a la ràdio, quan el van acusar de no haver fet bé la seva feina, d'haver-la fet malament expressament, per algun motiu obscur. Quan li van tacar el nom. Però d'això no en vol parlar, no vol ni pensar-hi, passa el full, però sap que en el fons és això el que el cou, és això el que l'ha fet entrar en la discussió. El món és un laberint que han muntat perquè ens hi perdem. Hauria de parlar potser de quan era jove, del temps de Franco, això passa a les dictadures d'una manera més bèstia. Però li fa mandra, li sembla inoportú, batalles de vell. No s'hi havia d'haver ficat. Calla. Però l'Àngel, que està silenciós i una mica absent —en aparença— a la punta del compartiment, troba la manera de dir-ho.

—Mira en Guardiola. Ja fa quatre anys li van trobar després d'un partit no sé quina substància estranya. Van dir que es dopava. Ell diu que és el seu cos, que en produeix més. Es veu que pot ser perfectament que sigui això, que té proves científiques. Doncs l'acaben de condemnar. L'any passat.

—El van suspendre per no sé quants partits, em sembla —intenta l'Oriol treure-li ferro. Li sembla infinitament més terrible el seu merder amb els mossos.

—No, no. Condemna de presó. Es veu que a Itàlia això és un delicte. No hi anirà, a la presó, suposo, no deu tenir antecedents, però és com una taca. Suposo que és pitjor per a ell la taca que la presó.

—Sí, és pitjor la taca —ha vist en Jaume una manera de dir-ho, al fil de l'erudició de l'Àngel—, perquè no te la treus. Encara que al final no et condemnin. Hi havia un extrem, al Barça, el Paco Fortes, un bon paio. Un extrem baixet, lluitador, li deien el Feo, el van emmerdar amb no sé què d'una violació en un hotel de concentració. Mai no es va poder demostrar res, però li van amargar la vida. Se'n va anar a Portugal, suposo que li va anar bé. Però amargat; no s'ho va treure mai del damunt. Com en Pep a Itàlia, suposo. Sempre hi ha algú que diu: alguna cosa hi devia haver... Encara que al final els diguin que són innocents, ningú no els treu el que han passat. I aquestes taques són de les que deixen rodols. Com ens pot passar a tots, però a ells encara més: tenen un nom, tot el que tenen és un nom, i malament si els hi embruten.

No deu haver entès ningú, en aquest compartiment del tren, la metàfora dels rodols i de les taques, cal ser d'una generació: *¿Una mancha? Ya no es un drama: quitamanchas Ka-dos-erre.* Tant se val. Si pogués escriure'n un article, en Jaume ja sap com el començaria. Els jueus, quan et maleeixen, diuen: maleït sigui el teu nom. És el pitjor que pots desitjar a algú. No ho arregles ni morint-te. Però no n'ha de fer cap article, per sort. I, a més, amb tot això no estan donant gaires ànims a l'Oriol. Se n'adonen i callen. Però no estan parlant de l'Oriol. Els exèrcits vencedors tornen a casa i no se'n refien, del que hi trobaran. Sí, el primer dia moltes banderes i flors. I l'endemà? La vida torna a ser allà davant, plena de paranys. Cadascú sap els seus.

—Veus? La vida és més injusta que el futbol —diu l'Albert, dedicat a son pare, al fil d'una vella conversa. Continua amb la dèria de dur-li la contrària. Li ha agradat el joc. Encara té ganes.

Ningú no respon. Potser per això els agrada el futbol. El futbol no és un laberint. És una altra cosa, més clara, més geomètrica. Sí, probablement més justa. En tot cas més transparent, més simple. Potser per això aquest temps del viatge, aquest temps del partit, el dia de la final de la Champions que el Barça ha guanyat a l'Arsenal, ha estat un temps somiat, intens, exterior. Ara tornen inquiets. Satisfets, però espantats. El temps caduca. Darrere de les finestres del tren hi ha les ciutats amb les banderes, la festa, la rebuda. I al darrere hi torna a haver el món, allò que no es compta amb gols i no s'acaba al cap de noranta minuts. Els mossos i la feina i la malaltia. I més coses. També les tendreses i les esperances. Els projectes de tots. La soledat d'en Jaume.

De vegades, només de vegades, en aquest temps màgic es poden lligar els nusos que han quedat deslligats a la vida. De vegades és només per un instant. Mentre corre la pilota. Però de vegades queda lligat també més enllà, fora del camp. Passa el miracle. No se sap mai. El nus que havia de lligar en Jaume: el fil que es va passant de pares a fills i no es trenca. Potser ha passat. Potser passarà. Encara no ho sap, ningú no ho sap.

—

Anit, el gol de Belletti va remoure la memòria sorrenca de la Glòria, com quan un terratrèmol en el fons marí deixa veure la punta de metall d'un objecte perdut i oblidat, d'un antic derelicte. Hi ha una imatge borrosa sepultada entre records posteriors, potser amagada expressament. És d'un dia remot de reis, al matí, a casa. Llevar-se d'hora a veure què han dut, treure els pares del llit, trobar l'escampada de paquets per tot el menjador, consumits els vasos de ratafia i els talls de torrons que van deixar per als patges, els papers amb el nom de cadascú cal·ligrafiats amb lletra de rei. La mare s'hi lluïa cada any, amb el muntatge de reis. No ja en els regals, en l'escenografia, en la presentació, aquell primer cop d'ull quan encara no saps què hi ha a cada paquet, però t'enlluerna l'acumulació, el volum. Un any estava tot dins d'una tenda d'indis. Un altre, al voltant de la tele nova que els reis portaven a la família en el seu conjunt, regal entre els regals, ara sacrificial a què se sotmetien tots els altres paquets. Fins i tot quan ja eren prou grans, just abans que marxés son pare, es repetien tots els rituals de reis a casa com quan eren petits. La ratafia i els torrons, per als reis, els patges i els camells. Llevar-se d'hora. Han passat els reis? Anar amb barnús fins al menjador, al costat del balcó, i obrir els regals per ordre, no pas tots a la vegada, l'un darrere l'altre, tothom d'espectador.

Hi ha el record d'un matí remot de reis, doncs. L'Albert ja hi era, però molt petit, i ella ja devia saber-ho tot. L'Albert desembolica un paquet que hi ha sota la butaca, molt pla, i s'hi troba l'equipament sencer del Barça: samarreta, pantalons i mitgetes. A un costat, unes botes de veritat, amb tacs, per jugar damunt de terra, del seu número minúscul. A l'altre, una pilota de cuiro. El regal de veritat és la pilota, de reglament. La resta és complementari. En aquells temps encara no hi havia samarretes oficials, mentre fos blau i grana ja s'hi valia.

—I a mi per què no? —es recorda la Glòria.

—Ho havies demanat? —un Jaume dotze anys més jove, sense saber què dir, perplex.

—Ell tampoc no ho ha demanat.

A la Glòria li han portat regals fabulosos. Demanats i no demanats. La *mansión rosa* de la Barbie, un joc de fer colònies i perfums amb essències. Regals de nena, en això els seus pares eren de la vella escola. Hi ha una escampadissa de papers de coloraines trencats amb impaciència, l'Albert els esquinça amb pressa, ella treu el cel·lo lentament, com si volgués tornar-los a aprofitar. Figura que és feliç, de la manera plena i sense ganga que només se'n pot ser de petit. Però per alguna raó que encara no té nom ni paraules per expressar-la, l'ha empipada aquesta samarreta de l'Albert. Les paraules les hauria trobat potser de més gran, però llavors ja no hi va pensar més, al contrari, va deixar de pensar-hi conscientment, programàticament. Potser llavors hauria dit que regalar la samarreta del Barça a l'Albert era com donar-li el carnet del món del pare, fer-lo partícip d'una germandat masculina i exclusiva, un ritual com la circumcisió, però que fa molt menys mal, una mica menys bèstia. I a ella no l'hi deixen entrar. Exclosa del món del pare. En aquell temps, l'adora. És déu a la terra, millorat, savi, poderós i bo. Doncs sí, va, diguem-ho amb totes les lletres, li fa ràbia el regal a l'Albert, li fa enveja, fred de peus. Com si es dibuixessin cercles concèntrics al voltant del pare i a ella li toqués, per ser nena, un de més allunyat, de menys còmplice. Està una mica enfadada amb son pare, llavors. Una mica més amb la seva mare, se n'havia d'haver adonat. Està molt enfadada amb l'Albert, que el pobre no hi té res a dir ni ha fet res.

Després, quan el pare se'n va anar a Buenos Aires, el vell castell es va ensorrar. Tot el castell, pedra per pedra. Es va fer un tip de plorar, de fet va ser qui més va plorar, més que la mare i més que l'Albert, sense parlar-ne amb ningú, sola, de nit, fora de casa. El castell es va ensorrar i les runes de l'enderroc van tapar per sempre més aquell record d'infantesa, els reis de l'any de la samarreta del Barça, la monumental emprenyada envejosa amb son germà. Tot enterrat, invisible, com si no hagués passat mai. Tot oblidat a consciència, com els faraons egipcis, que esborraven de les inscripcions de les tombes els noms dels seus avantpassats que volien que mai no haguessin existit. Picar la pedra de la memòria perquè no en quedi ni rastre. Va pensar què podia dir a son pare, el dia que va marxar amb la maleta, per fer-li tant mal com fos possible.

—No, no. No és que mon pare hagi marxat. És que sóc òrfena de pare.

I ja no li va voler dir res més. Amb l'Albert no n'havia parlat mai, del disgust de la samarreta el matí de reis. Ni tan sols abans d'oblidar-ho oficialment. Encara menys després d'oblidar-ho realment: de vegades la memòria fa cas del que se li ordena. Però el gol de Belletti ho ha remogut. ¿I si aquesta indignació sincera, santa, amb què va reaccionar quan va saber que son pare s'enduria l'Albert a la final de París contingués encara un percentatge invisible de gelosia? ¿I si aquest odi d'òrfena de pare contingués encara un percentatge invisible de la ràbia d'un amor no correspost, d'una adoració no acceptada pel seu destinatari? ¿I si aquest seu fervor per l'Albert, el seu germà, sobretot després que el pare s'acomiadés a la francesa, fos de fet una forma malaltissa de competència, una manera d'anul·lar el principal competidor? És una hipòtesi. Massa recargolada. Massa rebuscada. Massa psicoanàlisi barata. Massa pel·liculera. La Glòria no l'accepta. Hòstia, com t'estàs tornant. Això és de viure fora de casa, massa hores sola, massa donar voltes a tot. Pararàs lela.

Es lleva l'endemà del gol de Belletti i engega la tele del pis d'estudiants compartit de Dublín, encara amb samarreta, una samarreta baldera XXL amb dibuixos d'elefants; és la primera de llevar-se, la pica és plena de plats de la vigília, avui no em toca rentar a mi, i en els informatius del matí fan els gols del Barça. Surten imatges de la gent celebrant-ho a Canaletes. Un esclat de joia ingènua. La joia que la Glòria va sentir per un instant, multiplicada per cent, en intensitat i soroll. La joia que ara li fa una mica de vergonya. Per joia i per ingènua. Els comentaristes parlen d'un triomf merescut, tot i que arribés relativament tard. L'expulsió del porter de l'Arsenal, perfectament justa, va ser la clau del partit. Canvia la cadena. A la segona diuen el temps que farà avui. Es convenç, disciplinada, que això li interessa infinitament més.

—

Si a alguna cosa es pot assemblar és a la declaració d'un imputat en una investigació. La mateixa freda ansietat de l'interrogador. Els mateixos nervis incòmodes de l'acusat, jo no he fet res, no volia fer mal a ningú, tot té motius raonables i comprensibles, però tot i així l'angoixa de l'interrogatori, vostè és culpable, tots som culpables si ens busquen bé les pessigolles, encara que no sapiguem encara de què. Kafka. *El procés*. Comença com un interrogatori, doncs. Com algú que declara en unes diligències d'investigació. La mateixa demanda de respostes clares i concises, breus. Només falta que algú repeteixi el que diu en Jaume perquè en quedi constància escrita a la declaració en els termes justos.

—Esperava que m'ho expliquessis —convida l'Albert.

—Em pensava que ja t'ho havia explicat.

—Sí? —irònic, dolgut.

—Potser no els detalls. Però sí l'essencial, el que és més important.

—Doncs potser m'importen els detalls.

—No sempre ajuden. De vegades despisten.

—Per què has tornat?

—El detall? Perquè l'avi s'està morint. Perquè el meu lloc és aquí.

—I no ho era abans?

—Ara sé que sí. Llavors no m'ho semblava. Però això no és cap detall. Això és el fons. I perquè crec que encara hi sóc a temps.

—A temps de què?

—De lligar el fil abans que no es trenqui del tot.

—Potser ja està trencat.

—Potser sí. O potser s'ha aprimat molt, però es pot refer.

—Et pensaves que simplement duent-me a un partit del Barça n'hi hauria prou per refer-lo? —en to d'acusació, què t'has pensat.

—Em pensava que per aquí podríem començar.

—I després?

—Després, demanar-te perdó. Primer a tu. Després a la Glòria. Després a la teva mare. I intentar recomençar alguna cosa.

—Vols tornar amb ella?

—No ho sé. No és això. No crec que pugui ser.

—Però ho voldries?

—Això és un altre fil. Potser sí que aquest ja està trencat.

—Per què vas marxar?

—Un matrimoni és un contracte.

—Un fill, no.

—Amb la teva mare —vacil·lant, ara sí, en Jaume—, va haver-hi problemes. Ella i jo... Cadascú per la seva banda. Hi va haver malentesos, i traïcions. I coses que no es deien. De vegades no és possible...

—No et pregunto això. Ja sou grandets, tots dos. Ja ho éreu llavors. Però calia marxar, per això? Hi ha gent que se separa i que no se'n va.

—No, no calia. Són dues coses diferents. Els matrimonis són un contracte, i els contractes s'han de poder refer o s'han de poder trencar. Són un pacte. Fins aquí era dolorós, però res de l'altre món. El món n'és ple.

—Tu vas decidir marxar, a més.

—Vaig fugir. Simplement.

—Fugir de la mare?

—Fugir de tot.

—També de nosaltres?

Es fa un silenci. Han parlat de pressa, fins ara. Picat. Com si es tinguessin les preguntes i les respostes molt apreses. Però aquesta és diferent. Toca el nervi.

—Sí, també de vosaltres.

—De mi.

—Sí, també de tu.

Podria acabar-se aquí. L'Albert podria tombar-se i cridar alguna cosa, doncs vés a pastar fang. No et vull veure mai més. Torna a Buenos Aires, és el millor que pots fer. Però l'Albert no es mou. Ha estat ell qui ha dit a son pare de sortir un moment del compartiment del tren. Hauríem de parlar una mica més, oi? Entre nosaltres. En privat. No hi ha enlloc per fer-ho, al tren. És igual. Millor. Allà on sigui. Molt bé, resulta que tots dos som uns fotuts covards i que ens fa pànic aquesta escena i que ens inventarem fins al final dels temps excuses per no tenir-la, però algú ha de fer el primer pas. Doncs endavant. L'Albert ha triat un escenari hostil, incòmode, agressiu. Millor que no pas un escenari càlid i amable, que convida a perdonar i a confiar. Estan drets a la plataforma entre els dos vagons, hi ha molt soroll, però són molt a prop l'un de l'altre. Se senten i s'entenen perfectament. Recolzats a la porta, amb una pel·lícula de paisatge verd passant per les finestres. I l'Albert no es mou. Va, continua, no et pots aturar aquí. Molt bé, fugies de mi.

De nosaltres. Per què? No ho pregunta. No cal. També son pare pot fugir d'estudi, tornar al compartiment, donar-ho per acabat. He fracassat. No hi ha res a fer. Mou el cap, com si dubtés. Com si volgués esbandir-hi alguna cosa. No sap si continuar.

—No ho sé. És molt complicat.

—Ja tinc quinze anys.

No diu res més. No toca. No en fa un drama. Explica't. Ja no és un interrogatori. Ha canviat el temps i el ritme, la manera. Ja estem en el judici. L'advocat de la defensa té dret al seu torn de conclusions. No se sap qui és el jutge. La víctima pot fer de jutge?

—Jo m'havia imaginat una vida. No pas una vida sencera, uns objectius perfectament dibuixats des de petit: jo vull ser director de la ràdio, jo vull guanyar el Nobel de literatura, jo vull ser molt ric i tenir una casa a la platja... Era una cosa més difusa, i per tant més complicada. Una sensació de plenitud, d'haver-hi arribat, d'haver estat el que havia de ser. Com quan camines per la muntanya, sense escalar: no és que vulguis arribar a un cim, sinó que cada vegada que arribes a un turó en veus un altre. I sentia que no hi arribava per culpa de tot de coses que em lligaven. Jo, lliure, sol, arribaria allà on volia. Però hi havia com unes cordes que em tenien aturat a terra. La casa. Vosaltres. Si no hi fóssiu, si no tingués fills i una casa per pagar i una hipoteca demanada i la necessitat de dur cada final de mes no sé quantes peles per pagar-ho tot, no hauria viscut aquella vida que no era la que m'havia imaginat, estaria escrivint en una casa de la Toscana, no hauria agafat mai aquella feina del vespre a la ràdio, no era per a mi. No m'haurien massacrat injustament per prendre una decisió que van decidir que era l'equivocada. Si no hagués de tornar a casa cada vespre, el món seria una cosa ampla i magnífica. No te'n pots fer càrrec, o potser sí. Ja ho sé, ja tens quinze anys. Va ser un ofec, en un determinat moment. Has vist aquelles pel·lícules de l'Oest del dissabte a la tarda? Quan jo era petit, en feien unes en què el protagonista, que figura que fugia, queia en una mena de sorrals asasssins, *arenas movedizas* en deien, i s'anava enfonsant lentament, i com més es movia, com més esforços feia per sortir, més de pressa s'enfonsava. Saps què vull dir?

—No. No n'he vist mai cap, d'aquestes pel·lícules —tallant, l'Albert, com quan el jutge dels serials diu allò de no s'admet la protesta. S'adona que son pare sempre pensa a través de pel·lícules o de llibres estranys, com una mena de codi. Potser per això li fa de mal entendre.

—Doncs és igual. Era una sensació d'estar empantanegat, de no poder-me'n sortir. Ho veia gairebé físicament, com si fos una foto, un home lligat al terra de la platja per una pila de petites cordes que no el deixen aixecar-se. Com als viatges de Gulliver. Aquesta sí que l'has vista, oi? Doncs jo també ho veia, i era jo. Sí, vosaltres també éreu una corda d'aquestes, per a mi. El que em passava era culpa del món. I no pas del món en abstracte, sinó d'un món concret, tangible, format per persones amb nom i cognom, que no m'entenien, que no m'ajudaven, que ni tan sols hi pensaven. Que havia de posar per davant de mi mateix. Abans el que ells necessiten que no pas el que a mi em convé. Si la culpa era del món, doncs canviem el món i s'haurà acabat el problema. Va haver-hi un moment que tot el que em passava em semblava el senyal evident d'aquests lligams que havia de trencar. Tot era la confirmació d'aquesta imatge, el producte d'aquesta cotilla. Quan va haver-hi allò de ta mare amb en Gabriel, no en vull parlar, no sé si te n'ha parlat ella, em vaig emprenyar, esclar. Vaig tenir un atac de banyes. Vaig pensar que en part era culpa meva. Però sobretot em va semblar que això era un senyal que m'enviava algú des d'algun lloc que la meva vida estava equivocada i que l'havia de començar una altra vegada, lluny de tot. Quan vaig tenir els merders amb la feina, si vols un dia te'ls explico, ara no és rellevant, però llavors va ser importantíssim, potser el més important de tot, em va semblar que era la conseqüència lògica i natural de viure amb la cotilla posada. I sí, vosaltres també éreu cotilla. Ho sentia. Us veia així. Em sap greu.

—I llavors, per què cony has tornat? Si tanta nosa t'érem, si et pensaves que sense nosaltres series lliure i feliç, doncs apa, queda't a Buenos Aires. Ja ens hi hem acostumat, tots plegats. Ja no ens feies falta. No calia tornar-ho a obrir.

—Vaig marxar per trobar una cosa i no l'he trobat.

—Fantàstic. I ho dius tan tranquil. Si l'haguessis trobat, t'hi quedes. Com que no l'has trobat, hi ha allà a Terrassa una gent que has deixat tirada i ara els truques a la porta, com un plat de segona taula, no em volen enlloc més, tornem-hi...

—No és això. No l'he trobat perquè no hi havia cap possibilitat de trobar-la. Perquè el problema no era aquest món o un altre món, el problema sóc jo. I vagi on vagi, el problema el porto al damunt. No és que anés a buscar una dona més guapa, uns fills més simpàtics o una feina més ben pagada. Et juro que no anava a buscar res d'això, que no és l'executiu que fuig amb la secretària. Ni l'aventurer que no sap estar-se quiet enlloc. Anava a buscar coses que no existeixen. Per això torno. Perquè era absurd, perquè estava equivocat, perquè ja no busco. El problema no és el món de fora, tot allò que m'envolta. El meu món és aquest. Vosaltres sou el meu món. Els meus pares. Tu. La feina a la ràdio. El nom que tenim. El Barça. Terrassa. Aquest país. El fil que no vull que es trenqui, que ha passat per les meves mans, que he de passar als qui veniu al darrere. No sou la cotilla. No ho havíeu estat mai. Jo preferia pensar que ho éreu. En sortia més ben parat. Perdoneu-me.

Quan s'hi ha posat, en Jaume ho ha dit d'una tirada. Allò del fill pròdig. El pare pròdig. El discurs preparat. No sap si és veritat. No saps mai si allò que dius és veritat del tot, o és una veritat classificada en capsetes, endreçada, organitzada. Un article oral. Potser sí, potser sí que en Jaume veu el món en articles, els diàlegs com a cròniques. Firmat: Jaume Cortès, Buenos Aires. Potser ha fet una crònica, una cosa que més o menys lligui, agafant el que convé i deixant de banda el que no convé. Això és el periodisme, oi? Triar. Però la vida és com el periodisme?

No s'aturen a cap estació. El tren va molt de pressa. No saben què han de dir o què han de fer, ara. Torna a canviar el ritme. Ja no és ni un interrogatori ni les conclusions de la defensa. Ara no saben què ve, no ho han vist a cap pel·lícula. La sentència, potser? Encara no. No saben si aquesta conversa té un punt final, final feliç, abracem-nos enmig d'una plataforma entre vagons, final dramàtic, ja m'ho has dit, no m'ho crec, no m'has convençut. En Jaume es deixa anar, com si comentessin la jugada a la porta del jutjat, el fiscal i el defensor, col·legues i adversaris, com ha anat el judici.

—Us he putejat molt, oi?

—A estones. Potser menys del que et penses —això és una venjança de l'Albert.

—Cal un pare, a una certa edat.

—Segons el pare —més venjança.

L'Albert somriu, per estovar-ho una mica. Hauríem de trobar un punt final, tornar al compartiment, un moment o altre. Ni abraçada ni cop de porta. Però acabar.

—Hosti, ha semblat una confessió —recorda en Jaume els vells temps del col·legi de capellans, passar pel confessionari abans de combregar, netejar, treure's pesos del damunt.

—Però sense absolució, que consti —l'Albert sobta son pare amb una paraula amb què no comptava, en boca seva.

—Sense absolució, consta.

—Una curiositat. Per què Buenos Aires? —ja no és un interrogatori ni una confessió. És una manera de passar revista als detalls menors, a les velles preguntes circumstancials, sempre havia volgut fer-te aquesta pregunta.

—Perquè és la corresponsalia que va sortir. I perquè ja saps com està el meu anglès.

—No. No ho sé. No en sé res, de tu.

—Doncs no me'n podia anar de corresponsal a Nova York. Hauria cantat molt.

—Per què em vas dir de venir a veure el Barça? Per què no anar a sopar o dur-me a veure la Capella Sixtina?

—No ho sé. Perquè vaig pensar que et faria il·lusió, era una mica de trampa. Un terreny comú. Fins i tot em semblava rodó, com un conte o com un article: els pares porten els fills a futbol. M'hi van dur, jo duc el meu fill.

—Tard.

—Tard.

—Hi ha pares i fills que només parlen del Barça, encara que ningú no se n'hagi anat a Buenos Aires.

—Millor parlar del Barça que callar.

—El Barça tapa moltes coses. És una excusa molt bona. Per a moltes coses, la millor excusa o potser l'única possible. Hi cap gairebé tot.

—*Algo tendrá el agua cuando la bendicen.*

—Què?

—Una frase feta castellana. És complicat d'explicar.

—Ja tinc quinze anys —riu l'Albert de la repetició.

La conversa s'esllangueix. Ara els vindria de gust parlar del Barça, però tots dos tenen la sensació que s'ho han prohibit amb les últimes frases. Més detalls? Més arguments? No està tot dit. No es pot dir tot de cop. Alguna cosa s'ha de dir. Un dia, potser, en Jaume li explicarà que ha tornat també per netejar el nom, perquè el nom que passa als seus fills, el fil que no es trenca, sigui net i clar, contra tot allò amb què fa algun temps volien embrutar-lo. Més endavant. Potser aquestes són les regles del joc de la vida adulta, defugir la topada, topar quan és inevitable, no viure tot el sant dia topant. Va passant gent per la plataforma, no són al mig, no s'han d'aturar. Ningú no els escolta i, si els escoltés, no tindria cap mena d'importància. Cal un signe de puntuació, un punt i seguit. El mòbil d'en Jaume, salvador, fa la funció.

—

—Vas veure el partit?

És com mitja festa. No ben bé un dia feiner. La gent se saluda amb picades d'ull còmplices, hi ha un sobreentès, una atmosfera. A plaça, als bancs, a les escoles. Nens amb la samarreta del Barça, molt bé, però posa't la bata al damunt, un dia és un dia. Desconeguts que se somriuen. Un aire festiu, com un dia de vacances, allò que abans en deien un dissabte de setmana anglesa, la tarda és per a quan arribin els jugadors amb la copa, vindran per mar, baixaran d'una golondrina al port vell, es passejaran per tot Barcelona. La tribu té les seves litúrgies. Les sap tothom, no cal que ningú les pregoni.

Des del tren que torna, els qui vénen de París espremen les més profundes inutilitats del mòbil i truquen per no res, on sou, què fareu aquesta tarda, tira l'aigua a l'arròs, vas veure el partit? Tothom el va veure, el partit, figura. És una pregunta retòrica per encetar el tema, un sistema d'establir de què volem parlar. Vas veure el partit? I llavors la gent et diu on el va veure, què li va semblar, com se sentien els petards des de casa, com se'ls van haver d'empassar aquells que a no sé quin barri de Terrassa, devia ser a Sant Pere Nord o potser a la Maurina, van tirar els seus quan va marcar l'Arsenal. Vas veure el partit? I ja sabem de què estem parlant, de quin bàndol som, atenció, contrasenya, signes visibles i audibles de pertinença a la tribu. Tots han trucat a casa, en un moment o altre, des del compartiment, i han preguntat al pare o a l'oncle o a l'amic o a la nòvia si van veure el partit. A en Jaume li truca sa mare, esperava d'un moment a l'altre la trucada, potser ell s'hauria d'haver avançat, però ha estat xerrant tota aquesta estona amb l'Albert. Agafa el telèfon acollonit, que no hagi passat res mentre jo no hi era.

—Vau veure el partit?

—Jo ja saps que no me'ls miro. Em poso massa nerviosa.

—I el pare? —inquiet, en Jaume.

—Es va estar tota l'estona estirat al sofà, amb la tele encesa —no vol mentir la Llúcia, però se li trenca la veu.

—Passa alguna cosa?

—No res. Què vols que passi? Ton pare, des de fa hores, és com si no hi fos. No passa res, però no hi és, està endormiscat, absent. Només m'ha cridat per demanar-me un got d'aigua. No se'l va mirar, el partit. Tenia la tele encesa, però no se'l mirava. Es va passar l'estona amb els ulls tancats, com si no hi fos.

En Jaume sap que no li estan parlant de futbol ni de televisió. Que això és un diagnòstic, més precís que les analítiques, més intuïtiu, un diagnòstic per comparació. Es fa un silenci massa llarg per telèfon. No es veuen, però s'imaginen.

—Jaume, se'n sortirà, d'aquesta?

—Els metges no saben...

—No ho pregunto als metges. T'ho pregunto a tu.

—Em sembla que no.

—Ja m'ho semblava. No m'ho volia creure. Però ahir, de sobte, a l'hora del partit, ho vaig veure clar. Trigarà gaire? —la Llúcia ha refredat la veu tant com ha pogut.

—Això sí que no ho sé. Uns mesos, potser.

—I què faré, jo?

En Jaume no té resposta. No hi ha resposta. Triga a dir alguna cosa, és la que ha de dir, però no la que li han preguntat:

—Jo sóc aquí. Seré aquí.

No saben com acabar la conversa. Vindré tan aviat com pugui. No cal. No hi ha pressa. Ton pare està igual, des de fa estona. Endormiscat. Només em demana aigua. Però en Jaume insisteix, sa mare també: si l'Albert vol anar a rebre els jugadors, aneu-hi, aquí tampoc no podràs fer res. Ara rai. Jo ja me'n surto. Va, vés amb el teu fill. Aprofita-ho.

—Ho faig, mare. No pateixis.

Són encara a la plataforma entre vagons, a peu dret, en Jaume i son fill. L'Albert fa veure que no escolta, no gaire, és de mala educació escoltar les converses dels altres, però és evident que parla amb l'àvia. Això s'hi val, està permès d'escoltar-ho. S'adona que la cara se li ha entristit, al pare, com si fos més grisa. El to de veu. L'Albert ha de dir-li alguna cosa, no s'entendria que no digués res.

—Es morirà, l'avi?

—Sí.

En el viatge d'anada cap a París no ho hauria dit tan clar. No se sap mai. Els metges no es posen d'acord. Qualsevol de les fórmules clàssiques per estalviar als nens l'evidència de la mort, la seva irreversibilitat. La seva proximitat. Amagar la mort als nens, com amagar-los el sexe. Hi ha roba estesa. Quan l'Albert era petit, tirava des de la finestra de casa dels avis rosegons de pa al gos d'uns veïns, al pati. Era molt petit, no devia tenir ni dos anys. El gos dels veïns, en Jack, es va morir de sobte. Però com ho expliques a un nano? Havien passat setmanes i l'Albert encara demanava a l'àvia rosegons de pa, i els llançava per damunt de la tanca, per a un gos que ja era mort. La mort oculta. La malaltia oculta. Però ara l'Albert ja té quinze anys. I han parlat, amb son pare, molta estona. I ja tothom se n'adona, fins i tot l'àvia, que l'avi està molt malament, que d'aquí no passa. No cal ensucrar-ho. Es mor.

—Em sap greu no haver-hi parlat més.

—Encara hi ets a temps —s'esperança en Jaume.

—Em fa cosa aparèixer així de sobte.

—A ell el faràs feliç. T'explicarà coses. No te les creguis totes, exagera. Però en sap moltes. Val la pena. És una manera d'acomiadar-se.

L'Albert fa que sí amb el cap. Els néts s'escolten els avis. El seu món els és encara exòtic, misteriós. Imagina't, va néixer abans de la guerra. Va veure jugar el Kubala i havia anat a veure els partits del Barça a les Corts. L'avi és el supervivent d'un antic naufragi, d'un Titànic com si diguéssim, antic i mític: és l'únic que queda, l'altre avi —el pare de la mare— ja no l'ha conegut, l'Albert. I el món de les àvies és un altre.

Deu ser allò del fil que no es trenca que li deia son pare. Que li expliqui coses d'un temps llegendari, la guerra sobretot, la fam de la postguerra, el Barça d'en Kubala, que només surt a les pel·lícules i a les fotos en blanc i negre. L'avi li va començar a explicar un dia que anava al camp dels Kubales, a Terrassa, a Ca n'Aurell, prop de l'antiga piscina de la carretera de Montcada: havia arribat a ser un equip que estava bé, anaven de blaugrana, fins que la riuada, la gran Riuada, amb majúscula, se'ls van endur el camp, hi ha fotos on es veuen tot de cotxes encastats a les porteries, i ja no es van refer. Es veu que en Kubala es mirava cada setmana al diari com anaven els Kubales de Terrassa, i una vegada que anaven malament, els va trucar per preguntar-los què els passava i els va acabar donant diners perquè poguessin pagar els jugadors. I una altra vegada va venir a Terrassa a jugar un amistós, el Kubala autèntic jugant amb els Kubales, reforçats amb jugadors del Sabadell, diuen que un dels que va jugar aquell partit era en Joaquim Hernández, el pare d'en Xavi, el del Barça d'ara, però no quadren les dates. Tot això li va començar a explicar l'avi, ell no li va fer gaire cas, ara n'hi faria. Als néts els fascina el temps perdut dels avis, tan èpic, més que no pas el dels pares, tan vulgar i passat de moda. Ara voldria sentir explicar coses de les riuades i de la guerra, dels Kubales i del Kubala. Ara s'adona que hi ha un món que se'n va per sempre, que està a punt de desaparèixer.

De vegades hi ha coses que passen d'avis a néts, saltant-se una generació. De vegades són els avis els qui duen els néts a futbol, mentre que al pare no li agrada. O els qui se'ls emporten un matí de diumenge de tardor als boscos d'alzines de prop dels Caus per dir-los on es fan bolets i com es distingeixen els dolents dels bons, no sols els rovellons, això ho sap tothom, els carlets i els pinetells i les llenegues i els ous de reig. De vegades el fil no es trenca perquè passa damunt d'una generació despistada, perduda, que està per altres coses. Potser en Jaume ha pensat, mentre era a Buenos Aires, que hi hauria un pont per damunt seu, que ell no feia cap falta. Però si son pare es mor i ell no hi és, qui explicarà les coses als fills? Qui dirà al fills què són i d'on vénen?

Potser això dels fils que es trenquen és una obsessió de les tribus insegures, que no saben ben bé què són, una llengua, una memòria, una sang, una nació, un poble. Vés a saber. Els catalans i els jueus, posem per cas. Els obsessos. La continuïtat com a gran tema. El seu gran tema. Tribus estranyes, una mica malaltes, que no s'acaben de trobar al mirall, o de reconèixer. I que sempre pateixen pensant que deixaran de ser. Que el fil sempre està a punt de trencar-se.

L'Albert mai no hi ha pensat, en tot això. Només faltaria. Però li agradaria que li expliquessin allò dels Kubales. I ningú no li ha ensenyat mai a distingir els bolets, son pare no en té ni idea, ho hauria d'haver preguntat a l'avi. Hi anirà a parlar, quan arribin a Terrassa. Millor sense el pare. Tot sol. Ja té quinze anys.

Son pare se'l mira amb uns ulls nous. Fa unes setmanes ni el veia. Fa unes hores patia per ell, ves què li pot arribar a passar. Ara se'l mira amb una mena d'orgull. Se li ha fet gran de sobte, gairebé de sorpresa. Ja és un home. Ja és algú fet. Es pensava que retrobaria un nen i ja hi ha un adult, tan diferent d'ell, tan segur i tan fràgil alhora. Se n'espanta. Li agafa una por horrorosa de decebre'l, de marcar-li un camí equivocat, de fer-li uns senyals que el desorientin o l'entristeixin. Se li ha girat feina, de sobte. Tota la vella feina acumulada.

—I si es mor l'avi, tornaràs a marxar? —té quinze anys, però de vegades fa les preguntes amb un to de nen. Si has tornat perquè l'avi es moria...

—No. Em sembla que no.

En Jaume hauria trobat massa melodramàtic no dir «em sembla», donar-ho absolutament per fet, sense dubtes. Però no en té cap, de dubte. De moment.

—

La Rosa ha somiat alguna cosa angoixosa i ara recorda l'angoixa, però no recorda el somni. O sí: en recorda fragments, però sap que és tan sols una versió simplificada, allò que es pot recordar en la vigília, imatges reorganitzades segons una lògica diürna, no pas amb la lògica estranya i nocturna dels somnis, que sembla ben travada i coherent fins que obres els ulls i tot esdevé absurd, menys l'angoixa que n'ha quedat. Hi havia una gran extensió blanca sota un cel molt gris i ella es veia caminant-hi. Fins que s'ha adonat que estava de fet damunt d'un llac glaçat immens, sense saber el gruix del gel, sabent que allà sota l'aigua és freda i fosca, plena de bèsties llefiscoses.

Com que està sola, i alguna cosa en la seva vida va canviar ahir a la nit amb el gol d'en Belletti, se'n va a esmorzar al bar. No ho fa mai. Travessa el pont del Passeig en obres perpètues per passar-hi el tren: es veu que allà sota han trobat ossos d'animals antiquíssims, un paisatge de rinoceronts i gaseles al vell torrent del Vallparadís. S'asseu a la terrassa del «No badis», un cafè amb llet, un suc de taronja natural i una ensaïmada, llegeix una *Vanguardia* de tercera o quarta mà, «¡Bichampions!» a tota pàgina amb una foto enorme de l'Eto'o amb una mà a la panxa i un dit assenyalant al cel a la manera d'ET, la boca oberta en un crit com les màscares de Juli González. Per què no hi han posat en Belletti? Al capdavall, és ell qui va fer el gol de la victòria. A la Rosa li agrada la sensació, inèdita, d'anar a esmorzar en un bar, de no haver-se de preocupar de l'esmorzar de ningú, ni tan sols del seu. Estar asseguda en una terrassa sense pressa. Falta encara mitja hora abans que no hagi d'obrir la botiga. Té temps de sobra.

La gent passeja somrient, camí de la Mútua. Troba que somriuen més de l'habitual, deu ser cosa del futbol. Una manera barata de ser feliç, encara que sigui una estona. Enmig de la plaça del Passeig, uns quants nanos que fan campana juguen a pilota amb les samarretes del Barça. No sap per què, a la Rosa aquesta imatge li provoca una angoixa mínima i subterrània, latent, que enllaça amb alguna cosa oblidada, tapada en la memòria. Què deu ser? Sí, és encara l'angoixa del somni, s'hi capbussa, hi havia el llac glaçat i, potser, al fons del llac, molt lluny d'ella, uns nens que jugaven a pilota, un era l'Albert, l'altre era en Jaume, com podia ser en Jaume si era un nen, si no feia la cara d'en Jaume? Tant se val, en el somni la Rosa sabia que era en Jaume i que ella corria damunt del gel per advertir-los d'alguna cosa, d'algun perill, potser precisament que estaven jugant sobre el gel, que es podia trencar —això ho pensa ara, és una suposició, una interferència en el somni des de la lògica de la vigília— i no hi arribava mai, perquè no podia córrer, perquè estaven molt lluny. He d'avisar l'Albert. Hi he d'arribar per avisar-lo. Va, esborra, passa pàgina, només era un somni, en els somnis no hi ha profecies, el que hi ha de vegades és l'ombra de les preocupacions secretes, no te les treus del damunt ni quan dorms, sobreïxen en el somni. Però els somnis no tenen sentit. Ets aquí, a la terrassa, tranquil·la. No passa res. No has estat mai millor. Què t'ha de preocupar? La tornada d'en Jaume? L'intent de reconquerir l'Albert, enduent-se'l a París? Potser millor. Segur que millor.

—Vas veure el partit?

—I tant! Ens ho vam merèixer...

Esperava la trucada. Encara són al tren. L'Albert passa el *parte*, tot ha anat bé, arribarem cap al migdia, primera hora de la tarda, ens vindràs a buscar? Naturalment que hi anirà. Falten moltes hores. Ella li passa el *parte* també, fictici, pla i contraplà, ahir a la nit la gent va estar tocant el clàxon fins a les tantes, se sentien els petards, avui està ple de nanos amb la samarreta del Barça. Penja el mòbil sense enyorança. Encara falta estona. Pensa que li fa una mica de mandra, haver-se'n d'anar a la tarda a Barcelona amb cotxe, trobarà cues. Esborra la idea, com si estigués escrita en guix a la pissarra. No té dret a la mandra. Les mares abnegades —signe de balança— no tenen dret a la mandra. Però la mandra no es deixa esborrar. Quina llauna, haver-los d'anar a buscar, podrien tornar amb tren. Sempre em toca a mi, aquest paper. N'estic ben farta. Que s'espavilin, que ja són grans.

Hi ha una cosa que li ronda pel cap des del gol de Belletti. No és ben bé una idea, no té expressió en paraules, és una sensació, un estat d'esperit. Potser en aquesta discussió interna sobre la mandra d'agafar el cotxe hi ha la seva concreció més visible, fins ara. Hi dóna voltes. S'espanta del que troba. Fins ara, fins que ha passat alguna cosa que no sap quan ha començat, amb la tornada d'en Jaume, amb el viatge de l'Albert, amb la fugida de la Glòria, amb el gol del Belletti, amb la cadena de totes aquestes coses, la Rosa retreia a en Jaume la fugida cap a Buenos Aires com els sants de la història sagrada que explicaven a escola retreien els seus pecats als pecadors: en Jaume havia escollit el mal camí —no ho hauria dit mai amb aquestes paraules—, l'opció equivocada, la que causa dolor als altres, la injustificable. Mentre ella havia optat per la bondat, pel sacrifici, pel servei als seus fills, per aguantar la casa, per dur la Glòria al metge i parlar-hi quan li va venir la regla, per anar a veure els partits de l'Albert el dissabte a la tarda, per fer el dinar i el sopar i l'esmorzar de l'endemà quan marxaven d'excursió, anar a comprar el fuet del bo, pa del bo, saníssim, fer-los uns entrepans esplèndids. Carregar-se el món damunt de les espatlles, mentre l'altre bandarra, tan campant, a l'altra punta del món, mirava només per ell, només havia de mirar per ell. La lluita entre el bé i el mal. Els Pastorets. Ella era l'àngel que advertia amb commiseració al petit diable del seu marit, exmarit, de les conseqüències horribles de les seves malifetes.

Prou blasfèmies i heretgies,
miserable criatura,
que amb les teves gosadies
tocar amb la bava voldries
a la donzella més pura!

La Rosa havia fet d'arcàngel Sant Miquel als Pastorets del Social, de petita, empesa per la mare, amb gran desesperació del seu pare republicà i menjacapellans, al cel sigui, que només trepitjava el Centre Social Catòlic per anar a jugar al quinto. El pare devia tenir raó de desesperar-se, perquè alguna cosa n'hi ha quedat, a la Rosa, del pas per l'escenari del Socialet: si més no la memòria del monòleg contra Llucifer, la imatge del bé que venç el mal, amb espasa flamígera. Potser en la vida real no el venç sempre, però si més no uns van de blanc i els altres de vermell, com en un partit de futbol, el bé i el mal són clars, es distingeixen. I la Rosa sap que ella va de blanc. Com la donzella més pura. Com l'arcàngel Sant Miquel.

Però alguna cosa ha canviat. No sap per què. Sap que ella ha fet el que tocava i que en Jaume va fer el que no s'havia de fer. D'acord. Però i si qui l'hagués encertat hagués estat en Jaume? I si el retret essencial a en Jaume no fos haver fet el mal, sinó haver-la obligat a ella a fer eternament, inacabablement, esgotadorament, el bé? Potser ella també hi tenia dret, al seu Buenos Aires. Al seu Gabriel. Al seu tros de mal. A no fer l'esmorzar ni sucar el pa amb tomàquet per a tothom, aquesta canalla no és prou bona ni per treure's el plat de taula i posar-lo al rentaplats. Potser el retret a en Jaume és haver-se quedat la samarreta vermella de Llucifer per sempre i no haver-li deixat a ella altre remei que dur posada per a tota la vida la samarreta blanca, no pas del Madrid, no fotem, la metàfora grinyola per aquí, sinó de les forces del cel, de l'arcàngel, la Mare de Déu i tota la pesca. Molt bé, dos egoistes no hi caben, en una família. Ni tan sols en una família separada. Cabrien en un matrimoni, però no en un matrimoni o en un exmatrimoni amb fills. Però, i si canviéssim una estona els papers? Encara hi som a temps, oi? La seva mare li diu que sí. Encara hi ets a temps, nena, no siguis bleda. L'hi diu cada dia, li pregunti el que li pregunti. Ella bé que n'ha viscut dues, de vides.

La memòria del somni del llac de gel s'ha anat esllanguint, esborrada pel dia. Fins i tot se n'ha aigualit l'angoixa. Però la Rosa recorda, o creu recordar, o li convé recordar, o li convé fer veure que recorda, o li sembla un record amb sentit, bonic o interessant, que l'angoixa que li ha deixat el somni com una tintura fosca per al dia que comença, no era per haver de caminar damunt del llac glaçat, com algú que patina en un hivern alegre. Això li era fins i tot plaent, amable. L'angoixa era perquè a l'altra punta l'Albert jugava a futbol amb son pare, i altra gent que no coneix, sobre un vidre trencadís sense saberho i ella el volia avisar, alerta, Albert, vigila, tu també, com tots, com jo, com ton pare, estem caminant sobre una capa de gel i no en sabem el gruix. De vegades ens n'oblidem i ens pensem que el terra és de marbre. I és de gel.

—

Mig vagó ja està penjat al telèfon. Reben i passen notícies. Fan plans. Queden amb els qui no han anat a París. S'informen dels moviments futurs. Hi ha una rua preparada a Barcelona, com la de fa un parell de setmanes, quan van guanyar la Lliga. Avui és dijous, representa que la gent treballa. Però això ja serà a la tarda, quan pleguin. Des del port fins a l'estadi.

—Quins collons! —informa en Ramon, després d'una trucada—. Sabeu com ha titulat la crònica del partit *The Sun*? En anglès, una cosa com «Els jugadors del Barça es tiraven com si fossin dones». Quins pebrots! Algú ho va veure, això?

—Els anglesos es pensen que només ells juguen com els homes. Que els llatins i els sud-americans fan qüento, que es passen el partit fent teatre. Són manies seves —contextualitza l'Àngel.

—Però si no es poden queixar de res! Ens van anul·lar

un gol que valia. No em diran que l'Eto'o es va tirar a la piscina!

Després de perdre, el que més dol és guanyar i que no t'ho reconeguin. Les excuses. El mal perdre. Nosaltres també ho hem fet, de vegades, introdueix en Jaume, però sense gaire èxit. S'avorreixen. Fa massa estona que tornen. Les coses interessants tornen a passar a casa, al poble de cadascú. El tren ja travessa foscors de Barcelona, ha d'arribar fins a Sants. La majoria es quedaran per a la rua. Es veu que els jugadors amb la copa surten de París a les cinc de la tarda. Quan arribin a l'aeroport de Barcelona, els duran amb helicòpter fins al Moll de la Fusta o les Drassanes, diuen que volen entrar al centre de la ciutat amb les golondrines. Llavors pujaran a un autobús destapat fins a l'estadi. Tothom els espera. La ciutat s'ha aturat. Hi ha fam d'èpica, de celebració. El Barça ho tapa tot. Ho venja tot. L'Oriol i el Ramon han trucat per demanar-se festa, per tot el dia. Es queden. Tornaran a Lleida com puguin, demà s'ha d'estar al taller. L'Ignasi se'n va cap a casa, amb l'autocar de la Penya, si és que l'autocar acaba marxant. Els sap greu que tot plegat s'acabi. Celebrar-ho és allargar-ho. És ajornar el retorn a la vida, la sortida del parèntesi. O, al contrari, és allargar la vida real, el futbol com a vida real, el que importa.

—T'hi vols quedar? —explora en Jaume. Vol esprémer l'ocasió, l'exercici tardà de paternitat.

—M'agradaria. Però la mare ens vindrà a buscar.

Li he trucat fa una estona. Vas veure el partit? Sí. Estic molt contenta. Ens ho vam merèixer. Mai no l'havia sentit parlar en primera persona del plural, a sa mare, parlant del Barça. Han quedat a l'estació, ella els vindrà a buscar amb cotxe per dur-los fins a Terrassa. Ara li hauria de tornar a trucar, no cal que vinguis, ens quedem a la rua.

—Si vols, podem tornar més tard amb tren —ofereix en Jaume.

—D'acord. Però no hauries d'anar a casa dels avis? —pateix per la malaltia de l'avi, perquè estigui massa estona tot sol, només amb l'àvia.

—No pateixis. Ho entendran.

L'Albert fa que sí amb el cap. D'acord. Els pares sempre entenen quan arriba l'hora dels fills. Si és perquè el fil no es trenqui, endavant. Benvingut sigui. Ja han arribat a Barcelona. Quan un exèrcit vencedor torna a casa, entre arcs de triomf i himnes de victòria, arriba espantat, recelós. La vida torna a començar. La resta de la vida. Però els qui tornen junts de la batalla se senten propietaris ja per sempre més d'una mateixa memòria, com els generals de les guerres de l'Àfrica, tots reconeixien l'olor de la pólvora. París, per sempre. Sempre és la paraula que més es diuen. En Jaume i l'Albert tenen una cosa seva, compartida, de tots dos, compartida amb molts més. En Jaume voldria dir a l'Albert:

—Hem estat junts, hem estat una mateixa cosa, un mateix nom.

L'Albert voldria dir a en Jaume:

—Fantàstic. Som del mateix club, de la mateixa tribu, de la mateixa família. Som la gent blaugrana, tant se val d'on venim, etcètera, etcètera. Tenim un nom, tenim un cognom, potser fins i tot tenim un malnom. Som part tots dos de moltes coses compartides. Però què som tu i jo, tots sols, sota de tot això? Només tu i jo. No què representa que som. No què vam ser. Què som. Què podem ser.

Però no s'ho diuen. Potser no troben la manera, encara. Potser ja han fet tard. S'ajunten amb tots els altres, com una riuada. A l'estació de Sants despleguen tots les seves banderes, s'acomiaden amb abraçades, es passen el mòbil i l'adreça de correu, es prometen tornar-se a trobar per mirar-se el vídeo del partit, no és igual veure'l per televisió, veus les jugades repetides, una vegada i una altra. Encara que ho hagis vist al camp. Des de més angles, amb més detalls, a càmera lenta. Prometen ensenyar-se les fotos i emborratxar-se junts i brindar per la victòria. No ho faran. O potser sí, alguns, ben pocs. Tornen a cantar els seus himnes. *Tenim un nom i el sap tothom.* S'escampen per la ciutat, els qui tornen de París, membres d'una germandat difosa, provisional.

—Potser en el fons només hi ha això: el nom. No us podré deixar res, ni una botiga de mobles, ni una fortuna al banc ni un paquet d'accions de l'Anònima. Només una carrera, si us ve de gust i si serviu. I això ja no és el que era, no ens enganyem. De fet, només us puc deixar un nom. I del que es tracta és deixar-lo el més net i el més clar possible. Potser és per això que he tornat —en Jaume recopila, contra rellotge. No sap que està responent a una pregunta que no ha estat feta. O potser l'ha endevinada, telepàticament, aquestes coses passen.

La ciutat els està esperant, també a ells, també als Argonautes, no tan sols als jugadors, perquè és una ciutat que necessita excepcions com el pa que menja, que viu d'exaltacions i febrades, que es lleva al matí disposada a cantar els seus herois o a fotre'ls a mar, a cremar convents o a aclamar messies, com Jerusalem el dia de rams i el dia de Pasqua. Una ciutat que va disfressada de botiguera i que fa veure que compta bitllets, però que és el sismògraf de tots els terratrèmols sentimentals de la terra, de vegades se la sap molt llarga, de vegades és insospitadament bleda, sempre és enormement sentimental. Imprevisible, només se sap que no se sap mai. Una ciutat que es deixa conquerir indiferent sense un tret i la vegada següent atura l'invasor a cops de roc. Que omple els carrers en els enterraments dels poetes i en les copes del Barça i en els planys sensibles per guerres llunyanes que ignora radicalment.

Barcelona els estava esperant i els carrers que duen cap a mar ja són plens de gent que ha vingut de tot arreu, que s'ha disfressat com si hagués anat a París, que necessita proclamar veritats eternes, o com a mínim veritats que durin tota la nit d'avui, fins que demà es faci clar. Són milers. Molts milers. Unànimes. Potser només podrien ser unànimes en això. Han sortit els qui han nascut aquí, els qui han nascut allà però volen ser d'aquí. En falten molts. Però n'hi ha molts. No hi ha un gran cel damunt de la ciutat. És un dia enteranyinat, però fa molta calor, per ser mitjan maig. Potser perquè la felicitat demana estiu.

La gent que arriba de París retorna a Barcelona, tots els Argonautes del tren arriben al destí amb el Velló guanyat. Ara comença l'endemà. Però l'endemà serà diferent, una mica diferent. En Jaume pensa que si tot plegat ha sortit bé, en aquest viatge, si el fil no s'ha trencat del tot, si no s'ha tallat la trucada i a la línia només ha quedat una monòtona successió de sons mecànics, a partir d'ara haurà de parlar d'altres coses, amb l'Albert. No sols del passat, també del futur. Acomboiar-lo. Ser al seu costat. El món és complicat i pot ser hostil, a partir dels quinze anys. En uns termes que ni ell mateix seria capaç de recordar i encara menys d'imaginar. Però només si el fil no s'ha trencat. Potser per això intenta encara reblar el clau:

—Demà passat jugaran a Bilbao, l'últim partit de Lliga... Podríem...

Però la cridòria no el deixa acabar ni deixa que l'Albert respongui. Ja ho veurem. Ja es trucaran. Potser ara saben què dir-se.

Després de tot,
una cosa és escriure d'esports
i una altra ben diferent
és viure una vida.

El cronista d'esports.
RICHARD FORD

Matadepera, 2009
L'any de les sis copes